Tenha pressa de viver bem

Diretora-executiva
Renata Sturm

Diretor Financeiro
Guther Faggion

Administração
Alberto Balbino

Editor
Pedro Aranha

Revisão
João Lucas Z. Kosce

Direção de Arte
Rafael Bersi

Marketing e Comunicação
Matheus da Costa, Bianca Oliveira

DADOS INTERNACIONAIS DE CATALOGAÇÃO NA PUBLICAÇÃO (CIP)ANGÉLICA ILACQUA – CRB-8/7057

PIT MONEY, Lucas
Tenha pressa de viver bem : 365 textos de 1 minuto para levar a vida como um estoico / Lucas Pit. -- São Paulo : Maquinaria Sankto Editora e Distribuidora Ltda, 2025.
384 p.

ISBN 978-85-94484-98-7

1. Desenvolvimento pessoal 2. Filosofia 3. Masculinidade I. Título
25-3261 CDD 158.1

Índice Para Catálogo Sistemático:
1. Desenvolvimento pessoal

maquinaria EDITORIAL

Rua Pedro de Toledo, 129 – Sala 104
Vila Clementino – São Paulo – SP, CEP: 04039-030
www.mqnr.com.br

LUCAS PIT MONEY

Tenha pressa de viver bem

365 TEXTOS DE 1 MINUTO PARA LEVAR A VIDA COMO UM ESTOICO

mqnr

Sumário

Prefácio

Por Bruno Perini

É impossível pensar no estoicismo sem citar a figura de seu criador, Zenão de Cítio. Ele nem de longe é o filósofo estoico mais famoso, porque os romanos Sêneca, Epiteto e Marco Aurélio acabaram eclipsando o grego Zenão.

Até porque, infelizmente, hoje não podemos ler a obra de Zenão, já que ela não sobreviveu até nossos dias. Enquanto isso, as cartas de Sêneca estão amplamente disponíveis, bem como os ensinamentos de Epiteto (compilados por um aluno) e também o diário do imperador Marco Aurélio — este, inclusive, foi lido por algumas das principais personalidades da história.

Mas, então, por que eu falo de Zenão neste prefácio, e não de um dos nobres romanos citados acima? Basicamente, porque o contexto da criação do estoicismo é importante para entender a razão da popularidade dos ensinamentos estoicos nos dias de hoje.

Zenão de Cítio era um comerciante, nascido no que hoje é a ilha de Chipre. Assim como tantos empreendedores que lerão estas páginas, Zenão se interessava por filosofia, porém, devido às obrigações do dia a dia, não tinha tempo para adquirir conhecimento no assunto.

Até que, por conta de um naufrágio no qual perdeu quase todos os bens, Zenão se viu, de maneira repentina, "mais livre para filosofar" (essas teriam sido as palavras dele após o incidente).

Alijado de suas posses por obra da fortuna, Zenão teria ido a Atenas, o porto da filosofia, para travar contato com ideias de mentes superiores.

Na mesma época, também foi a Delfos, local conhecido como "o umbigo do mundo", para se consultar com o oráculo mais famoso da Antiguidade que, através de seus vaticínios, influenciou boa parte das decisões políticas da época, desde planos de batalha de gregos contra persas até os rumos da incipiente república romana.

A pergunta feita por Zenão ao Oráculo foi a seguinte: "como faço para viver melhor e alcançar a sabedoria?"

Diante de tão importante indagação, a resposta dada, sempre de forma enigmática e indireta, teria sido que para alcançar a sabedoria e viver a melhor vida, Zenão deveria passar a ter conversas com os mortos... O que nosso amigo interpretou como ler as obras de filósofos antigos já falecidos.

Então, tornando uma longa história curta, após travar contato com diferentes ideias, de diversas escolas de pensamento, ao final do século IV a.C., Zenão decide fundar sua própria escola: a *Stoa Poikilē* — numa tradução, seria a escola do pórtico pintado, que acabaria dando origem ao termo estoicismo.

Repare que Zenão procurou a filosofia depois de um período de crise em sua vida. Ao chegar a Atenas, também encontrou a cidade em crise. A fase áurea do governo de Péricles e do poderio sobre o Mediterrâneo já havia ficado para trás. Atenas tinha perdido a guerra do Peloponeso contra Esparta, sendo posteriormente dominada pelos macedônios Filipe II e Alexandre III (mais tarde conhecido pelo epíteto de Alexandre, o Grande).

É justamente nesse contexto que o estoicismo acabou prosperando, como uma filosofia adequada para lidar com problemas. O estoico age sobre aquilo que está sob seu controle e simplesmente aceita o que não pode ser mudado.

Um verdadeiro praticante do estoicismo tende a se identificar com a oração da serenidade de São Francisco de Assis, que diz: "Senhor, dai-me força para mudar o que pode ser mudado, resignação para aceitar o que não pode ser mudado e sabedoria para distinguir uma coisa da outra".

No mundo moderno, em um contexto de crises numerosas e incessantes, não é preciso ser um gênio para perceber o quanto as ideias estoicas são úteis. Espero que essa obra, escrita pelo meu amigo Lucas Pit, sirva como uma introdução a conceitos como "*Amor fati*" e "*Memento mori*". Esses conceitos são desconhecidos de muitos, mas tão necessários aos dias de trovão contemporâneos.

Geralmente, um naufrágio é uma tragédia que destrói valor. Entretanto, no caso de Zenão, provavelmente estamos falando do naufrágio que mais construiu riqueza para o mundo. Cabe a nós aproveitar essa dádiva. Boa leitura!

— **Bruno Perini**, educador financeiro,
empreendedor e criador do canal *Você Mais Rico*
@bruno_perini

Introdução

Sabe por que você continua empacado na vida? Enquanto você se deixa levar por emoção barata, por ansiedade de resultados rápidos e por desculpas esfarrapadas, tem uma galera que há mais de dois mil anos já ensinava como viver com inteligência emocional, foco e controle.

Este livro aqui não é mais um desses manuais de autoajuda cheio de conversa mole. Aqui é pancada direta. Uma seleção cirúrgica dos melhores pensamentos dos estoicos – Sêneca, Marco Aurélio, Epiteto – destrinchada e aplicada nos problemas reais que você enfrenta hoje: procrastinação, medo de errar, falta de disciplina, crise de identidade, comparação tóxica, síndrome do impostor...

Cada reflexão aqui vem com ideias e propostas de ação. É leitura rápida, de aproximadamente 1 minuto, mas que fica martelando na cabeça o resto do dia. Não espere textos floreados ou frases motivacionais de Instagram. O que você vai encontrar é filosofia estoica aplicada à vida real, com uma linguagem direta, sem firula, e com um único objetivo: fazer você parar de arrumar desculpa e começar a fazer o que precisa ser feito.

Se você está confortável, este livro não é para você. Mas se cansou de ficar na média, chegou o seu guia diário para refletir e mudar.

Dia 1

Memento mori (lembre-se: vai dar uma morrida)

Pode parecer contraditório começar um livro que pretende ser um guia para uma vida feliz e próspera com um lembrete da nossa própria finitude. Mas, na verdade, a intenção é justamente o oposto. Se não tivéssemos esse "timer da morte" acionado desde o momento em que nascemos — ainda que sem sabermos sua duração exata —, talvez faltasse em nós o senso de urgência para concluir nosso propósito aqui na Terra dentro desse prazo desconhecido. Sem essa consciência, seríamos apenas animais passivos, entregues à inércia, irrelevantes para qualquer transformação real, tanto pessoal quanto coletiva.

Os estoicos nos lembram com frequência dessa condição inevitável. Para muitos, ela parece mais assustadora do que o próprio fato de não viver bem. O medo da morte paralisa, impede escolhas e nos torna reféns da procrastinação.

Mas aqui fica a reflexão: o que é melhor? Se arrastar pela vida como se fosse imortal, desperdiçando os dias, ou viver com intensidade, como se amanhã fosse o último? O ideal, a meu ver, é escolher a segunda opção. Afinal, sempre haverá um dia que precederá nossa partida. O amanhã provavelmente virá — a expectativa de vida média mundial ultrapassa os 25.000 dias —, mas viver de forma plena hoje não te fará mal algum. Pelo contrário: te deixará mais vivo do que nunca.

Dia 2

Estão cagando para você

Sentimentos como vergonha e excesso de introspecção são barreiras comuns que travam nossa evolução, tanto na vida pessoal quanto na profissional. Isso acontece, em grande parte, porque superestimamos o quanto os outros estão pensando a nosso respeito. A verdade é simples e libertadora: na maioria das vezes, ninguém está.

O problema é que esquecemos que cada pessoa já carrega uma lista de preocupações próprias. As contas, as dificuldades no trabalho, os problemas familiares... Tudo isso ocupa a mente delas muito antes de sobrar espaço para julgar você. Se por acaso você acha que está sendo observado ou avaliado o tempo todo, lembre-se: o seu maior juiz é você mesmo.

Pare e reflita: quantas vezes, ao deitar-se para dormir, você ficou remoendo as falhas alheias? Provavelmente quase nunca. As pessoas fazem o mesmo em relação a você: elas estão preocupadas demais com a própria vida.

E mesmo aquelas que parecem ter tempo de sobra para cuidar da vida dos outros, quase sempre o fazem por um motivo: não conseguem resolver os próprios problemas. Criticar você é uma forma de desviar o foco das próprias frustrações. Por isso, afaste-se desse tipo de gente. Não se deixe contaminar por quem vive apontando defeitos alheios como forma de mascarar a própria mediocridade.

No fim, a melhor notícia é esta: as pessoas estão ocupadas demais para se importar tanto com você. Então vá lá e faça o que precisa ser feito.

Dia 3

Defina seu propósito (para ontem)

Uma das maiores causas de infelicidade é a falta de propósito. Dela nascem pessoas que vivem à deriva por uma vida inteira. Gente que, por não saber qual é sua função no mundo, acaba se rendendo a uma existência fútil, degradante e sem sentido. Sua mãe não te colocou no mundo para você ser só mais um perdido que piora o ambiente ao seu redor. Então, o ideal é que você defina seu propósito o quanto antes.

Falar isso pode parecer o óbvio do óbvio, e realmente é. O desafio maior está em descobrir *como* fazer isso. Vou te contar como eu encontrei o meu. Desde pequeno, nunca romantizei a pobreza. Por isso, decidi ser economista, achando que essa profissão me daria dinheiro. Entrei na faculdade com 17 anos, focado em ficar rico o mais rápido possível. Mas adivinha? Quase abandonei no último ano, porque só conseguia pensar em música. Meu sonho era ser um *rockstar*.

Ao confundir a finalidade (ganhar dinheiro) com o meu sonho (ser músico), comecei a odiar o processo das duas coisas. Não gostava mais de tocar porque não me dava retorno financeiro, e não gostava de trabalhar como economista porque não me dava satisfação.

Foi então que tive uma epifania: e se eu encontrasse um jeito de conciliar os dois? Assim nasceu meu propósito: ser um economista com alma de *rockstar*. Criei um subnicho que ninguém explorava. O resultado? Minha vida financeira e pessoal decolou.

Dia 4

Acione o *foda-se*

Conforme ganhamos experiência (leia-se: envelhecemos), o ideal é dar cada vez mais peso às nossas próprias opiniões e menos ao que os outros pensam. Em outras palavras: acione o famoso *foda-se*. Nossa evolução emocional costuma seguir um padrão previsível.

Na infância, somos um reflexo de quem nos cerca, principalmente dos pais. Já na adolescência, vem a rebeldia. Descobrimos que nossos pais são falhos e começamos a moldar nossa identidade. Essa fase pode ser difícil para quem convive com o adolescente, mas é um processo necessário.

O problema é que muitos chegam à fase adulta e continuam a viver em função da opinião alheia. Moldam comportamentos para agradar, impressionar ou simplesmente pertencer. O resultado? Uma identidade diluída, sufocada pela aprovação externa.

Eu vivi isso na pele. Quando iniciei minha carreira no mercado financeiro, entre 2013 e 2017, antes dos 30 anos ganhei dinheiro suficiente para comprar tudo que sempre quis. Virei referência de sucesso para amigos e familiares. Mas por dentro, eu estava infeliz. Fazia tudo apenas por dinheiro. Meu trabalho virou um fardo, e os resultados começaram a despencar.

Hoje entendo que o dinheiro só veio quando eu trabalhava com prazer. E também entendo por que ele foi embora: porque eu estava preso a uma vida que construí para manter aparências. Viver para os outros é insalubre e improdutivo.

O segredo? Trabalhe por propósito, viva por você. E, sempre que for preciso, acione o *foda-se*.

Dia 5

O poder do *não*

A palavra "não" é, muitas vezes, desagradável tanto para quem ouve quanto para quem diz. No entanto, são essas três letras simples que podem te livrar de desgastes desnecessários e de situações que atrasam sua evolução rumo ao que realmente deseja para sua vida.

O seu oposto, o "sim", deve ser reservado apenas para quando não houver dúvida alguma de que aquele é o caminho certo. Se a resposta for um "sim" imediato, enfático, daqueles que você sente com o corpo inteiro, vá em frente. Caso contrário, o mais prudente é dizer "não", doa a quem doer.

> APESAR DE TER ACERTADO MAIS DO QUE ERRADO, SE EU TIVESSE DITO MAIS "NÃOS" A PROPOSTAS IRRELEVANTES, ESTARIA EM UMA POSIÇÃO AINDA MAIS CONFORTÁVEL.

Dizer "não" pode até machucar o ego de quem criou expectativas sobre você, mas, ao mesmo tempo, é um exercício de autonomia. Sempre que você recusa algo, está reafirmando o controle sobre a sua própria vida. Hoje, aos 37 anos, enquanto escrevo este livro, consigo enxergar com clareza: apesar de ter acertado mais do que errado, se eu tivesse dito mais "nãos" a propostas irrelevantes, estaria em uma posição ainda mais confortável. Meu nível de estresse, com certeza, seria muito menor.

Ter clareza sobre o que *não* fazer é um presente para sua saúde mental. Além de economizar energia e dinheiro, o "não" tem outro efeito poderoso: ele afasta quem só se aproxima de você por conveniência. No fim das contas, dizer "não" é um ato de amor-próprio.

Dia 6

A vida é injusta, mas pare de xilicar

Não é preciso voltar mais de um século na história para perceber que você nasceu no melhor momento da humanidade para prosperar. Se você discorda, com todo respeito: está sendo um bunda-mole. É fato que ainda não existe igualdade total de oportunidades na largada, mas o abismo cultural e financeiro vem diminuindo graças à democratização da informação. Hoje, quem tem acesso à internet consegue aprender qualquer coisa e ganhar dinheiro com praticamente qualquer atividade.

O problema é que, mesmo com esse cenário favorável, muita gente ainda se vitimiza. Em vez de usar as ferramentas disponíveis para evoluir, preferem reclamar, apontar culpados e permanecer na inércia. Pare com isso. Levante-se, se prepare com os recursos que tem e encare as adversidades de frente.

É claro que as facilidades da vida moderna também trazem efeitos colaterais. Nunca se falou tanto em ansiedade e depressão como agora. Isso acontece, muitas vezes, porque estamos expostos o tempo todo à vida editada dos outros. Seguimos pessoas que admiramos e acabamos nos comparando com o palco delas, esquecendo que nosso próprio processo também tem valor.

Lembre-se: o que você vê nas redes sociais é só o *highlight reel* da vida alheia. Todo mundo tem problemas, inclusive aqueles que você mais inveja. Não compare seu bastidor com o palco de ninguém. Use a internet a seu favor, estude, trabalhe e prospere. Reclamar não paga boleto.

Dia 7

Não ameace

Existe uma característica em comum entre as grandes personalidades que resistiram ao teste do tempo e atingiram a maturidade também no âmbito pessoal: a consciência de que a violência desmedida, seja física ou verbal, não compensa. Isso vale para líderes políticos, artistas, atletas ou empreendedores. A falta de controle emocional pode destruir carreiras, famílias e, principalmente, sua própria dignidade.

Até mesmo atletas de luta, conhecidos por sua agressividade competitiva, costumam se arrepender de atitudes explosivas fora do ambiente esportivo. Muitos, mesmo sendo admirados pelo público como "bad boys", reconhecem que as reações violentas não trazem benefícios duradouros. Um exemplo claro disso é Mike Tyson, um dos maiores boxeadores da história. Ele já declarou que os três anos que passou na prisão — período de pouca visibilidade e quase nenhum ganho financeiro — foram os mais transformadores de sua vida.

A lição aqui é simples: se você quer convencer alguém sobre seu valor ou sobre a validade de uma ideia, faça isso com ações. Execute, mostre resultado. As pessoas respeitam quem age com consistência, não quem faz ameaças ou apela para a força.

No longo prazo, ninguém engole ideais enfiados goela abaixo. As atitudes falam muito mais alto do que qualquer discurso agressivo. Controle-se. Cresça. E prove seu ponto com comportamento e resultado.

Dia 8

Seus planos são *apenas* seus

Quando você traça um plano para atingir um objetivo — especialmente quando o objetivo é grandioso — é comum sentir vontade de compartilhar com quem torce por você. Mas, sinceramente? Péssima ideia. Explico.

Na maioria das vezes, esse impulso de contar seus planos é apenas uma manobra inconsciente para garantir um ombro amigo caso tudo dê errado. Um pretexto emocional para suavizar a queda antes mesmo de ela acontecer. No fundo, ao compartilhar prematuramente, você está terceirizando a responsabilidade e, pior, antecipando o fracasso. Afinal, é mais confortável ter alguém para consolar suas lamentações do que enfrentar o processo de evolução em silêncio.

Crescer dói, e a solidão faz parte desse pacote. Criança faz o que quer. Adulto faz o que tem que ser feito. Falhar sozinho, em silêncio, é uma bênção disfarçada: te permite ajustar a rota, recalcular, mudar de estratégia ou até redefinir seus objetivos — tudo sem a interferência ou opinião de terceiros.

Sim, é menos confortável. As desculpas que sua mente vai criar para justificar a desistência são sedutoras e fáceis. Mas o caminho mais honesto é corrigir a rota e seguir tentando, de acordo com os seus próprios termos.

Por isso, guarde seus planos para você. Compartilhe com os outros apenas os resultados. Celebre as conquistas quando elas forem reais e concretas. Até lá, trabalhe quieto.

Dia 9

O bom é inimigo do ótimo

Repare como as grandes personalidades começaram suas trajetórias: espaços modestos, conhecimento limitado e uma vontade incontrolável de dar certo. Essa gana desmedida é um denominador comum entre os que fazem o que dá, sem medo e sem um prazo definido para o sucesso. Na cabeça deles, só o fato de estarem fazendo o que amam já significa que "deu certo". Eles apreciam o processo, e o sucesso acaba sendo uma consequência inevitável.

Os melhores jogadores de futebol provavelmente começaram com chuteiras surradas. Grandes oradores muitas vezes vieram de lares desestruturados. Os melhores músicos não tocaram pela primeira vez com uma guitarra de dez mil dólares.

O diferencial? Eles fizeram o que sentiam ser o certo, com consistência, até dar certo. Para os vencedores natos, a questão não é apenas prosperar financeiramente. Eles simplesmente fazem o que tem que ser feito porque amam o que fazem. E, para chegar lá, deram o primeiro passo — mesmo que, aos olhos dos outros, o resultado inicial fosse amador, desajeitado ou até vergonhoso.

Olhe para dentro de si e tente identificar aquilo em que você sente que é bom. Muito provavelmente, você estará certo. E mesmo que ainda não seja excelente, estará menos errado do que quem tenta bancar o *coach* de internet para opinar sobre os seus sonhos, seus progressos e suas ambições.

Dia 10

O pior dos vícios

Quando ouvimos a palavra "vício", a mente logo associa ao uso de substâncias: cigarro, bebida, drogas. Algo que consome a pessoa a ponto de ela não conseguir mais viver sem aquilo. Mas, olhando para os números crescentes de casos de depressão e ansiedade, principalmente entre pessoas que nunca tocaram nessas drogas "óbvias", fica claro que o vício mais perigoso da atualidade é outro: a comparação.

> FICA CLARO QUE O VÍCIO MAIS PERIGOSO DA ATUALIDADE É OUTRO: A COMPARAÇÃO.

Hoje, com um simples deslizar de dedo, temos acesso a pequenas parcelas da vida de quem admiramos. O problema? Tendemos a acreditar que aquele recorte é a vida inteira da pessoa. E, pior ainda, passamos a projetar nela todas as qualidades que gostaríamos de ter, criando um padrão inalcançável para nós mesmos.

Quem tem mais seguidores? Quem faz mais dinheiro? Quem lota mais shows? Essa competição silenciosa nos consome. O que deveria servir como fonte de inspiração vira gatilho para frustração.

Quer um exemplo prático? Einstein. Ele jamais seria considerado um *sex-symbol*, mas foi uma referência mundial no que fazia. Seu segredo? Pegou o conhecimento que tinha, estudou, melhorou o que os outros tinham feito antes e, com um olhar único, levou a ciência para outro patamar. Foi chamado de louco, questionado por muitos, mas mudou o mundo à sua maneira.

No fim, a lição é simples: pare de se comparar. Foque em ser a melhor versão de você mesmo.

Dia 11

No ensino, só existe o exemplo

Quer realmente convencer ou ensinar alguém sobre qualquer coisa? Mostre na prática. Demonstre com suas atitudes como se faz. Só isso já basta.

Quantas vezes você presenciou brigas entre familiares que se dizem pacíficos? Quantas vezes viu políticos que pregam honestidade sendo flagrados em corrupção? Quantas vezes escutou histórias de traições protagonizadas por quem vive bancando o santo?

E, quando esse descompasso entre discurso e prática veio à tona, o que você pensou dessas pessoas? Provavelmente que, além de humanos — que falham, como todos — eles são hipócritas de carteirinha. Gente que adora cagar regra, mas não segue nada do que prega.

ANTES DE QUERER ENSINAR QUALQUER COISA A ALGUÉM, VIVA AQUILO DE VERDADE. QUEM OBSERVA APRENDE MUITO MAIS COM O EXEMPLO DO QUE COM PALAVRAS VAZIAS.

O mundo hoje está infestado de falsos *coaches*. Canalhas que se aproveitam da vulnerabilidade alheia para vender soluções milagrosas para todos os problemas possíveis. No fundo, são especialistas em discurso inflamado, mas suas próprias vidas estão longe de refletir o que falam.

Por isso, a lição é simples e direta: antes de querer ensinar qualquer coisa a alguém, viva aquilo de verdade. Quem observa aprende muito mais com o exemplo do que com palavras vazias.

Como disse Confúcio: "A palavra convence, mas o exemplo arrasta."

Quer transformar a vida de alguém? Arraste pelo exemplo.

Dia 12

Quando discutir

Só vale a pena entrar numa discussão — e aqui não confunda com briga — quando a outra pessoa se enquadra em pelo menos um destes perfis:

- Já chegou onde você quer chegar.
- Pode ser uma alavanca de crescimento para você.
- Tem algo a te ensinar com uma divergência pacífica de ideias.

Agora, pense quantas vezes você já saiu de uma discussão com a sensação de ter perdido tempo. Aquele pensamento clássico: "Não aprendi nada, não cresci em nada e ainda estou me sentindo mal por ter dito o que não devia e ouvido o que não merecia."

Esse tipo de situação é mais comum do que parece, especialmente em ambientes familiares, onde muitas vezes a convivência já não é saudável para nenhuma das partes. Não estou sugerindo que você delete a Tia Ruth (nome fictício) das suas redes sociais ou que mande ela catar coquinho. Apenas seja racional. Às vezes, um simples "migué" dizendo que tem que levar o peixe na natação é mais inteligente do que se desgastar numa conversa que não vai levar a lugar algum.

Sua saúde mental é um reflexo direto das pessoas com quem você convive e das conversas nas quais decide se envolver. Por isso, escolha com muito critério onde e com quem você investe sua energia. Nem toda batalha vale a luta.

Dia 13

Escreva e leia (sozinho) suas asneiras

Antes de falar qualquer coisa, lembre-se: é impossível desdizer uma asneira depois que ela sai da sua boca e entra no ouvido do outro. Não existe botão de desfazer para palavras mal ditas.

Com o tempo, aprendi que, quando o assunto é delicado, a melhor saída é escrever. Mas atenção: nunca envio o que escrevi no mesmo dia em que pensei. Seu celular tem um bloco de notas, certo? Pois bem, ele talvez seja mais importante para sua vida do que qualquer aplicativo de mensagens.

> ESCREVA, GUARDE E RELEIA NO DIA SEGUINTE. LEIA EM VOZ ALTA. CORRIJA O QUE FOR NECESSÁRIO.

Olhando minhas anotações antigas, percebo que reescrevi 100% delas antes de enviar. E o melhor: muitas eu simplesmente nunca enviei. O distanciamento de um dia já foi suficiente para perceber que certas coisas não precisavam ser ditas.

Quem fala no calor da emoção, de forma ofensiva, dificilmente lembra das próprias palavras depois. Mas quem ouve, ah... esse vai guardar cada frase, cada detalhe, como se fosse um arquivo permanente. E pode ter certeza: um dia vai te jogar tudo na cara. E esse é um peso que você definitivamente não quer carregar.

Meu conselho é simples: escreva, guarde e releia no dia seguinte. Leia em voz alta. Corrija o que for necessário. E, se ao final dessa releitura você perceber que o problema era só seu... não envie. Isso será melhor para todos: para quem não vai ouvir e para você, que acabou de evoluir.

Dia 14

Não precisa chorar na sua Ferrari

Um dos meus livros favoritos, *O Poderoso Chefão* (*The Godfather*), começa com uma frase icônica com a qual, apesar de ser fã, eu discordo totalmente: "Por trás de toda grande fortuna existe um crime."

Claro que, dentro do contexto da máfia, a afirmação faz sentido. Mas, após anos estudando economia e com mais de 15 anos de experiência no mercado financeiro, percebo o quanto essa frase é uma baboseira. Ela parte de uma premissa falsa: a de que a economia é um jogo de soma zero. Como se, para alguém enriquecer, obrigatoriamente alguém tivesse que empobrecer, vítima de alguma fraude ou trapaça.

A realidade é muito diferente. A economia é um jogo de criação de valor. Quando você resolve um problema real, presta um serviço ou oferece um produto que as pessoas querem, ambas as partes saem ganhando. O cliente fica satisfeito, e você é remunerado por isso.

Mas esse nem é o maior problema da frase. O que realmente me assusta é a ideia de que, para alcançar grandes objetivos, a gente precisa atropelar a própria ética. A história mostra que, cedo ou tarde, até quem escapa da justiça formal acaba sendo condenado pela própria consciência.

Quantos criminosos que pareciam intocáveis acabaram se entregando? No fundo, todos nós sabemos o que é certo e o que é errado. Por isso, se para alcançar seus objetivos materiais você acha que precisa agir contra seus princípios, saiba: seus dias de paz estão contados.

Dia 15

A alegria é fruto da sua excelência

Pare um instante e lembre-se das noites mais bem dormidas que você já teve. Daquelas em que você simplesmente apagou de cansaço e, muitas vezes, acordou na mesma posição em que dormiu. O que esses dias tinham em comum? Provavelmente, foram dias árduos, em que você fez o seu melhor, independentemente de o resultado ter sido bom ou ruim.

A verdade é que você diminui muito as chances de sofrer com insônia, ansiedade e até depressão quando deita a cabeça no travesseiro com a sensação genuína de dever cumprido. E o mais interessante: essa sensação não depende da gravidade dos desafios que você enfrentou. A cruz que cada um carrega sempre parece mais pesada do que a dos outros. O que realmente determina sua paz interior é a sua percepção sobre o esforço que fez para resolver os problemas que surgiram.

A alegria duradoura não nasce de momentos fáceis ou de dias perfeitos. Ela vem da certeza de que você fez o que precisava ser feito. De que enfrentou o que tinha para enfrentar com coragem e empenho.

Logo, faça o que precisa ser feito, sem pensar demais. Ficar sorrindo à toa enquanto foge das suas responsabilidades é apenas uma forma de procrastinar a verdadeira felicidade. E essa máscara, cedo ou tarde, cai.

Busque a excelência. Resolva o que precisa ser resolvido. E só então... seja feliz de verdade.

Dia 16

Dinheiro não é tudo, mas...

Resolve 99% dos problemas, desde que você pare de enxergá-lo como um vilão.

A falta de dinheiro, por outro lado, não é e nunca foi algo digno de celebração. Nobre é quem ganha dinheiro com trabalho duro, gera riqueza criando empregos, investe e constrói uma vida mais tranquila para si e para quem ama.

Durante muito tempo, foi disseminada a ideia de que o dinheiro é a raiz de todos os males. Quem espalhou isso provavelmente nunca teve dinheiro e só queria uma desculpa para permanecer estagnado. Ou então, pior: é político safado que precisa de uma população pobre e dependente para garantir votos e poder.

NOBRE É QUEM GANHA DINHEIRO COM TRABALHO DURO, GERA RIQUEZA CRIANDO EMPREGOS, INVESTE E CONSTRÓI UMA VIDA MAIS TRANQUILA PARA SI E PARA QUEM AMA.

Ter dinheiro não significa deixar de ser humilde, muito menos sair ostentando como se fosse o rei do camarote. Significa ter opções. Significa ter liberdade para escolher como e onde viver, cuidar melhor da sua saúde, proporcionar uma educação melhor para seus filhos e ajudar quem precisa.

Quer um exemplo simples? Sem dinheiro, você não consegue adotar um cachorro abandonado, apadrinhar uma criança sem acesso a uma boa escola ou ajudar alguém que precise de um tratamento médico urgente.

Dinheiro é uma ferramenta. Quem sabe usá-lo com sabedoria faz o bem, transforma vidas e vive com mais dignidade. Quem demoniza o dinheiro, na maioria das vezes, só está tentando justificar a própria inércia.

Dia 17

Quando a mente sofre, o corpo esgoela (ou não)

É comum que, em momentos de dificuldade emocional, o corpo também adoeça. Nossa mente e nosso corpo estão conectados por um sistema de feedback quase instantâneo. O que afeta um, inevitavelmente repercute no outro.

Mas o lado bom dessa conexão é que ela funciona nos dois sentidos. Se você mantiver seu corpo em estado de "tanque de guerra", pronto para qualquer batalha, sua mente e seu sistema imunológico tendem a responder melhor às adversidades da vida.

A mente humana é infinitamente mais complexa que o corpo. Controlar o que você sente é muito mais difícil do que escolher o que comer ou decidir levantar do sofá. Por isso, comece pelo que é mais fácil: o físico.

Alimente-se bem. Mexa-se. Faça seu sangue circular. Isso não vai blindar sua mente de todos os problemas, mas vai reduzir bastante o impacto negativo. No longo prazo, será muito mais difícil você aceitar o próprio sedentarismo e continuar vivendo como um "pudim esmilinguido" afundado no sofá.

Levanta e faz alguma coisa com essas suas nádegas acomodadas. Seu cérebro vai agradecer.

Não estou dizendo para você virar o "perfeitinho do Crossfit", mas adote o que os estoicos raiz já faziam: caminhe, movimente-se, deixe o corpo ativo. Além de clarear as ideias, o exercício vai te ajudar a distinguir o que é um problema real do que é apenas fruto de uma mente cansada, agravada por um corpo parado.

Dia 18

É mais inteligente manter do que reconstruir

É sempre mais fácil corrigir a rota de um problema enquanto ele ainda é do tamanho de um jet-ski do que quando já virou um transatlântico desgovernado. O descaso com a manutenção daquilo que exige cuidado te afunda de vez — e, muitas vezes, de maneira irreversível.

Pense em alguns exemplos simples:

- **Qual a maior chance de você ter a pia da cozinha limpa?** Se lavar rapidinho a louça logo depois de comer. Ou se deixar acumular aquela pilha nojenta e repulsiva.
- **Qual a maior probabilidade de cuidar da sua saúde?** Se exercitar regularmente e, de vez em quando, se permitir um churrasco. Ou se virar um obeso mórbido, viciado em tranqueiras.
- **E o controle emocional?** Se fizer terapia com frequência e trabalhar suas emoções aos poucos. Ou se ignorar os sinais, enlouquecer e virar um caso clínico.

A resposta certa é sempre a primeira. E isso vale para tudo na vida. O que você faz com maior frequência define o tipo de pessoa que você vai se tornar. Portanto, mantenha — e, se possível, aprimore — o que já construiu. Gire em torno daquilo que você sabe, no fundo, que é o correto.

Ligar o *foda-se* é útil em muitas situações, principalmente quando envolve opiniões de quem você não admira. Mas nunca, jamais, quando se trata de cuidar daquilo que dignifica sua existência.

Dia 19

Quanto mais confiante, menos escroto

Quem é verdadeiramente ousado, confiante e preparado nunca sente a necessidade de impor nada goela abaixo dos outros para se sentir superior. Diminuir alguém jamais será o caminho para se destacar. Essa é uma lição que os realmente bem-sucedidos já entenderam faz tempo.

Pessoas seguras não precisam provar nada a ninguém. Veja alguns padrões claros: Quem é rico de verdade não precisa ostentar. Quem é sábio de verdade não precisa cagar regra. Quem é ético de verdade não precisa ficar se explicando.

Quando você vê alguém forçando esses comportamentos, pode apostar: por trás existe um ego mal resolvido, tentando compensar alguma insegurança.

O problema é que gente insegura, cedo ou tarde, põe tudo a perder. Seja nos negócios, nos relacionamentos ou na própria saúde mental. A necessidade constante de validação externa corrói qualquer chance de equilíbrio e consistência.

A confiança verdadeira é silenciosa. Ela aparece nas atitudes, na postura e na forma como a pessoa reage diante dos desafios. O que grita, geralmente, é a falta de segurança.

Por isso, antes de querer provar algo para o mundo, prove para si mesmo. Busque preparo, constância e resultados reais. Quem é bom de verdade não precisa fazer alarde.

Lembre-se: a verdadeira força se manifesta na tranquilidade de não precisar humilhar ninguém para se sentir grande.

Dia 20

O acaso existe?

Normalmente, ficamos intrigados com certos acontecimentos — agradáveis ou não — que ocorrem em nossa vida ou na vida de pessoas próximas. Quando fazemos uma pausa, surge o desafio de compreender por que as coisas aconteceram daquela forma.

Muitas vezes, fracassamos na busca por uma explicação satisfatória e nos conformamos com frases vagas como: "tinha que acontecer", "estava escrito" ou "foi obra do acaso". No entanto, essas respostas simplistas não se sustentam por muito tempo. Em algum momento, pensamos: "não pode ter sido só acaso", "deve haver outro motivo".

Com uma visão mais profunda, Hermes Trismegisto, conhecido como "o três vezes grande", ensinava: "toda causa tem um efeito, e todo efeito tem uma causa". De forma semelhante, a Terceira Lei de Newton estabelece o princípio da ação e reação: para toda ação, existe uma força contrária de igual intensidade.

Essas reflexões nos levam a perceber que os acontecimentos da vida não são aleatórios, mas sim consequências de atitudes anteriores. Quando tomamos decisões impensadas, inevitavelmente colheremos seus efeitos mais adiante.

Portanto, não se contente com a superficialidade do acaso. Vá mais fundo. Identifique as atitudes que contribuíram para o resultado obtido e, se necessário, mude o curso. Adote novas posturas e aja de forma mais consciente para gerar efeitos melhores em sua vida.

Não semeie ventos se não quiser colher tempestades.

Dia 21

A dopamina é inimiga do longo prazo

Antigamente, para se alimentar era preciso caçar. Para ter prazer sexual, era necessário conquistar (ou pagar). E para alcançar sucesso, era indispensável trabalhar de forma árdua e inteligente. Todas essas conquistas liberam dopamina — o famoso hormônio do prazer — mas sempre como recompensa por algum tipo de sacrifício.

Esse equilíbrio sustentou a evolução da nossa espécie. Foi assim que nos tornamos o topo da cadeia alimentar.

O problema começou quando o mundo moderno nos trouxe atalhos. Hoje, você pode se entupir de *fast food* barato e comer até explodir. Pode se satisfazer com pornografia gratuita a qualquer hora do dia. E pode fazer um trabalho meia-boca no conforto do sofá sem gastar a sola do sapato e, mesmo assim, ser considerado minimamente bem-sucedido.

Mas entenda uma coisa: *o que esses prazeres têm de fáceis, têm de superficiais e destrutivos*. No longo prazo, eles te empurram direto para o fundo do poço.

A lógica é simples: quanto mais difícil for a tarefa que você escolher enfrentar hoje, mais fácil será o seu amanhã. Quanto mais prazer efêmero você buscar hoje, mais difícil será o seu futuro.

A dopamina, quando buscada em excesso, é tão viciante quanto qualquer droga química. E como todo vício, ela exige doses cada vez maiores para oferecer a mesma sensação. Isso é insustentável.

Escolha bem suas batalhas diárias. Troque o prazer imediato pela satisfação duradoura.

Dia 22

Deus não é muleta

Crer em uma entidade superior, seja qual for o nome que você dê a ela, nunca deve servir como desculpa para os seus fracassos. A fé pode ser um alicerce, um refúgio emocional, uma fonte de esperança. Mas jamais uma muleta para justificar atitudes irresponsáveis.

Falo isso como alguém que se considera agnóstico. Mesmo assim, preciso reconhecer: a vida de quem acredita em Deus costuma ser menos angustiante em muitos momentos. A fé dá conforto e sentido nos períodos difíceis.

Por outro lado, o que vejo com frequência é um uso distorcido dessa crença. Muita gente recorre a Deus apenas como um álibi para justificar as próprias cagadas. É como se, no fundo, fosse mais fácil colocar a culpa no "destino", no "plano de Deus" ou em alguma provação divina do que assumir a responsabilidade pelas próprias escolhas.

E a ironia? Muitas dessas escolhas são atitudes que a própria pessoa sabe que seriam totalmente reprovadas por esse mesmo Deus em quem ela diz acreditar.

Independente da sua religião — seja você cristão, espírita, muçulmano ou de qualquer outra crença — você sabe distinguir o certo do errado. Não precisa de manual para isso. É instintivo, faz parte da sua natureza.

Seja crente ou não, uma verdade é universal: fazer merda te leva para o pior dos infernos possíveis — o da sua própria consciência.

Dia 23

Sucesso em linha reta

Quer seguir um caminho totalmente em linha reta? Tenho uma solução infalível: não faça nada, não ouse e não arrisque nada. Assim você terá o conforto de uma trajetória previsível, mas com uma armadilha embutida: essa linha reta, na verdade, é uma rampa inclinada para baixo. Tão lenta que você nem percebe o declínio até ser tarde demais.

> TODO MUNDO SONHA EM VOAR MAIS ALTO E MAIS RÁPIDO, MAS POUCOS ESTÃO DISPOSTOS A ENFRENTAR AS TURBULÊNCIAS QUE ESSES VOOS TRAZEM.

Todo mundo sonha em voar mais alto e mais rápido, mas poucos estão dispostos a enfrentar as turbulências que esses voos trazem. É natural: o ser humano evoluiu justamente por ter uma certa aversão ao risco. A autopreservação garante nossa sobrevivência como espécie.

No entanto, quando o assunto é vida profissional e realização pessoal, a lógica muda. Quem não arrisca, não petisca. Mar calmo não forma bons marinheiros. E eu poderia repetir aqui mais umas mil frases feitas sobre coragem e superação — mas como detesto papo furado de *coach* que nunca construiu nada, prefiro ir direto ao ponto com um exemplo real.

Michael Jordan, o maior jogador de basquete de todos os tempos, disse o seguinte: “Eu errei mais de 9.000 arremessos na minha carreira. Perdi quase 300 jogos. Em 26 oportunidades, confiaram em mim para fazer o arremesso da vitória… e eu errei. Eu falhei muitas e muitas vezes na minha vida. E é por isso que tenho sucesso.”

O recado é simples: o sucesso nasce do acúmulo de falhas superadas.

Dia 24

A ocasião faz o ladrão (dos canalhas)

Você provavelmente já ouviu o ditado "A ocasião faz o ladrão." A ideia por trás dessa frase é que, em um ambiente sem punição, as pessoas tendem a agir de forma corrupta. Mas vamos ser sinceros: isso só é verdade para quem já tem uma pré-disposição para a canalhice.

Essa desculpa é perfeita para cafajestes profissionais ou para crianças mimadas que ainda não entenderam o peso da responsabilidade adulta. Se você é maior de idade e tem alguma noção de ética, sabe muito bem que é responsável pelos próprios atos — independentemente das circunstâncias.

SE VOCÊ É MAIOR DE IDADE E TEM ALGUMA NOÇÃO DE ÉTICA, SABE MUITO BEM QUE É RESPONSÁVEL PELOS PRÓPRIOS ATOS

Mas tem um lado positivo nesse ditado. Se o ambiente influencia, por que não o usar a seu favor? O inverso também funciona. Quer um exemplo?

Quer deixar de ser sedentário? Ande com gente que gosta de se exercitar.

Quer parar de ser ignorante? Conviva com quem ama aprender.

Quer beber menos? Não tenha um bar montado dentro de casa.

Ambientes insalubres não são desculpa para a sua falta de caráter. Mas escolher um ambiente saudável pode ser o empurrão que você precisa para manter o rumo certo.

A melhor parte? Quando você anda com gente de caráter primoroso, não precisa ficar se justificando o tempo todo. E, o mais importante: evita ser julgado pelo pior tribunal de todos — o da sua própria consciência.

Dia 25

Quebre seu retrovisor

Retrovisor é acessório de carro, não de gente. Volta e meia, me pego remoendo os erros do passado e me punindo por não ter feito melhor. Mas a verdade é simples e dura: isso nunca me ajudou em absolutamente nada. Quem dirige olhando apenas pelo retrovisor vai acabar batendo na próxima curva. E a vida, pode ter certeza, é cheia de curvas inesperadas.

> CONCENTRE-SE APENAS NO PONTO DE ONDE VOCÊ ESTÁ PARTINDO AGORA PARA CONSTRUIR UM FUTURO COM MENOS ARREPENDIMENTO.

O que faz uma pessoa feliz não é a ausência de erros, mas a capacidade de corrigir a rota rapidamente. O segredo é superar cada obstáculo, sabendo que outros virão e que a beleza da vida está justamente em enfrentá-los.

Se você está lendo este livro agora, faça um favor a si mesmo: delete todas as besteiras que já cometeu. Pare de arrastar correntes emocionais que só te atrasam. Concentre-se apenas no ponto de onde você está partindo agora para construir um futuro com menos arrependimento.

O passado é imutável. O futuro é uma incógnita. Mas uma coisa é certa: nunca existiu um ser humano neste planeta que não tenha cometido erros gigantescos em algum momento da vida.

Passe a régua. Siga em frente. E já que a morte é uma certeza, que ela te encontre em movimento, evoluindo e tentando ser uma versão melhor de si mesmo a cada dia.

Dia 26

Outputs ganham dos *inputs*

A atitude mais egoísta que você pode ter na vida é guardar seu conhecimento só para você. Hoje, somos bombardeados por informações numa velocidade muito maior do que conseguimos absorver. Mas, no fim das contas, o cérebro sempre faz o filtro: separa o que é conhecimento útil do que é lixo eletrônico.

Os *inputs* — tudo aquilo que você consome de informação — são praticamente ilimitados. Já os *outputs*, ou seja, aquilo que você produz a partir do que aprendeu, são limitados. E é exatamente aí que mora a diferença entre estagnar ou prosperar.

Jogar seu conhecimento para o mundo, compartilhando ideias que você considera sensatas, é uma postura típica de pessoas grandiosas. Os mesquinhos fazem o oposto: guardam tudo para si, com medo de serem copiados ou julgados por quem pensa diferente. Resultado? Nunca prosperam.

Se você é um consumidor ávido de informações — e provavelmente é, dado o tempo que passa na frente da tela lendo notícias, fofocas ou estudando — e se de fato for inteligente, vai transformar esse conteúdo em algo seu. Vai processar, adaptar e jogar de volta para o mundo de forma autêntica.

Não estou dizendo que você precisa virar um influenciador digital. Longe disso. Mas, se você acumular um portfólio de ideias incríveis só para si, uma hora vai implodir. *Input* sem *output* é desperdício.

Acumular apenas consumo e nunca produção vai te fazer perder oportunidades... e deixar o mundo pior.

Dia 27

"Prioridades"

Se na origem da palavra "prioridade" temos o significado de "aquilo que está em primeiro", então, por definição, ela não deveria ter plural. Assim como não existem dois medalhistas de ouro subindo no pódio ao mesmo tempo na mesma modalidade, também não deveriam existir múltiplas prioridades ocupando o primeiro lugar da sua vida ao mesmo tempo.

Dizer que "não teve tempo" é apenas uma forma vaidosa de camuflar, diante da sociedade, o fato de que você falhou. É muito mais fácil e socialmente aceitável dizer "fiquei sem tempo" do que assumir: "Eu falhei."

Esse atalho verbal pode parecer inofensivo, mas só alimenta o autoengano. No fundo, é simples: se algo não aconteceu, é porque aquilo não foi sua prioridade real. E tudo bem. O problema é mentir para si mesmo.

Exemplo prático: é mais digno admitir que você está acima do peso porque priorizou ganhar dinheiro, do que se iludir dizendo que a saúde estava entre suas "top 5 prioridades". Não estava! Mas se agora ela passou a ser, ótimo: reconheça isso, passe a régua e comece a agir de acordo.

Está na moda falar em equilíbrio entre as áreas da vida, mas a verdade é que pessoas realmente fora da curva, em algum momento, desbalancearam tudo para alcançar o que queriam.

Aceite: sua vida dificilmente será o retrato perfeito do que o ego idealiza. E, acima de tudo, pare de usar o tempo como desculpa: o dia tem 24 horas para todos.

Dia 28

Antecipando a desgraça improvável

Quantas vezes, ainda na escola, você já passou pela clássica cena de ser ameaçado por alguém bem maior? Aquele famoso: "Vou te pegar na saída!" Provavelmente, o tão temido "duelo do século" nem aconteceu. Ou, se aconteceu, não foi nem de longe digno de uma luta de UFC.

No fim, o que sobrou foi só a ansiedade antecipada. Um medo alimentado à toa por uma mente que transformou uma possibilidade remota em uma tragédia iminente.

Esse exemplo pode parecer infantil, mas a dinâmica é a mesma quando somos adultos. Quando estamos imersos em um problema, tendemos a superestimar sua gravidade. Achamos que ele será maior do que realmente é, ou que vai durar para sempre caso não façamos algo imediato. E o pior: esses pensamentos exagerados acabam desencadeando novos problemas que, até então, sequer existiam.

Muitos dos desafios que parecem irreparáveis são, na verdade, fruto do nosso próprio medo. Um medo que não só permite, como também facilita que coisas ruins aconteçam.

Não vou entrar aqui no discurso de blogueiro "gratiluz", falando que você emana o que vibra no seu campo energético. A explicação mais prática e empírica é bem mais simples: *pessimistas criam um problema para cada solução. Otimistas criam uma solução para cada problema.*

Antes de surtar por antecipação, respire. Espere a saída. Talvez a luta nunca venha.

Dia 29

Querer sempre mais = nunca ter nada

Ter ambição é fundamental para alcançar o sucesso. Mas, à medida que vamos conquistando nossos objetivos, essa ambição pode, de forma quase imperceptível, se transformar em ganância. E é justamente aí que até os grandes acabam se afundando.

Existe uma diferença crucial: *Ambição envolve trabalho. Ganância envolve atalho.*

Conforme evoluímos, a tendência natural é aumentar o sarrafo, o nível de desafio. Isso é positivo enquanto alimenta o desenvolvimento pessoal. Mas chega um momento em que "saltar mais alto" se torna humanamente impossível. É aí que alguns começam a buscar caminhos fáceis e perigosos. Atalhos que não compensam os riscos.

Isso fica claro quando atletas de elite são pegos no doping e perdem tudo: medalhas, carreira, patrocínio. Ou quando empresários já milionários acabam presos por fraudes que nem mesmo quem não tem nada teria coragem de cometer.

Pare e pense: não importa o quanto você já conquistou, aposto que se lembra do seu primeiro carro com mais carinho do que da troca do carro de 900 mil por um de 1 milhão. Isso porque o impacto emocional da primeira conquista é muito maior do que qualquer upgrade de luxo.

Para fechar, uma das frases mais emblemáticas do meu ator favorito, Jim Carrey: "Eu acho que todo mundo deveria ficar rico, famoso e fazer tudo o que sempre sonhou, para que possa ver que essa não é a resposta."

Dia 30

Ria das suas cagadas

Tem coisa mais engraçada do que quando um humorista pega uma desgraça pessoal e transforma em piada? E o oposto também é verdadeiro: existe algo mais amargo e insuportável do que ouvir alguém que se acha o máximo discursando sobre a própria superioridade como se fosse uma espécie de ser iluminado?

A verdade é simples: as pessoas precisam de conexão. E, muitas vezes, essa conexão nasce justamente do fato de todos nós termos cometido as mesmas cagadas.

A beleza da vida está exatamente aí: em assumir os próprios erros, rir deles e seguir em frente. Os grandes sábios fazem isso. Se for para chorar, que seja de tanto rir das suas próprias desgraças. A vida é curta demais para perder tempo se vitimizando ou se louvando como se fosse um super-herói.

A BELEZA DA VIDA ESTÁ EXATAMENTE AÍ: EM ASSUMIR OS PRÓPRIOS ERROS, RIR DELES E SEGUIR EM FRENTE. OS GRANDES SÁBIOS FAZEM ISSO.

Aliás, quem ainda acredita em super-herói é criança. Quando você cresce, percebe que até os seus pais — aquelas figuras que você tinha como exemplo máximo de tudo — também são, em alguns aspectos, uns *superbostas*. E está tudo bem com isso.

Aceitar as falhas dos outros começa pela autoaceitação. Você nunca vai conseguir tolerar ninguém se não aprender antes a rir de si mesmo.

Assuma seus erros. Dê risada. E continue. Afinal, ninguém sai vivo dessa vida… mas pelo menos pode sair com bom humor.

Dia 31

Aprender não ocupa espaço

Não é preciso ser um neurologista renomado para entender uma verdade simples: *mais conhecimento é sempre melhor*. Ao contrário de um HD, de um servidor na nuvem ou de qualquer tecnologia que inventem no futuro, a mente humana com mais conteúdo sempre será mais adaptável do que uma com menos.

Se o seu trabalho pode ser feito por uma máquina ou por um algoritmo, saiba que sua substituição é só uma questão de tempo. Ser apenas um "burro de carga" te coloca na fila da obsolescência.

A inventividade é uma característica exclusiva de quem é curioso e ávido por aprender. E essa qualidade, por enquanto, é insubstituível.

Temos aqui uma vantagem e uma desvantagem. A desvantagem: Se você for preguiçoso e acomodado, vai ser substituído. A vantagem: Hoje, só continua burro quem quer.

Lembro que, na infância, minha mãe me levava à biblioteca municipal de Santo André, onde morávamos. Naquela época, início dos anos 90, poucos pais tinham essa preocupação com educação. Eu fui privilegiado por ter esse incentivo, e agarrei a oportunidade.

A diferença é que hoje você nem precisa depender da boa vontade de ninguém. Todo o conhecimento humano está disponível, de graça, na internet. E se você está lendo este livro, significa que já tem acesso a isso.

Dia 32

Não fazer nada bom é ser ruim

Seus pais, por mais complicados que sejam, não te colocaram no mundo para ser apenas um peso-morto que atrapalha os outros. Mesmo que sua postura pareça inofensiva ou “de gente do bem”, a verdade é simples: *não fazer nada de útil te torna parte do problema.*

O mínimo que se espera de alguém digno é que tenha ideologia própria. Que não viva como um moribundo emocional indo para onde o vento assopra. Você precisa vocalizar suas convicções, porque enquanto você se cala, o lado ruim está agindo.

Quer um exemplo histórico? Todos os regimes totalitários — incluindo o nazismo e os socialismos assassinos — só prosperaram porque as pessoas de bem permaneceram caladas enquanto o mal ainda era pequeno e evitável.

Se você se cala diante do que sabe que é errado, está no mesmo nível de canalhice dos que praticam essas injustiças. Aliás, pior: você vira exatamente o que eles precisam para crescer — a massa de manobra omissa.

SE VOCÊ SE CALA DIANTE DO QUE SABE QUE É ERRADO, ESTÁ NO MESMO NÍVEL DE CANALHICE DOS QUE PRATICAM ESSAS INJUSTIÇAS.

Se você não se posiciona, é só mais um conivente bunda-mole. E se você ainda tenta passar pano para o que é obviamente injusto, saiba: você é pior que os próprios sociopatas, porque ao menos eles estão agindo em prol de um objetivo, por mais deturpado que seja.

Enquanto isso, você segue como cúmplice da destruição da sua liberdade individual e da ruína da sua própria jornada no longo prazo.

Dia 33

Todo mundo acha que tem bom senso

Você já viu alguém, por mais xarope, psicopata ou sadomasoquista que seja, acordar e dizer: "Hoje vou tomar as decisões mais merdas que eu puder"? Claro que não. Porque todo mundo, sem exceção, acredita que tem bom-senso.

Aliás, pare e pense: você já ouviu alguém dizer que tem "mau-senso"? Nem existe essa expressão no vocabulário cotidiano. Mesmo o mais distorcido dos seres humanos evita assumir que está agindo de forma errada. Até os mais malucos acham que estão certos, dentro da própria régua de moralidade.

Cada um tem sua medida interna de ética, empatia e responsabilidade social. E as pessoas tendem a agir de acordo com ela... ou não. Quando sabem que estão sendo egoístas ou canalhas, a saída comum é manipular a narrativa, criar justificativas e inventar desculpas para se proteger.

O mais curioso é que todos fazem isso achando que estão dentro do tal "bom-senso". A sociedade está tão confusa que até o egocêntrico mais maléfico do planeta conseguiria justificar suas ações com algum argumento torto.

Por isso, se os valores e hábitos de alguém te afastam, não perca tempo tentando convencer a pessoa de que ela está errada ou de que não tem bom-senso. Esse sentimento é imutável e, sejamos honestos, provavelmente você também já criou desculpas para se proteger de reconhecer seus próprios deslizes.

Solução simples: se alguém não compactua com seus valores, apenas se afaste.

Dia 34

Mais cachorro, menos lobo

Grande cachorreiro que sou, esses dias assisti a um documentário sobre o que se passa na cabeça de um cachorro, e duas coisas me chamaram a atenção:

- 99% do DNA de um cão é idêntico ao de um lobo.
- A população de lobos está em declínio desde 1980, enquanto a de cachorros só aumenta.

Hoje, existem mais de 1 bilhão de cachorros no mundo — mais de cinco vezes o número dos seus "ancestrais selvagens". E sabe por quê? Porque os cães tiveram uma sacada que os lobos nunca tiveram: reconheceram que os humanos eram superiores na caça e resolveram virar nossos melhores amigos.

Vinicius de Moraes, por exemplo, chamava sua bebida favorita, o whisky, de "o cão engarrafado". Aposto que você nunca cogitou adotar um lobo. Afinal, não deve ser nada legal dormir ao som de uivos e correr o risco de acordar com uma mordida na jugular.

Por mais que cachorros tenham quase tudo em comum com os lobos no DNA, eles aprenderam a ser simpáticos, adaptáveis e, de certa forma, adoráveis (mesmo que o seu sofá discorde).

E essa "submissão inteligente" trouxe resultados: ração *premium*, carinho diário e segurança.

Trazendo essa lição para o mundo humano: quando estiver em clara desvantagem frente a alguém, talvez seja mais inteligente ser minimamente domesticável e sobreviver bem, do que insistir em uma caça diária que só te trará desgaste.

Dia 35

O tipo de pobreza mais triste

Não existe nobreza na pobreza. Nunca vou romantizar ou glamourizar o fato de que algumas pessoas vivem na mais absoluta pindaíba. Nascemos para prosperar, para usufruir da abundância que o dinheiro pode proporcionar — desde que essa prosperidade venha como consequência de um trabalho bem-feito e honesto.

Mas existe um tipo de pobreza que, para mim, é ainda mais miserável: *aquela em que o saldo bancário é inversamente proporcional à moralidade e aos valores da pessoa.* Não há fortuna no mundo que valha mais do que a paz de uma consciência limpa.

Quantas vezes você, preocupado em ganhar mais dinheiro, planejando seus "sambarilóvis" para aumentar a renda, não cruzou com alguém financeiramente mais pobre, mas visivelmente mais feliz que você?

Este é um dos maiores ensinamentos que uma vida simples pode proporcionar: felicidade e riqueza emocional não têm relação direta com a conta bancária.

Ser simples não é sinônimo de ser pobre. Simplicidade é uma escolha de vida. Uma pessoa pode ter pouco e ainda assim carregar uma leveza de espírito que muitos milionários jamais terão.

Adquirir sabedoria e conquistar uma verdadeira liberdade de espírito costuma ser muito mais barato do que você imagina. Talvez por isso tanta gente que teve menos oportunidades que você vive sorrindo... mesmo que falte alguns dentes.

Dia 36

Sua intuição é sua maior aliada

Grande parte das descobertas e invenções que mudaram o mundo nasceu de um componente muitas vezes negligenciado: a intuição. Ideias transformadoras geralmente surgem do inconsciente, daquela percepção súbita que você nem sempre consegue explicar de forma lógica.

Essas percepções, muitas vezes confundidas com meros palpites, têm raízes profundas. Todas as grandes mentes da ciência e das artes tiveram, em algum momento, um estalo intuitivo. Aquele "click" interno que acende antes mesmo da razão conseguir explicar o porquê.

Albert Einstein, inclusive, disse algo que ilustra bem essa ideia: "A mente intuitiva é um dom sagrado e a mente racional é um servo fiel. Nós criamos uma sociedade que honra o servo e esquece o dom."

Exercitar essa capacidade intuitiva e permitir que ela influencie suas decisões não é tarefa fácil. Especialmente para quem vive tentando racionalizar tudo e busca sempre uma explicação lógica antes de agir. Esse excesso de razão bloqueia o fluxo criativo.

Na minha própria experiência, percebi que, ao compor uma música, a primeira ideia de melodia quase sempre é a melhor. Quando me sento para escrever este livro, o primeiro tema que me vem à cabeça geralmente é o mais verdadeiro.

Deixe sua intuição trabalhar ao seu favor. Permita-se confiar naquele primeiro pensamento, naquele impulso criativo que vem antes de você começar a duvidar de si mesmo.

Dia 37

A dor da cura

Durante 17 anos da minha vida, exagerei sem freio no combo: café, álcool e trabalho. Até que, aos 35 anos, meu corpo e minha mente simplesmente pediram arrego. A exaustão chegou a um ponto tão crítico que precisei buscar ajuda médica para me libertar desses vícios — que, apesar de socialmente aceitos, são tão destrutivos quanto outras drogas mais estigmatizadas.

O pior é que eu mesmo me iludia. Repetia para mim mesmo que esse combo autodestrutivo era o que me fazia ser bem-sucedido. Uma baita mentira.

A VERDADE É SIMPLES: NÃO EXISTE CURA SEM DOR.

Quando finalmente decidi enfrentar o problema, descobri que o processo de cura é muito mais doloroso do que eu imaginava. Noites mal dormidas, ataques de ansiedade, enxaquecas violentas, tremores, formigamento, calafrios, confusão mental... tudo isso veio como efeito colateral de anos de abuso.

A verdade é simples: não existe cura sem dor. Qualquer processo de recuperação, seja físico, emocional ou mental, vai te exigir um preço. E quanto mais você adiar, mais caro vai ficar.

Por isso, busque ao menos um mínimo de equilíbrio ao longo da sua vida. Não deixe que a busca por sucesso profissional te empurre para um buraco tão fundo que só reste o sofrimento da recuperação.

Uma vida perfeitamente balanceada talvez não exista. Mas lembre-se sempre da dor da cura antes de mergulhar de cabeça em níveis perigosos de exagero.

Dia 38

Adube a vida: faça merdas (mas aprenda)

"É fazendo merda que se aduba a vida." — autor desconhecido.

Essa pérola da sabedoria popular, que provavelmente surgiu da mente de algum cantor sertanejo cachaceiro (e não de Sêneca ou qualquer outro estoico famoso), faz sentido. Mas só quando vem acompanhada de uma condição fundamental: o aprendizado.

Errar é parte inevitável da experiência humana. Não existe vida bem vivida sem tropeços pelo caminho. E a pior coisa que você pode fazer é se julgar ou se autoflagelar por isso. O segredo é simples: não glamourize o erro, mas também não o desperdice. Aprenda com ele. Extraia o ensinamento. E, principalmente, não repita a mesma burrada.

> ERRAR É PARTE INEVITÁVEL DA EXPERIÊNCIA HUMANA. NÃO EXISTE VIDA BEM VIVIDA SEM TROPEÇOS PELO CAMINHO.

Erre em novas frentes. Vá se consertando durante a jornada. A vida é um processo contínuo de tentativa, erro e aprimoramento.

Lembre-se: só não erra quem não tenta. Mas quem não tenta também nunca acerta. Então, assuma riscos controlados, avance, tropece, caia... mas se levante.

Você pode até continuar a caminhada machucado, capenga, com o joelho ralado e o orgulho ferido. Mas o importante é continuar. A cada queda, você fortalece sua casca. Ganha resistência emocional. Fica menos frágil e mais preparado para o que vem pela frente.

A vida é assim: um terreno que só floresce depois de bem adubado.

Dia 39

A beleza não óbvia do simples

Seria muita hipocrisia dizer que uma Kombi é melhor que uma Ferrari. Seja qual for o critério — velocidade, design, status — a Ferrari ganha fácil. Mas na vida real não se resume a ficha técnica.

Já vi feirante sorrindo feliz na sua *Kombosa*, e empresário chorando dentro da Ferrari dos sonhos. Por quê? Porque, muitas vezes, quando damos um passo maior que a perna para antecipar um desejo — como financiar um carro ou uma casa de alto padrão — estamos mais preocupados com a aprovação dos outros do que com os benefícios reais que aquele bem trará para a nossa vida.

QUANTO MAIS VOCÊ TENTA IMPRESSIONAR OS OUTROS, MENOS CONTROLE TEM SOBRE A PRÓPRIA VIDA.

Um ponto importante: ter uma vida simples não é o mesmo que ter uma vida miserável. Na verdade, é o contrário. Existe mais risco de você se tornar um escravo do dinheiro — um "rico fake" sem propósito — do que de ser alguém simples e com liberdade de verdade.

É fácil se perder na busca pelo status. E o pior: quanto mais você tenta impressionar os outros, menos controle tem sobre a própria vida.

Sim, coisas caras são atraentes e podem ser prazerosas. Não tem problema nenhum em se presentear com um luxo de vez em quando. Mas o que realmente importa, no final, é a liberdade de escolher o que fazer com o próprio tempo.

E isso, meu amigo, não tem etiqueta de preço.

Dia 40
A vida é ganha-ganha

A vida não é um jogo de soma zero. Fui operador de mercados futuros na Bolsa de Valores por cinco anos. Trabalhei num ambiente altamente competitivo em que, para um player ganhar dinheiro, o outro precisava necessariamente perder. Exemplo simples: se eu comprava um contrato de milho e o preço da saca subia, quem vendeu para mim tinha que me pagar a diferença. E, claro, o contrário também era verdadeiro.

Com o tempo e o distanciamento desse mercado, percebi o quanto esse modelo de perde-ganha drenava minha saúde mental. E, mais importante, percebi que esse tipo de dinâmica só se aplica a pouquíssimos cenários: mercado financeiro, esportes competitivos e outros poucos jogos de soma zero.

A VIDA É GENEROSA COM QUEM APRENDE A ADMIRAR E SE INSPIRAR NO CRESCIMENTO ALHEIO.

No mundo corporativo, apesar da competição natural, é totalmente possível criar um ambiente em que todos ganham. Você pode vender um ótimo produto, lucrar e, ao mesmo tempo, deixar seu cliente satisfeito e fiel.

Transpondo isso para o lado pessoal, é não apenas possível, mas extremamente desejável que você vibre com o sucesso dos outros. A vida é generosa com quem aprende a admirar e se inspirar no crescimento alheio.

Vibra com quem está avançando. Aprenda com quem chegou onde você quer chegar. E lembre-se: quanto mais você torce pelo sucesso dos outros, mais você aumenta suas próprias chances de prosperar.

Na vida pessoal, o jogo é sempre ganha-ganha.

Dia 41

O único vício desejável

Quando ouvimos a palavra "vício", logo pensamos em comportamentos autodestrutivos. Algo que traz uma explosão de dopamina hoje, mas que certamente vai te arrebentar no longo prazo. Mas, na minha visão, existe um único tipo de vício que vale a pena cultivar: o vício no processo de melhoria.

Suponha que você esteja insatisfeito com o próprio corpo e queira ganhar mais saúde. É claro que acompanhar a evolução de peso, medidas ou massa corporal é importante. Mas o que realmente vai te fazer mudar de patamar não é a meta final — tipo "perder X quilos". O que transforma de verdade é a sua obsessão saudável com o processo.

Quer emagrecer? Foque em quantos passos você dá por dia. Vá aumentando gradualmente. Crie um hábito. Quer enriquecer? Observe quanto dinheiro você tem deixado escapar em itens supérfluos. Corrija o desperdício antes de querer dobrar a renda.

Pode parecer contraintuitivo, mas esquecer a meta final e focar no que está 100% sob seu controle é o caminho mais inteligente. Concentrar-se no processo reduz a ansiedade, traz prazer diário e cria resultados consistentes no longo prazo.

Em vez de jogar o sarrafo lá na estratosfera e viver se frustrando por não alcançar logo, seja viciado no hábito de melhorar um pouco todos os dias. Porque o resultado... ele vem. Inevitavelmente.

Dia 42

Descanse ativamente

Tirar alguns dias de folga para relaxar não significa interromper ou retroceder no seu processo evolutivo. Pelo contrário: muitas vezes, as melhores ideias e os maiores avanços pessoais surgem justamente quando nos permitimos um tempo para olhar para dentro, recalcular a rota e respirar longe da rotina.

TER TEMPO LIVRE NÃO É SINÔNIMO DE DESPERDIÇAR TEMPO.

No entanto, é importante entender o descanso de forma estratégica. Permitir-se um tempo livre das obrigações diárias é uma baita oportunidade de ouro para fazer o que normalmente fica de lado: planejar algo novo, estudar aquele assunto que sempre adia ou simplesmente cuidar melhor do corpo.

Gosto de chamar isso de "ócio evolutivo".

Ter tempo livre não é sinônimo de desperdiçar tempo. Muito pelo contrário: é um convite para o aprimoramento interno. Ler um bom livro, fazer uma caminhada, refletir sobre os próximos passos... tudo isso te ajuda a voltar para a labuta com mais energia, mais foco e com a cabeça mais alinhada aos seus verdadeiros objetivos.

Lembre-se de uma coisa: o tempo é o único recurso que ninguém consegue comprar de volta. E também é a única coisa que, uma vez gasto, não pode ser recuperada.

Por isso, aproveite cada pausa para evoluir. Porque no fim, a única coisa que ninguém pode tirar de você é o que está guardado dentro da sua cachola.

Dia 43

Você não vai resolver o descontrole do mundo

Por mais que você acredite ter uma missão de tornar o mundo um lugar melhor, existe uma verdade inescapável: grande parte do que acontece está completamente fora do seu controle. E tentar mudar o que é incontrolável só vai te levar à frustração.

O mundo é, por natureza, caótico. A vida é apenas parcialmente manejável. Por mais que você seja uma pessoa ética, moralmente correta e com boas intenções, não dá para esperar o mesmo comportamento de quem teve uma criação, um contexto ou valores diferentes dos seus.

É DIFÍCIL ACEITAR, MAS A VERDADE É QUE O MUNDO NÃO VAI SE ADEQUAR AO SEU SENSO DE JUSTIÇA.

É difícil aceitar, mas a verdade é que o mundo não vai se adequar ao seu senso de justiça. Quanto mais cedo você assimilar isso, menos sofrimento desnecessário terá.

Seu foco precisa ser outro: curar apenas as doenças que estão sob a sua responsabilidade direta. Isso inclui sua mente, seu corpo e sua alma. Não perca energia tentando consertar o que não te pertence.

E um lembrete essencial: nunca terceirize sua felicidade. Ela não pode depender de governos, de outras pessoas ou de situações externas. A responsabilidade por encontrar a sua paz é exclusivamente sua.

A vida vai continuar fora de controle, com ou sem o seu consentimento. Mas o seu equilíbrio interno... esse sim, você pode (e deve) dominar.

Dia 44
Só importa como você reage

Se você está fazendo algo disruptivo — e eu realmente espero que esteja — saiba que as críticas virão. Sempre.

Quem está parado, coçando o saco e vivendo uma vida morna tende a projetar suas próprias inseguranças em quem está tentando algo novo. O motivo é simples: ver você avançando expõe a mediocridade deles. E, no fundo, essas pessoas preferem que você desista. Porque, para elas, é muito mais confortável naufragar em grupo do que assistir alguém da mesma bolha prosperar enquanto continuam estagnadas.

Quando alguém tenta minar a sua confiança, o que essa pessoa realmente quer é se sentir menos sozinha na própria frustração.

QUANDO ALGUÉM TENTA MINAR A SUA CONFIANÇA, O QUE ESSA PESSOA REALMENTE QUER É SE SENTIR MENOS SOZINHA NA PRÓPRIA FRUSTRAÇÃO.

Então, um conselho direto: mande essas pessoas se lascarem (mentalmente ou literalmente, dependendo da situação).

Os eventos que acontecem na sua vida, sejam eles positivos ou negativos, na maioria das vezes estão fora do seu controle. Você não pode escolher tudo o que te acontece. Mas tem uma responsabilidade que é só sua: como você reage a cada situação.

Isso é o que realmente determina o rumo da sua trajetória.

Controle o que você pode: sua reação, sua postura, sua persistência. O resto? Deixa o mundo girar. E siga firme na sua caminhada.

Dia 45

A individualidade como salvação do todo

A palavra *individualidade* muitas vezes carrega uma carga negativa. Parece que quem age de forma individualista está, automaticamente, prejudicando os outros em benefício próprio. Mas, na prática, o conceito é bem diferente disso.

Encaro a individualidade como um ato de responsabilidade pessoal. Quando você está focado nas suas próprias vontades, necessidades e objetivos — sem invadir ou prejudicar o espaço alheio — a tendência é que você também respeite mais o limite dos outros.

Ter clareza sobre onde você quer chegar e, principalmente, sobre o que não aceita que façam com você, é o primeiro passo para viver em harmonia com os demais. Quando você estabelece suas próprias fronteiras, é natural começar a respeitar as dos outros também.

Isso não significa se tornar egoísta. Pelo contrário: significa assumir a responsabilidade pelo seu próprio desenvolvimento emocional, físico e até moral. Quanto mais autônomo você for, menos vai cair na tentação de culpar os outros pelas suas frustrações ou de interferir negativamente no caminho alheio.

No fundo, o verdadeiro estoico entende que ao cuidar de si — com ética e consciência — ele também contribui para um ambiente social mais saudável e equilibrado.

A individualidade, quando bem conduzida, não é o problema. Na maioria das vezes, é parte da solução.

Dia 46

Os juros compostos da evolução

Uma das fórmulas mais conhecidas no mundo das finanças é a dos juros compostos. Ela mostra como o dinheiro pode se multiplicar de forma exponencial ao longo do tempo, transformando pequenos valores em grandes fortunas... desde que um fator essencial seja respeitado: *o tempo.*

O ÚNICO FATOR QUE REALMENTE FAZ A MÁGICA DA MULTIPLICAÇÃO ACONTECER É O TEMPO.

Se você observar o que os bilionários têm em comum, dois elementos saltam aos olhos: muito trabalho envolvido e, principalmente, cabelos brancos. A maioria deles não ficou rica da noite para o dia. Eles acumularam pequenas vitórias, decisões certas (e várias erradas, mas corrigidas a tempo), e foram consistentes por décadas.

Vivemos em uma sociedade imediatista, bombardeada por promessas de riqueza rápida vindas de *coaches* milagreiros e gurus de internet. O que eles quase nunca mencionam? Que o único fator que realmente faz a mágica da multiplicação acontecer é o tempo. E ele é justamente o elemento mais ignorado por quem busca atalhos.

No começo, o processo parece frustrante. Os resultados são pequenos, quase imperceptíveis. Dá vontade de desistir e torrar o que tem em prazeres imediatos. Mas é justamente a consistência diária que, com o tempo, faz a curva de crescimento disparar.

O mesmo vale para a evolução pessoal. Pequenos avanços diários, sustentados por anos, te levam a lugares onde a maioria nunca chega.

Não antecipe a colheita. Respeite o tempo. E prospere com serenidade.

Dia 47

Pequenos desconfortos, grandes progressos

Do que você realmente precisa para viver bem? Os estoicos não só se faziam essa pergunta, como também se colocavam, de forma intencional, em situações de desconforto extremo e aparentemente desnecessário. O objetivo? Treinar a mente para enfrentar a dor e a dificuldade com mais resiliência.

A lógica é simples: a dor, quando administrada de forma consciente e controlada, forja o caráter. Ela te ensina que boa parte dos desconfortos da vida é suportável. E mais do que isso: eles são, muitas vezes, necessários para o crescimento.

Quer um exemplo prático? Experimente fazer sauna em temperaturas mais altas que o habitual e, logo em seguida, um banho de água gelada. O famoso "banho de contraste". Nos primeiros dias, você vai querer desistir. Mas, com o tempo, o corpo se adapta, e o cérebro entende o recado: desconforto não mata, só fortalece.

O mesmo vale para a academia. Nos primeiros treinos, a dor é a única resposta que você sente. O corpo parece desengonçado, os músculos queimam, e os resultados demoram a aparecer. Mas quem insiste por alguns meses percebe: o desconforto inicial vira progresso.

O segredo está em entender que o corpo é absurdamente adaptável, mas só para quem aceita o desafio de se testar todos os dias.

A evolução nunca vem do conforto. Ela nasce exatamente do contrário.

Dia 48

Paixão *vs.* estoicismo

À primeira vista, paixão e estoicismo parecem conceitos completamente opostos. Mas, na prática, eles podem e devem coexistir. A paixão é uma emoção intensa, que carrega consigo entusiasmo, desejo e até sofrimento. Não é por acaso que a palavra vem do latim *passio*, que significa justamente “sofrimento”. Estar apaixonado, seja por uma pessoa, um projeto ou uma ideia, muitas vezes nos tira do eixo. As emoções se tornam avassaladoras, levando a atitudes impulsivas que podem gerar tanto êxtase quanto arrependimento.

O PONTO DE EQUILÍBRIO ESTÁ AQUI: NÃO É PRECISO REPRIMIR A PAIXÃO, MAS TAMBÉM NÃO PODEMOS SER ESCRAVOS DELA.

Por outro lado, o estoicismo prega justamente o controle sobre as emoções. Fundada por Zenão de Cítio no século III a.C., a filosofia estoica defende que a verdadeira felicidade vem da virtude, do autocontrole e da aceitação do que não podemos mudar. O estoico entende que emoções como a paixão são naturais, mas que cabe a nós decidir o quanto deixaremos que elas nos dominem.

O ponto de equilíbrio está aqui: não é preciso reprimir a paixão, mas também não podemos ser escravos dela. A paixão pode ser o combustível que te faz levantar da cama com vontade, criar, ousar e realizar. O estoicismo é o volante que te impede de cair em um penhasco emocional.

No fim, o segredo é simples: viva com intensidade, mas com consciência. Sinta com força, mas aja com sabedoria.

Dia 49

A filosofia como cura da alma

Se a medicina cuida do corpo, a filosofia tem a missão de curar a alma. Desde os antigos gregos até os pensadores contemporâneos, ela sempre foi uma ferramenta para quem busca equilíbrio emocional, paz interior e sentido diante da vida, da dor e da morte.

Um dos pilares filosóficos mais importantes para essa cura interior é o autoconhecimento. Platão já dizia que conhecer a si mesmo é o caminho para uma vida mais virtuosa e equilibrada. Questionar nossas crenças, nossos medos e nossos desejos nos libertam de amarras invisíveis que, muitas vezes, nos conduzem ao sofrimento sem que percebamos.

Ao longo da história, diferentes escolas filosóficas ofereceram caminhos de cura para a alma. Os estoicos, por exemplo, ensinaram que não controlamos os eventos externos, mas podemos controlar nossas reações a eles. Isso nos dá um senso de poder sobre nós mesmos mesmo em meio ao caos.

Filósofos como Nietzsche e Schopenhauer abordaram o sofrimento sob outra ótica: para eles, a dor pode ser uma força criadora, desde que seja compreendida e ressignificada.

O conceito de *ataraxia*, vindo do helenismo, resume bem o ideal estoico: alcançar um estado de tranquilidade e imperturbabilidade, independentemente das circunstâncias.

A filosofia, no fim, não é um conjunto de teorias abstratas. Ela é, antes de tudo, um remédio para a alma aflita, que nos convida a refletir, entender e agir com mais lucidez.

Dia 50

Estoicismo paterno

Aplicar o estoicismo enquanto pai é uma maneira prática — e muitas vezes inevitável — de cultivar paciência, resiliência e equilíbrio na educação dos filhos. Baseado em princípios como autocontrole, racionalidade e aceitação daquilo que está fora do nosso alcance, o estoicismo oferece ferramentas valiosas para os desafios diários da paternidade.

> A VIDA É COMPOSTA POR DESAFIOS INEVITÁVEIS, E A PATERNIDADE É UM DOS MAIORES.

O maior deles, talvez, seja focar apenas no que está sob o seu controle. Você não pode moldar cada ação ou pensamento do seu filho, mas pode — e deve — controlar a forma como reage a cada situação. Isso significa manter a calma nas birras, nos momentos de desobediência ou nas fases em que eles parecem testar todos os seus limites emocionais.

Outro ensinamento essencial dos estoicos é que a vida é composta por desafios inevitáveis, e a paternidade é um dos maiores. Praticar a paciência e desenvolver empatia diante de comportamentos difíceis é uma forma de garantir que sua resposta seja sempre racional, não reativa.

É preciso também lembrar que as crianças estão em constante aprendizado e, muitas vezes, aprendem mais rápido do que nós adultos imaginamos. Saber disso ajuda a reduzir a frustração e aumenta a capacidade de ensinar com amor e coerência.

No fim das contas, o melhor ensinamento é o exemplo. Ser um pai estoico é mostrar com atitudes como lidar com frustrações, aceitar mudanças e manter o foco no que realmente importa. Afinal, mais que palavras, é o comportamento diário que educa.

Dia 51

Vencendo o mal do século

Vencer a ansiedade é um desafio quase diário, mas com dedicação e o uso de estratégias práticas, é possível reduzir seus efeitos e alcançar uma vida mais equilibrada.

Primeiro, é essencial entender que a ansiedade é uma resposta natural do corpo a situações de estresse ou perigo. O problema surge quando essa resposta se torna constante ou surge em momentos sem ameaça real. Compreender o funcionamento desse mecanismo já é um passo importante para desmistificar medos e preocupações desnecessárias.

O segundo passo é identificar os gatilhos. Repare nas situações, pensamentos ou eventos que disparam sua ansiedade. Manter um diário pode ajudar: anote quando e por que se sentiu ansioso. Com esse autoconhecimento, fica mais fácil criar estratégias direcionadas para lidar com cada situação.

Outro recurso simples e eficaz é a respiração consciente. Um exercício que funciona muito bem é a técnica 4-7-8: inspire pelo nariz por 4 segundos, segure o ar por 7 segundos e expire lentamente pela boca por 8 segundos. Esse padrão ativa o sistema parassimpático e ajuda a reduzir a tensão rapidamente.

Por fim, e talvez mais importante: pratique exercícios físicos diariamente. Movimentar o corpo libera endorfinas, que promovem bem-estar imediato. Caminhadas, corridas ou yoga ajudam a aliviar o estresse acumulado e proporcionam momentos de desconexão dos pensamentos ansiosos.

O controle da ansiedade não vem de um único remédio milagroso, mas da construção diária de novos hábitos.

Dia 52

Domar o emputecimento

Controlar a ira é um processo que exige prática diária. A raiva, por mais incômoda que seja, é uma emoção natural que um dia foi essencial para a nossa sobrevivência como espécie. Ela surge em momentos de frustração, injustiça ou medo. O problema acontece quando ela transborda de forma desnecessária e prejudica nossos relacionamentos, nossa saúde emocional e nossa produtividade.

O primeiro passo para domá-la é reconhecer os sinais físicos e emocionais assim que surgem: aceleração dos batimentos, respiração curta, tensão muscular ou aquele calor repentino que sobe pelo corpo. Esses alertas são o momento ideal para se frear antes de reagir impulsivamente.

Uma estratégia simples é fazer uma pausa consciente. Respirar profundamente por alguns segundos ajuda a reduzir a tensão imediata e devolver o controle racional à sua mente. Práticas regulares de meditação ou *mindfullness* também aumentam sua capacidade de manter a calma em situações estressantes.

Outro exercício poderoso é tentar enxergar a situação pelo olhar do outro. Muitas vezes, a raiva nasce porque focamos apenas no impacto que o problema teve sobre nós, sem considerar o contexto ou as limitações de quem nos irritou.

MUITAS VEZES, A RAIVA NASCE PORQUE FOCAMOS APENAS NO IMPACTO QUE O PROBLEMA TEVE SOBRE NÓS.

Por fim, a longo prazo, desenvolver paciência e praticar o perdão – tanto com os outros quanto consigo mesmo – é o que vai impedir que uma raiva passageira se transforme em rancor crônico.

Domar o emputecimento é uma habilidade que só traz benefícios.

Dia 53

Obstáculos em oportunidades

Transformar obstáculos em oportunidades é uma habilidade que separa quem prospera de quem apenas sobrevive. Não se trata de ignorar os problemas, mas de mudar o olhar sobre eles.

O primeiro passo é a perspectiva. Obstáculos não são barreiras definitivas, mas convites para o aprendizado. Pergunte-se sempre: "O que posso aprender com isso?" ou "Como essa dificuldade pode me fortalecer?". Grandes avanços quase sempre nascem de situações desafiadoras.

O segundo ponto é a resiliência emocional. Manter a calma quando tudo parece desmoronar é o que diferencia os que seguem em frente dos que ficam pelo caminho. O foco precisa estar na solução, não no problema. Quem aprende a controlar as próprias emoções ganha clareza para encontrar saídas criativas.

E por falar em criatividade, ela é outro pilar. Os desafios forçam a mente a buscar novas rotas. Muitos dos melhores projetos, negócios e ideias nasceram exatamente porque alguém foi obrigado a pensar diferente diante de um bloqueio.

Por fim, a vontade de crescer. Cada obstáculo é, na verdade, um teste para ampliar suas capacidades. Quem foge da dificuldade foge também da oportunidade de evoluir. Toda adversidade pode ser uma espécie de trampolim para um novo nível de desenvolvimento pessoal e profissional.

A fórmula é simples, mas poderosa: mude sua perspectiva, fortaleça sua resiliência, use sua criatividade e encare cada desafio como uma oportunidade camuflada.

Quem entende isso, para de reclamar e começa a agir.

Dia 54

Autoconfiança não é insensibilidade

Ter autoconfiança e ser uma pessoa sensível não são opostos. Na verdade, as duas coisas podem (e devem) caminhar juntas.

Autoconfiança é simplesmente acreditar em si mesmo e nas próprias capacidades. Significa saber que você vai dar conta, mesmo quando não tem todas as respostas de imediato. Gente confiante não é perfeita e nem imune a erros. A diferença é que ela erra e se corrige mais rápido. Sabe se posicionar, tomar decisões e não ficar paralisada diante da dúvida. Não confunda autoconfiança com arrogância. Uma coisa é ter segurança, outra é ser petulante.

Por outro lado, sensibilidade extrema é quando a emoção toma uma proporção maior do que a situação merece. Pessoas muito sensíveis captam os menores detalhes emocionais dos outros, têm empatia fora da curva e sofrem muito com críticas ou conflitos. Isso pode ser uma boa qualidade em relações humanas e na criatividade, mas também um fardo quando a vida cobra resiliência.

A chave está no equilíbrio. Você pode ser confiante e, ao mesmo tempo, acolher seus sentimentos. Pode ter firmeza sem virar uma muralha insensível. Quem é muito sensível precisa criar mecanismos de proteção emocional: saber quando se afastar, impor limites e praticar o autocuidado.

Respiração, meditação, exercício físico e, principalmente, aprender a dizer “não” são aliados para manter a sanidade.

Ser confiante e sensível ao mesmo tempo não só é possível, como é o caminho mais saudável.

Dia 55

O governo não te dá nada sem antes te tirar

O libertarianismo é uma filosofia simples de entender, mas difícil de aceitar para quem se acostumou com a ideia de que o Estado é uma espécie de "papai que cuida de todos". Basicamente, a ideia central é: mais liberdade individual, menos governo enfiando o bedelho na sua vida.

Quem segue essa linha (eu incluso) acredita que você deve ter o máximo controle possível sobre suas próprias escolhas — desde que isso não prejudique os direitos dos outros. Isso vale para sua grana, sua propriedade, seu corpo, sua profissão e até suas burrices.

Na economia, o libertarianismo prega o livre mercado: menos impostos, menos burocracia e mais concorrência real. Por que acreditar que meia dúzia de engravatados em Brasília sabem melhor o que fazer com seu dinheiro do que você mesmo?

No campo social, os libertários defendem o direito de cada um fazer o que quiser da própria vida: seja o que você consome, com quem se relaciona ou como decide viver — desde que isso não invada a liberdade alheia.

O papel do governo na visão libertária? Segurança, justiça básica, garantir contratos, evitar fraudes e fornecer o mínimo de educação para que todos tenham uma chance real de competir.

O recado é simples: tudo que o governo te entrega hoje, ele já te tomou antes com juros, multa e correção monetária. E quanto mais dependente você for, menos livre você será.

Dia 56

Uma palavra errada é uma adaga

Nada do que você diz pode ser desdito. Por isso, atenção redobrada: suas palavras têm tanto peso quanto suas ações. Quem ouve pode nunca mais esquecer o que foi dito — e, pior ainda, pode jogar isso na sua cara pro resto da vida.

Escolha suas palavras como quem escolhe munição: só use quando for preciso e saiba exatamente o efeito que quer causar. Se te faltar vocabulário, se te faltar calma ou clareza… cale a boca. O silêncio, nesses casos, é sinal de inteligência.

Falar sem pensar, soltar frases carregadas de "desamor" ou destilar verdades com crueldade é uma receita certa para criar cicatrizes que nem o tempo apaga. Muitas vezes, o que dizemos no calor do momento nem é o que de fato sentimos ou pensamos de verdade. Mas aí já era: dito está.

Os estoicos nos ensinam a buscar um nível mais elevado de consciência em cada interação. Ser prudente no que falamos é um ato de virtude. É também um exercício de autocontrole que, no fim, protege tanto o outro quanto a nossa própria paz.

O mundo já tem gente demais falando o que não deve. Não seja mais um.

Dia 57

Na calmaria, ninguém conhece o outro

Circunstâncias adversas são o verdadeiro termômetro do caráter. Quando a vida está calma e sem grandes desafios, é fácil bancar o pacífico, o controlado, o gente boa. Todo mundo parece pleno quando nada dá errado.

Mas é no caos, na pressão, nas crises e nas confusões que as máscaras caem. É aí que o sujeito revela quem realmente é.

Quando o pau come, aparecem os corajosos e os covardes, os resilientes e os que desmoronam, os íntegros e os que jogam a responsabilidade no colo dos outros. Nessas horas, os verdadeiros valores, prioridades e medos vêm à tona.

As situações críticas forçam escolhas. E essas escolhas, mais do que palavras, são o reflexo da essência de cada um. Não é nos bons momentos que o caráter é forjado. É nas porradas da vida que ele é testado, desafiado e, por fim, revelado. Quando tudo está indo bem, qualquer um parece equilibrado, sensato, forte. Mas é quando a vida vira do avesso, quando os planos desmoronam e a dor bate na porta, que você descobre quem realmente é. A maioria recua, busca distração, se afoga em desculpas ou terceiriza a culpa. O homem que decide encarar o caos de frente, sem máscaras, sem muletas, esse sim está trilhando o caminho da virtude. O estoico não espera calmaria — ele treina o espírito para a tempestade. Porque sabe que o controle não está lá fora. Está dentro. Na forma como escolhe reagir, na firmeza com que mantém seus princípios mesmo quando o mundo desaba ao redor.

Quer saber quem é de verdade? Observe como ele age quando tudo dá errado.

Dia 58

"É melhor tropeçar nos próprios pés do que na própria língua."

Queria muito que essa frase fosse minha. Já tropecei demais na língua... e o preço sempre foi alto.

Zenão, um dos maiores expoentes do estoicismo, acertou em cheio: errar fisicamente, levar um tombo ou se machucar, é muito menos nocivo do que um tropeço verbal. Uma palavra mal escolhida pode fazer estragos que demoram uma vida para consertar.

Uma crítica impensada, uma promessa vazia ou uma frase dita no calor do momento pode arruinar relações, destruir reputações e magoar de um jeito que nem o tempo resolve.

Enquanto os tombos do corpo deixam só arranhões, os tombos da língua deixam cicatrizes na alma – nossa e dos outros.

ENQUANTO OS TOMBOS DO CORPO DEIXAM SÓ ARRANHÕES, OS TOMBOS DA LÍNGUA DEIXAM CICATRIZES NA ALMA – NOSSA E DOS OUTROS.

A lição? Pese cada palavra antes de soltá-la. Silêncio é, muitas vezes, um ato de inteligência emocional e de preservação. Falar de forma imprudente pode custar amizades, respeito e até sua paz de espírito.

Se for para tropeçar... que seja com os pés.

Dia 59

Sobre o caráter

Li uma vez que o caráter é, acima de tudo, a capacidade de assumir a responsabilidade pela própria vida. Marco Aurélio já nos alertava: não perca tempo reclamando do que você não entende ou do rumo que as coisas tomaram.

Chega de desculpas. Chega de terceirizar a culpa.

O caráter é construído com ação, compromisso e responsabilidade. Não amanhã. Não depois de resolver suas pendências. Não quando a vida estiver mais tranquila.

Agora. Exatamente agora.

Assumir o comando da própria vida é o primeiro passo para conquistar o autorrespeito. A falta de caráter é, talvez, o pior destino que alguém pode escolher.

Joan Didion descreve bem esse vazio em *Sobre o amor-próprio*: "Viver sem amor-próprio é como passar uma noite em claro — na qual o leite morno, o calmante e a mão dormente sob o cobertor estão fora de alcance —, somando os pecados por ação e omissão, as traições de confiança, as promessas silenciosamente quebradas, os talentos irreversivelmente desperdiçados pela preguiça, covardia ou desatenção."

> MARCO AURÉLIO JÁ NOS ALERTAVA: NÃO PERCA TEMPO RECLAMANDO DO QUE VOCÊ NÃO ENTENDE OU DO RUMO QUE AS COISAS TOMARAM.

Acorda para vida. Levanta e vai fazer o que tem que ser feito.

Dia 60

Sua inveja é seu freio de mão

A inveja nada mais é do que um desvio de autoconhecimento. Toda vez que você compara sua vida com a de alguém, perde o foco do que realmente deveria importar: o seu próprio crescimento, as suas conquistas e o seu caminho. A inveja te desconecta da realidade. E, pior ainda, te coloca numa competição invisível, insana e interminável, onde você nunca vence.

Essa comparação idiota só serve para alimentar frustração, desânimo e o sentimento constante de que você nunca é suficiente.

O antídoto? Gratidão.

Olhar com mais honestidade para o que você já conquistou. Parar de olhar para o quintal do vizinho e valorizar o que você tem, o que construiu e o quanto já avançou.

Os estoicos sabiam bem: felicidade de verdade não está no que está fora de você. Está na sua capacidade de olhar para dentro, reconhecer suas virtudes, aprender com os tropeços e agradecer o caminho percorrido. Porque aquilo que depende do mundo, como dinheiro, reconhecimento, status e aceitação, escapa das suas mãos na mesma velocidade com que chega. A felicidade que se apoia nessas coisas é frágil e superficial. Mas o cara que entende que a verdadeira paz nasce do autocontrole, da consciência tranquila e da coerência com seus próprios valores, esse constrói algo que o mundo não pode tirar.

A inveja é um freio de mão puxado na sua jornada. Solte logo isso.

Dia 61

Sua vida é única: aproveite

Independentemente de quanto tempo ainda lhe resta antes de partir desta para melhor, é fundamental lembrar: a única vida que realmente possuímos é a que está acontecendo agora. Não importa se você tem décadas pela frente ou apenas alguns dias; o fato é que só podemos perder o instante presente, aquele que está se desenrolando neste exato momento.

O passado já se foi — e todas as suas cagadas deveriam ir junto com ele. O futuro é um território desconhecido, totalmente fora do nosso controle. Por isso, a única fração de tempo que podemos realmente desfrutar, mudar ou desperdiçar é o agora.

Cada segundo vivido é um segundo a menos no seu relógio da existência. Não adianta ficar se martirizando por erros que já passaram ou sofrer por antecipação com o que ainda nem aconteceu. Toda sua energia precisa estar concentrada no presente.

Essa consciência não significa viver como se o amanhã não existisse, mas entender que o que você faz hoje é a única variável real que pode influenciar o seu futuro. Procrastinar, se vitimizar ou simplesmente deixar os dias escorrerem entre os dedos é a receita perfeita para uma vida de arrependimentos.

Valorize a brevidade e a fragilidade da vida. A realidade é simples e inegociável: ninguém tem garantia de quantos amanheceres ainda vai ver. Então, se for para escolher entre viver de verdade ou apenas existir... que seja viver.

Dia 62

Procrastinação é igual a cartão de crédito

Tenho uma "inveja boa" de não ser o autor da seguinte frase de Christopher Parker: "A procrastinação é como um cartão de crédito: é muito divertido, até que você receba a conta." Essa comparação ilustra perfeitamente como adiamos tarefas em busca de um alívio momentâneo, ignorando as consequências que, inevitavelmente, virão.

Ao buscar conforto imediato, caímos na ilusão de que, ao deixar para depois, encontramos um momento mais propício ou condições mais favoráveis para realizar aquilo que precisa ser feito. Acreditamos que a tarefa será menos complicada no futuro, como se o tempo, por si só, tivesse o poder de suavizar os desafios. Mas a realidade é o oposto: quanto mais adiamos, maior fica o peso da obrigação e, geralmente, mais complexa e desgastante se torna a execução.

> AO BUSCAR CONFORTO IMEDIATO, CAÍMOS NA ILUSÃO DE QUE, AO DEIXAR PARA DEPOIS, ENCONTRAMOS UM MOMENTO MAIS PROPÍCIO OU CONDIÇÕES MAIS FAVORÁVEIS PARA REALIZAR AQUILO QUE PRECISA SER FEITO.

A procrastinação, muitas vezes, nasce de uma visão distorcida sobre a real dificuldade da tarefa. Alimentamos uma esperança otimista de que, amanhã, estaremos mais preparados e motivados. Porém, essa crença nos afasta da ação concreta e nos coloca em um ciclo de adiamento e ansiedade.

Reconhecer esse padrão é o primeiro passo para combatê-lo. Em vez de esperar pelo "momento perfeito", o mais eficaz é começar com os recursos e o estado emocional que você tem agora. Pequenos passos hoje são sempre melhores que grandes promessas para amanhã.

Dia 63

Tire essa bunda mole do sofá

Poucas coisas incomodam tanto quanto a procrastinação: seja aquele relatório que o chefe vive cobrando, o projeto pessoal que você segue adiando ou até mesmo a ida à academia para perder a pança que insiste em crescer. Todo mundo sabe o que precisa ser feito, mas quando não fazemos, a mente fica dispersa e pesada.

Eu mesmo passo por isso sempre que fico muito tempo de férias ou paro de aprender algo novo. A verdade é esta: tanto o corpo quanto a mente foram feitos para estar em movimento e trabalhar de forma produtiva.

Quando nos afastamos de metas e objetivos, a insatisfação toma conta da vida, e a gente começa a ladeira abaixo. Isso é ainda mais comum entre quem tem tempo livre em excesso e não sabe como usá-lo de forma útil. A mente ociosa busca válvulas de escape: compramos coisas inúteis, arranjamos confusões (inclusive internas) e nos enfiamos em distrações que dão picos momentâneos de dopamina, mas que logo depois deixam um vazio ainda maior.

A saída mais eficiente? Trabalhar. E aqui, trabalho não significa apenas ganhar dinheiro, mas ocupar-se com algo produtivo: estudar, criar, consertar, organizar. Existe uma razão para a frase: "O trabalho dignifica o homem". Quando movimentamos o corpo e a mente, encontramos um equilíbrio natural, uma satisfação duradoura que vem de estarmos em sintonia com nossa própria natureza ativa.

Sempre que a angústia bater, levante-se e faça algo.

Dia 64

“Você é apenas uma alma selada em um cadáver”

Essa frase de Epíteto funciona como uma poderosa analogia para as angústias inerentes à existência humana e ao olhar estoico sobre a vida. O corpo é limitado fisicamente, condenado à deterioração, e a morte chega sem aviso prévio, sem concessões, sem piedade.

Por outro lado, a alma representa nossa essência mais livre, nossa consciência única, nosso desejo de transcendência. Porém, muitas vezes, essa mesma alma se sente sufocada, aprisionada pelo peso de um corpo cada vez mais frágil ou de uma mente corroída por limitações emocionais, traumas e pensamentos destrutivos.

O indivíduo que busca evolução filosófica, moldado pela reflexão constante, percebe essa prisão existencial de forma ainda mais aguda. Existe uma luta interna entre aceitar os limites do corpo físico e o desejo de libertar-se mentalmente para alcançar um estado de paz, sabedoria e aceitação.

A imagem de uma alma consciente, caminhando solitária por uma eternidade cinzenta, é um símbolo da luta contra o conformismo e a passividade. Na busca por respostas, ela encontra outras almas igualmente perdidas, formando um coletivo de seres em desespero, mas também em transformação.

Essa jornada de enfrentamento, seja em busca de redenção, sentido ou simples entendimento, é o que dá movimento à nossa existência. No fim, somos todos almas temporariamente seladas em um invólucro perecível — buscando, de alguma forma, fazer com que cada segundo dentro desse “cadáver” valha a pena.

Dia 65

Quem não tem filtro, não tem foco

Saber separar o que é informação valiosa daquilo que é pura bobagem é um divisor de águas entre quem prospera e quem vive estagnado. É quase impossível encontrar uma pessoa realmente bem-sucedida que perca horas assistindo programas vespertinos repletos de tragédias ou se afogando em fofocas alheias. Pessoas focadas sabem que precisam resolver seus próprios problemas e, por isso, evitam se envolver com o que não lhes diz respeito.

Esse filtro, cada vez mais difícil de aplicar em um mundo de excesso de informação e distrações infinitas, é um exercício diário de autocontrole. A vontade de julgar o comportamento dos outros é reconfortante e viciante, mas só traz desgaste emocional e perda de foco. Além disso, ao consumir conteúdo negativo ou irrelevante, você corre o risco de internalizar sentimentos que não te pertencem.

Siga este conselho: ignore o que não te agrega e o que você não tem poder de mudar positivamente. Praticar a seletividade emocional é sinal de maturidade e resiliência. Escolher não dar ouvidos a tudo que chega até você preserva sua energia mental e evita que pequenas pedras no caminho virem grandes bloqueios.

A curiosidade, que no ambiente acadêmico é uma virtude, quando mal direcionada vira um veneno diário. O problema dos outros é dos outros. Adote a ignorância seletiva como uma bênção para sua paz de espírito e foco.

Dia 66

Quebre as correntes

Chega de se vitimizar como se estivesse acorrentado às mesmas coisas que te travaram a vida inteira. Quando somos mais novos, é comum buscar aprovação em tudo, ser puxado para todos os lados, feito marionete de conselhos alheios e de desejos impulsivos que nem fazem sentido. Mas, conforme o tempo passa, é obrigação sua começar a usar o intelecto e perceber que não precisa mais viver nessa servidão emocional.

Agora é o momento de cortar esses fios invisíveis que te mantêm preso. A preocupação com o que pode dar errado, com a opinião dos outros ou com as incertezas do futuro precisa ser deixada de lado. Não se trata de viver de forma inconsequente, mas de entender que o medo e a ansiedade são apenas fantasmas que te paralisam e te impedem de agir.

Se algo ruim tiver que acontecer, vai acontecer de qualquer forma, então por que sofrer antes da hora? Direcione sua energia para aquilo que você pode controlar. Escolha os seus combates. Foque no que realmente importa: suas metas, seu crescimento e sua paz de espírito.

Você já sabe como o jogo funciona. Não permita mais que pequenos desejos, medos ou a vontade de agradar aos outros ditem suas ações. O verdadeiro poder é decidir onde investir sua energia, ser dono das suas emoções e seguir em frente com confiança. O controle da sua vida só pode estar nas suas mãos.

Dia 67

Estoicismo = empatia

As pessoas mais estoicas que conheço são, curiosamente, as mais humildes. Justamente por cultivarem essa humildade, tendem a julgar menos os outros e focar mais na própria responsabilidade de melhorar um pouco a cada dia.

Quando percebemos alguém falando besteira ou cometendo algum erro óbvio, o caminho mais eficiente não é o da arrogância ou da repreensão pública. Pelo contrário: o verdadeiro estoico oferece orientação de forma gentil, sem se colocar num pedestal ou agir como dono da verdade. A paciência e a capacidade de ensinar com serenidade são pilares fundamentais do estoicismo. Cada situação difícil pode ser uma oportunidade de crescimento mútuo, tanto para quem erra quanto para quem observa.

Se, por algum motivo, não conseguimos ajudar ou corrigir de maneira construtiva, o melhor é fazer uma pausa e olhar para dentro. Talvez o problema esteja na nossa comunicação, ou talvez ainda não estejamos emocionalmente preparados para lidar com aquela situação. Nesse caso, o melhor é se aprimorar antes de tentar interferir. Essa postura fortalece a autoconsciência e evita julgamentos precipitados.

No fim das contas, assuma a responsabilidade por suas próprias ações e pensamentos e pare de se culpar pelo que está fora do seu alcance. O estoicismo ensina que devemos focar no que podemos controlar e manter uma postura equilibrada diante daquilo que escapa ao nosso controle.

Empatia, humildade e autocontrole: esse é o verdadeiro caminho.

Dia 68

A natureza humana

Por mais prazeroso que seja tomar um bom vinho ou tirar um cochilo, há algo ainda mais intrínseco à nossa natureza: socializar. Interagir, colaborar e conviver com outras pessoas não é apenas um capricho, mas uma necessidade inscrita na nossa constituição física, emocional e racional.

O descanso, assim como a fome ou o sono, é uma necessidade biológica que compartilhamos com os animais. Já a socialização representa uma faceta mais elevada da existência humana. É uma escolha consciente, um exercício da nossa capacidade racional de convivência. Enquanto o sono é uma pausa automática, a socialização é um ato deliberado que nos conecta ao mundo e aos outros.

A SOCIALIZAÇÃO É UM ATO DELIBERADO QUE NOS CONECTA AO MUNDO E AOS OUTROS.

Recusar-se a participar dessa troca social, principalmente em momentos difíceis, é se afastar daquilo que nos torna verdadeiramente humanos. O estoicismo ensina que devemos viver em harmonia com a nossa natureza racional e social, e isso inclui contribuir para a comunidade, compartilhar experiências e construir laços.

Quando você hesitar em sair da inércia ou resistir a enfrentar desafios, lembre-se: agir conforme a razão e se integrar ao coletivo é o que, de fato, promove o crescimento pessoal. A ação consciente, guiada pela razão e pelo senso de pertencimento, é o que diferencia o ser humano e o conduz a uma vida mais plena.

Reconectar-se com os outros é também uma forma de se reconectar consigo mesmo.

Dia 69

Filosofia não é passatempo

A filosofia não é um truque intelectual para impressionar os outros nem um conjunto de frases de efeito para alimentar o ego. Ela não foi criada para ser exibida em redes sociais, como se fosse mais um acessório da sua personalidade. A verdadeira função da filosofia é muito mais profunda: ela existe para ajudar a encarar a realidade como ela é, sem filtros ou ilusões.

Ela não é um hobby para os momentos de tédio, nem uma forma de distração para quem busca apenas entretenimento. Filosofia é, antes de tudo, um exercício diário de autoconhecimento, disciplina e organização mental. Sua missão é fortalecer a alma, organizar nossos pensamentos e orientar nossas ações.

Ela nos ensina o que vale a pena abraçar e o que devemos evitar. Nos momentos de dúvida, ela oferece clareza; nas adversidades, ela traz equilíbrio emocional; e quando estamos prestes a tomar decisões importantes, ela é o guia que aponta o caminho mais sensato.

A filosofia nos lembra de que a vida é curta demais para ser vivida de forma automática ou levada pelo fluxo irracional das emoções. Mais do que respostas prontas, ela nos convida a fazer as perguntas certas.

Por isso, se você está buscando um caminho para entender melhor o mundo e a si mesmo, encare a filosofia como uma bússola permanente, não como um passatempo passageiro.

Dia 70

Vendetta vs. alegria

Não seria muito mais inteligente curar uma ferida com o tempo e o perdão, em vez de buscar vingança e um senso distorcido de justiça? A vingança, por mais sedutora que pareça no calor do momento, é um veneno de efeito lento. Enquanto alimentamos nossa sede de revanche, o tempo passa e a dor inicial vai se transformando em algo muito maior: amargura, rancor e um ciclo vicioso de sofrimento emocional.

O problema é que, na maioria das vezes, nutrimos nossa raiva por muito mais tempo do que durou o episódio que a causou. Faz sentido gastar semanas, meses ou até anos remoendo um acontecimento que, muitas vezes, durou apenas alguns minutos? Quem, em plena consciência, consideraria razoável retaliar um chute de uma mula ou morder um cachorro que avançou em você? Algumas agressões da vida são somente instintivas, irracionais e desprovidas de lógica.

ENQUANTO ALIMENTAMOS NOSSA SEDE DE REVANCHE, O TEMPO PASSA E A DOR INICIAL VAI SE TRANSFORMANDO EM ALGO MUITO MAIOR: AMARGURA, RANCOR E UM CICLO VICIOSO DE SOFRIMENTO EMOCIONAL.

Optar pelo perdão não significa fraqueza, mas inteligência emocional e autocontrole. O perdão não é um presente para o outro; é um alívio para si mesmo. Ele te liberta de um fardo que só você está carregando.

Viver em estado de *vendetta* é como se enfiar numa areia movediça emocional: quanto mais você se debate, mais afunda. Por outro lado, escolher a alegria, o desapego e o alívio da mente é um ato de liberdade.

Perdoe, siga em frente e escolha a leveza. Seu futuro agradece.

Dia 71

Velho, gostoso e burro

Os estoicos sempre defenderam que o verdadeiro propósito da vida está no desenvolvimento da razão e do intelecto, mais do que na busca desenfreada por prazeres físicos ou estéticos. Filósofos como Marco Aurélio, Sêneca e Epíteto viam o autocontrole e a virtude como pilares de uma vida plena. Para eles, o que realmente define um ser humano não é o abdômen trincado ou os glúteos firmes, mas a capacidade de pensar com clareza, agir com justiça e exercer domínio sobre os próprios impulsos.

Claro que isso não significa que você deva usar o cultivo intelectual como desculpa para virar um sedentário barrigudo. Cuidar do corpo também é um dever. A saúde física é uma ferramenta que sustenta a mente, mas não deve se tornar uma obsessão. Gastar horas e horas apenas malhando, preocupado com estética e validação externa, enquanto sua mente permanece vazia, é um desserviço ao seu potencial como ser humano racional.

Os estoicos defendiam o equilíbrio: atender as necessidades físicas com moderação, sem deixar que elas dominem a mente e o espírito. Comer, beber e se exercitar devem fazer parte da rotina, mas sem ocupar um espaço desproporcional na sua vida.

A chave, como sempre, está no autodomínio. A verdadeira liberdade vem de quem governa seus impulsos e direciona suas ações com consciência. Busque ser alguém cuja aparência reflita saúde, mas cuja mente reflita sabedoria. Ser apenas "gostoso e burro" é o caminho mais rápido para o vazio existencial.

Dia 72

Soma zero = perdedor

Dentre os 8 bilhões de pessoas no mundo, há basicamente dois tipos, e essa distinção tem um impacto significativo em nossas vidas. O primeiro grupo é composto por aqueles que observam as realizações dos outros com ceticismo e ressentimento. Para essas pessoas, o sucesso alheio evoca um questionamento amargo: "Por que elas conseguiram e eu não?"

Essa mentalidade é quase sempre acompanhada de um sentimento de inferioridade misturado com inveja, resultando numa visão de soma zero, onde o ganho de alguém automaticamente significa a perda de outro. Na cabeça dessas pessoas, o mundo é um jogo de espaço limitado. Se alguém sobe, elas precisam descer. Essa lógica mesquinha as leva, inevitavelmente, a perder.

O segundo grupo, por outro lado, adota uma abordagem radicalmente diferente — e vencedora. Ao ver o sucesso dos outros, essas pessoas se perguntam: "Se eles conseguiram, por que eu não posso?" O sucesso alheio vira combustível, fonte de inspiração e motivação. Elas entendem que o mundo é cheio de oportunidades, e que o triunfo de um não diminui as chances de outro.

Essa mentalidade, além de mais otimista, é marcada por uma visão de crescimento coletivo, onde todos podem prosperar. No fim, a diferença entre perder ou vencer começa na forma como você enxerga o sucesso de quem está ao seu lado.

Dia 73

Regras inegociáveis

Independente de quais regras você decidiu adotar como pilares da sua própria existência — sejam elas sobre saúde, trabalho, ética ou qualquer outro aspecto da sua vida — trate-as com a seriedade de um tribunal supremo, no qual você é, ao mesmo tempo, o réu, o advogado e o juiz. Não há espaço para desculpas esfarrapadas ou autoenganos. Se você quebra suas próprias regras, é como trair o futuro que você mesmo sonhou construir. É ser uma espécie de Judas do seu próprio destino.

Esqueça as expectativas alheias. O que os outros acham que você deveria fazer não é problema seu. Sua missão é criar um código de conduta pessoal tão sólido que, mesmo nas piores tempestades emocionais, você saiba exatamente qual direção seguir. Manter-se fiel a essas regras é o que vai garantir sua evolução.

E pare de adiar a decisão de se tornar a melhor versão de si mesmo. Enquanto você procrastina, sua razão está ali, de braços cruzados, olhando para você com aquela expressão de desapontamento, como quem diz: "Até quando você vai empurrar sua vida com a barriga?"

Viver enrolado é como esperar um ônibus que nunca vai passar, mas com a diferença de que o tempo está correndo, e ele não vai te dar uma segunda chance. Dê um sacode na própria vida, levante-se dessa cadeira e comece a agir. Sua transformação só começa quando você decide, de fato, começar.

Dia 74

O que sua essência realmente quer?

Você se estrumbicou correndo atrás do que sempre desejou, quebrou a cara várias vezes, mudou a rota, se reinventou e persistiu para evoluir em vários momentos... mas a felicidade ainda não deu as caras.

A gente vê ansiedade e depressão em gênios que deveriam ter uma mente racional, em bilionários que têm acesso a tudo o que querem, na hora que querem, e em artistas reconhecidos mundialmente. Isso levanta uma pergunta inevitável: onde, afinal, reside essa tal felicidade?

Ela fica escondida boa parte do tempo, mas costuma aparecer justamente nos momentos em que você faz o que a sua essência pede. E como traduzir isso para atitudes práticas? Seguindo princípios que guiem seus desejos e ações.

Quais princípios? Os mais óbvios e atemporais: o bem e o mal. Não tem segredo. Todo mundo, no fundo, sabe o que é certo e o que é errado. A questão é ter coragem de agir de acordo com isso.

Tudo o que te torna uma pessoa mais justa, equilibrada, corajosa e livre atrai a felicidade de forma natural. Já tudo o que te afasta dessas qualidades é um repelente de felicidade.

Seja honesto consigo mesmo: faça o que sabe que é correto. A felicidade, mais cedo ou mais tarde, vai aparecer. Não como um prêmio imediato, mas como uma consequência perene de quem está alinhado com a própria essência.

Dia 75

O refúgio mais acessível

Abra o Instagram ou qualquer outra rede social e veja como a vida alheia parece perfeita depois que as pessoas encontram um refúgio fora do caos da cidade, seja no campo ou no litoral. Você, ao observar essas experiências — que muitas vezes não passam de perrengues disfarçados de felicidade —, acaba criando um desejo quase irracional por essas mesmas distrações.

Mas, na real, isso é uma baita tolice. O maior e mais acessível dos refúgios está disponível a qualquer hora: dentro de você mesmo. E o melhor de tudo? Não custa absolutamente nada.

Nenhum lugar no mundo pode oferecer um descanso mais verdadeiro e um lazer mais genuíno do que a sua própria alma, principalmente quando há dentro de você algo sólido o suficiente para que, ao apenas voltar o olhar para dentro, você encontre repouso imediato.

Essa capacidade de introspecção é um presente subestimado. Por isso, permita-se esse retiro com frequência. Não precisa esperar o fim de semana, as férias ou um pôr do sol de cinema para encontrar paz. A renovação interna pode (e deve) ser diária.

Voltar-se para dentro é um exercício de reconexão com o essencial. É um convite ao silêncio, à clareza mental e ao equilíbrio emocional. Quando cultivado com constância, esse hábito transforma a forma como você reage ao mundo exterior.

Dia 76

Não arregue!

É lamentável — e até vergonhoso — ver alguém se esgotar com facilidade diante do próprio estilo de vida, a ponto de sucumbir antes mesmo de encarar os desafios que o trabalho impõe. Justo quando deveria demonstrar força e resiliência, a pessoa desmorona.

Esse fracasso raramente é apenas culpa da pressão do trabalho. Na maioria das vezes, é o resultado de um modo de vida mal planejado, focado em prazeres imediatos e distrações vazias. Em vez de criar hábitos que energizem o corpo e fortaleçam a mente, essa pessoa se entrega à preguiça, ao desleixo e ao consumo desenfreado de estímulos que só drenam sua energia.

> SE VOCÊ QUISER CONSTRUIR ALGO GRANDE E DIGNO, TRATE SUA VIDA COM DISCIPLINA.

O que poderia ser uma trajetória de crescimento e realização acaba se transformando num ciclo vicioso de estresse, procrastinação e autossabotagem. Quando o dever chama, a mente trava e o corpo fraqueja.

A responsabilidade por essa queda é pessoal. É o reflexo direto da maneira como se vive: noites mal dormidas, alimentação ruim, falta de exercício físico, excesso de redes sociais e uma mentalidade preguiçosa que evita o esforço.

Se você quiser construir algo grande e digno, trate sua vida com disciplina. Cuide da sua energia como um recurso limitado e precioso. E, principalmente: quando o momento do dever chegar, não arregue.

Dia 77

O mundo está se movendo independente de você

O mundo não para. Ele segue em movimento constante, indiferente às suas vontades, dores ou hesitações. Enquanto você procrastina, hesita ou se perde em pensamentos repetitivos, a vida continua girando, com ou sem a sua participação.

A verdade é que a realidade que você experimenta é, em grande parte, um reflexo direto da forma como você percebe e interpreta os acontecimentos. Seus pensamentos moldam a maneira como você enxerga as situações, reage aos desafios e toma decisões.

Cada experiência, por mais banal que pareça, é uma oportunidade de aprender, crescer e redirecionar o seu próprio caminho. Ignorar isso é viver numa espécie de anestesia existencial, achando que tudo vai esperar você estar "pronto" — o que, claro, nunca acontece.

O MUNDO ESTÁ EM FLUXO, E VOCÊ TEM APENAS DUAS OPÇÕES: ASSISTIR OU AGIR.

O mundo está em fluxo, e você tem apenas duas opções: assistir ou agir. Ficar parado, esperando que a vida aconteça de forma ideal, só vai te deixar mais frustrado e deslocado.

A boa notícia? Sua mente é o principal estúdio onde sua realidade é desenhada. Você é o artista. Se escolher agir, pode esculpir uma vida mais alinhada com quem você deseja ser. O movimento externo nunca vai parar..., mas o movimento interno é uma escolha só sua.

Dia 78

Humildade intelectual

A presunção — essa crença de que você já sabe o suficiente sobre determinado assunto — é uma das maiores armadilhas para o aprendizado. Quando alguém se coloca na posição de "sabichão", fecha automaticamente as portas para novas informações, perspectivas e experiências. Esse estado mental cria um bloqueio que impede o crescimento e a evolução pessoal. O que você pensa que já sabe vira uma prisão, e a curiosidade — o motor mais poderoso da aprendizagem — é sufocada.

Para absorver coisas novas e se adaptar aos desafios diários, é essencial cultivar a humildade intelectual. Isso significa estar aberto a novas ideias, questionar suas próprias certezas e, principalmente, estar disposto a ouvir os outros — mesmo quando parece que só estão falando bobagem. A verdade é que até de um comentário tosco pode vir um *insight*.

QUANDO ALGUÉM SE COLOCA NA POSIÇÃO DE "SABICHÃO", FECHA AUTOMATICAMENTE AS PORTAS PARA NOVAS INFORMAÇÕES, PERSPECTIVAS E EXPERIÊNCIAS.

Largar a presunção não é só abandonar a arrogância. É uma escolha ativa por abrir a mente e o coração ao aprendizado. Quando você para de se achar o dono da verdade, cria espaço para a verdadeira sabedoria — aquela que nasce da curiosidade, da escuta e da disposição constante de aprender com tudo ao seu redor.

Num mundo em constante transformação, a capacidade de continuar aprendendo é uma virtude de sobrevivência. Quem para de aprender, fica obsoleto. E ninguém quer virar peça de museu tão cedo.

Dia 79

Mudar de opinião

Se alguém conseguir me convencer, com argumentos claros e racionais, de que estou equivocado em minhas opiniões ou comportamentos, estarei de prontidão para reconsiderar e ajustar meu ponto de vista. Meu objetivo principal é sempre encontrar a verdade, porque acredito que essa busca só enriquece a vida e jamais causa dano a ninguém.

O verdadeiro sofrimento vem da teimosia em permanecer no erro e da recusa em admitir a própria ignorância. A insistência cega em crenças mal fundamentadas é o que nos afasta do crescimento pessoal e da evolução intelectual. Por isso, estar aberto ao diálogo, ouvir diferentes perspectivas e refletir com honestidade são atitudes fundamentais para qualquer pessoa que queira progredir.

A verdade, por mais desconfortável que seja em certos momentos, é sempre uma luz que ilumina o caminho. Ela nos ajuda a evitar os buracos da desinformação e da autoilusão, e nos permite enxergar com mais clareza tanto a nós mesmos quanto o mundo ao nosso redor.

Não há vergonha alguma em mudar de ideia quando os fatos mudam ou quando nos damos conta de um erro. Pelo contrário: admitir uma falha e aprender com ela é sinal de maturidade, coragem e inteligência emocional. O orgulho bobo de querer parecer sempre certo é uma armadilha que só atrasa a evolução.

A mente flexível é um dos maiores patrimônios que podemos cultivar ao longo da vida.

Dia 80

Conforto na dor

Durante os momentos de sofrimento, é comum nos sentirmos sufocados pela intensidade da dor. Mas podemos encontrar alívio e clareza nas palavras de Epicuro, que nos lembra: "A dor não é insuportável nem eterna, desde que tenhamos em mente seus limites restritos e não cedamos ao impulso da imaginação, que tende a amplificá-la."

Ao reconhecermos que toda dor tem um limite — seja físico, emocional ou psicológico — começamos a desmistificá-la. Saber que o sofrimento não é eterno traz esperança. Por mais intenso que seja o momento, ele faz parte de um ciclo, e entender esse ciclo nos dá forças para resistir.

Epicuro também nos alerta para os perigos da imaginação descontrolada. Muitas vezes, não é a dor real que nos destrói, mas sim o cenário catastrófico que criamos na mente. O medo de que ela nunca passe, ou a antecipação de um futuro ainda mais doloroso, pode dobrar ou triplicar o sofrimento.

O segredo, então, está em focar no agora. No presente, a dor é concreta, mensurável e, na maioria das vezes, suportável. Ela tem começo, meio e fim. Ao controlarmos a mente e evitarmos dramatizações internas, conseguimos lidar com o sofrimento de forma mais racional e equilibrada.

Aceitar a dor como passageira e evitar alimentar fantasmas mentais é um passo essencial para atravessar qualquer período difícil com mais serenidade e lucidez.

Dia 81

O ego leva à queda

Quantos daqueles que um dia foram tratados como deuses, recebendo aplausos ensurdecedores e sendo ovacionados por multidões, hoje estão mais lascados que mendigos em situação de rua e com a carreira tão perdida quanto cachorro em dia de mudança?

E quem se lembra dos fãs que, antes, os exaltavam como se fossem *rockstars*? Muitos deles já foram parar no "Hall da Fama dos Esquecidos", soterrados por uma camada grossa de poeira que só desperta, no máximo, uma nostalgia passageira.

A FAMA, COMO UM BALÃO DE FESTA, BRILHA E ENCANTA POR UM TEMPO. MAS, SEM O DEVIDO CONTROLE DO EGO, ELA INEVITAVELMENTE PERDE O AR, MURCHA E ACABA ESQUECIDA NUM CANTO QUALQUER.

Parece até que aqueles aplausos agora ecoam em um cemitério de lembranças, onde as palmas se transformaram em ecos distantes e os gritos de "te amo" soam como ventos uivantes de um passado esquecido.

A fama, como um balão de festa, brilha e encanta por um tempo. Mas, sem o devido controle do ego, ela inevitavelmente perde o ar, murcha e acaba esquecida num canto qualquer — longe de todos os olhares que antes estavam voltados para ela.

Esta é a maior lição que fica: o ego descontrolado é o caminho mais curto entre o topo e a queda. Quem não aprende a se equilibrar entre o reconhecimento e a humildade, cedo ou tarde vira só mais um nome na longa lista de "ex-famosos" que o mundo já esqueceu.

Dia 82

Seu santuário interior

A alma, quando se liberta das amarras das paixões, transforma-se numa fortaleza inabalável — um santuário seguro, onde o indivíduo pode se refugiar das tempestades emocionais e das turbulências do mundo exterior. Nesse espaço íntimo e protegido, não há lugar para inquietações ou tumultos, pois a serenidade e a clareza de espírito se tornam os pilares que sustentam essa construção interna.

Não existe abrigo mais sólido e verdadeiro do que esse, onde o homem pode se recolher para encontrar proteção e a tão desejada liberdade emocional. Quem não compreende essa verdade permanece envolto em ignorância, perdido num labirinto de desejos, medos e impulsos que o mantêm em constante estado de fragilidade.

NÃO EXISTE ABRIGO MAIS SÓLIDO E VERDADEIRO DO QUE ESSE, ONDE O HOMEM PODE SE RECOLHER PARA ENCONTRAR PROTEÇÃO E A TÃO DESEJADA LIBERDADE EMOCIONAL.

Por outro lado, há aqueles que, mesmo reconhecendo o poder desse refúgio interior, escolhem não o acessar. Preferem a distração à profundidade, a superficialidade à verdadeira essência. Esses indivíduos se tornam miseráveis não por falta de conhecimento, mas por falta de ação. Sabem onde está a fortaleza, sabem o caminho até ela, mas, por medo da responsabilidade que a autoconsciência traz, adiam indefinidamente a entrada.

E assim seguem: prisioneiros de suas próprias limitações, enquanto poderiam estar desfrutando da liberdade, da paz e da força que esse santuário interior oferece a quem tem coragem de habitar nele.

Dia 83

Autonomia pessoal

Embora tenhamos sido moldados para servir aos interesses e ao bem-estar uns dos outros, cada um de nós carrega uma essência governante com poder próprio. Essa autonomia nos protege da possibilidade de que os vícios e falhas dos outros se transformem em nossa própria desgraça.

Essa estrutura é fruto de uma sabedoria superior, que ao criar essa dinâmica, assegurou que a nossa felicidade não dependesse exclusivamente das ações, escolhas ou humores alheios. Em vez disso, somos os principais responsáveis por nosso próprio bem-estar, livres da influência negativa que poderia advir da conduta dos outros.

SOMOS OS PRINCIPAIS RESPONSÁVEIS POR NOSSO PRÓPRIO BEM-ESTAR, LIVRES DA INFLUÊNCIA NEGATIVA QUE PODERIA ADVIR DA CONDUTA DOS OUTROS.

Essa realidade nos convida a exercitar, diariamente, a nossa liberdade de escolha. Cabe a cada um de nós construir uma vida plena, pautada em princípios e decisões conscientes. O bem-estar é uma obra individual, não uma variável instável controlada por fatores externos.

Em última análise, você e a sabedoria que decidir adquirir serão os maiores arquitetos do seu destino. É essa autonomia que traz à tona sua força interior e a capacidade de se afastar da miséria emocional causada por acontecimentos ou pessoas fora do seu alcance.

O mundo ao redor pode ser caótico, mas sua mente, se bem treinada, sempre será o seu território soberano.

Dia 84

A conquista da virtude

Uma natureza genuinamente nobre, quando exposta a uma mínima dose de conhecimento, inicia um processo de crescimento e aprimoramento praticamente irreversível. Essa interação entre uma predisposição virtuosa e a educação adequada potencializa as melhores qualidades do indivíduo.

A sabedoria contida nos ensinamentos, somada à receptividade daquele que aprende, cria um ambiente fértil para a reflexão, o autoconhecimento e o desenvolvimento ético. Os valores começam a se consolidar, e a busca pela excelência moral deixa de ser uma obrigação abstrata para se tornar uma jornada real, natural e gratificante.

O encontro entre um espírito elevado e uma orientação bem direcionada não apenas expande o intelecto, mas também prepara o terreno para que a virtude floresça de forma sólida e duradoura. O aprendiz, então, passa a se transformar em exemplo vivo de caráter e inspiração para aqueles ao seu redor.

ESSA INTERAÇÃO ENTRE UMA PREDISPOSIÇÃO VIRTUOSA E A EDUCAÇÃO ADEQUADA POTENCIALIZA AS MELHORES QUALIDADES DO INDIVÍDUO.

Por isso, é fundamental reconhecer o valor de nutrir mentes promissoras com ensinamentos significativos. Cada pessoa inclinada à nobreza interior carrega o potencial de se tornar uma fonte de luz num ambiente que muitas vezes carece de referências éticas verdadeiras.

Em tempos de crise moral e confusão de valores, oferecer o conhecimento certo, na hora certa, pode ser o gatilho para acender novas consciências e transformar não apenas indivíduos, mas realidades inteiras.

Dia 85

Primeiras aparências

Aparências importam? Sem dúvida. Quem diz o contrário está apenas arrumando uma desculpa esfarrapada para adotar o visual de um mendigo, o que na prática afasta quase todo mundo e pode inviabilizar futuras conexões.

Mas o extremo oposto também é um problema: não permita que o julgamento apressado da aparência alheia te conduza ao erro, principalmente quando o que está em jogo é o caráter da pessoa — e não a embalagem. Quantos filmes e séries baseados em fatos reais já mostraram serial killers com cara de gente boa? E quantos filantropos têm aquele rosto de vilão de novela?

O ideal seria criar o hábito de, antes de formar uma opinião definitiva, dar um passo atrás e refletir: aquele preconceito visual merece mesmo tanta prioridade? Será que você não está prestes a julgar o livro pela capa, caindo em uma armadilha de primeira impressão?

Mais importante ainda: antes de qualquer análise externa, questione-se internamente. Quem você é? O que realmente precisa daquela pessoa? Está buscando imagem ou essência?

Dê-se a chance de conhecer, com o tempo, o que realmente se esconde por trás daquele semblante. Muitas vezes, por trás de uma fachada simples ou despretensiosa, está alguém com valores que você admira. E, do mesmo modo, atrás de um visual impecável, pode haver alguém com caráter duvidoso.

Discernir além da superfície é uma habilidade que te poupa muitos arrependimentos.

Dia 86

Encarando o desprezo

Se alguém te despreza ou tenta te diminuir para se sentir menos miserável, esse problema é dele, não seu. O que essa pessoa faz ou sente não deve ter o poder de desestabilizar sua paz interior.

Como um bom estoico, seu papel é oferecer o oposto: equilíbrio, serenidade e, se possível, compaixão. Isso não significa virar bobo ou aceitar humilhações. Significa escolher, com plena consciência, não devolver na mesma moeda. Quem age por impulso, respondendo com o mesmo desprezo, acaba sendo arrastado para o mesmo buraco emocional de onde o outro nunca conseguiu sair.

Seja firme, mas educado. Mantenha sua postura. Lembre-se de que reagir com raiva ou ressentimento só alimenta o ciclo de hostilidade. Você é maior que isso. Escolha interromper o ciclo.

Se, por algum motivo, essa pessoa for importante para você, esteja disposto a dialogar. Mostre, com calma e argumentos, que o ódio que ela sente é infundado. Não para provar superioridade ou exibir um ar de sabedoria forçada, mas porque, de fato, você deseja o bem dela. Isso é compaixão prática.

E se mesmo assim não houver reciprocidade, siga seu caminho com a consciência limpa. Afinal, cada ser humano carrega batalhas internas que você desconhece. Não se deixe arrastar para as guerras que não são suas.

Oferecer um olhar gentil a quem te despreza não é sinal de fraqueza, mas de força emocional. E, no fim, o maior beneficiado por essa escolha será você mesmo.

Dia 87

Desbloqueie sua mente

Exercite a habilidade de esvaziar a mente de tudo aquilo que tem ocupado espaço desnecessário. Imagine, por um instante, que aquela situação que tanto te preocupa simplesmente nunca aconteceu. Finja que ela não existe, como se nunca tivesse passado pelo seu conhecimento. Permita que esse problema perca sua importância, que deixe de ter qualquer peso sobre seus pensamentos e emoções.

Ao criar esse distanciamento emocional e mental, você perceberá como o impacto desse episódio diminui de forma significativa. A leveza virá naturalmente, como se uma tensão invisível começasse a se dissolver. Essa prática não é uma fuga da realidade, mas uma estratégia de saúde emocional. Trata-se de escolher conscientemente onde e com o que você gasta sua energia mental.

ESSA PRÁTICA NÃO É UMA FUGA DA REALIDADE, MAS UMA ESTRATÉGIA DE SAÚDE EMOCIONAL.

Treinar esse tipo de desapego fortalece sua resiliência. Você estará se preparando melhor para enfrentar os desafios futuros com mais clareza e equilíbrio. Afinal, quando a mente está livre de distrações desnecessárias, sobra mais espaço para acolher novas oportunidades, viver experiências significativas e tomar decisões com mais sabedoria.

Criar esse espaço interior é um ato de autocuidado. É um convite a viver com mais leveza, com menos ruídos internos e com uma consciência mais limpa e focada. Em vez de carregar pesos que não te pertencem, liberte-se.

Dia 88

Ações em hábitos

Tem coisa na vida da qual não dá para fugir: se você deseja transformar um comportamento em hábito, a prática diária é fundamental. Por outro lado, se não tem interesse genuíno, o melhor é nem começar. Escolha com consciência: ou se compromete, ou assume de vez que aquilo não vai fazer parte da sua vida.

O mesmo vale para os sentimentos e afetos. Quando a raiva se manifesta, por exemplo, ela não é só um pico emocional passageiro. Ela é uma energia que toma conta de você — e, pior, pode virar padrão. Cada vez que você se entrega a ela, reforça esse circuito, jogando lenha na fogueira e tornando o acesso a esse estado cada vez mais automático.

TEM COISA NA VIDA DA QUAL NÃO DÁ PARA FUGIR: SE VOCÊ DESEJA TRANSFORMAR UM COMPORTAMENTO EM HÁBITO, A PRÁTICA DIÁRIA É FUNDAMENTAL.

Por isso, é essencial prestar atenção: cada repetição emocional é um ensaio para o seu futuro comportamento. Se você quiser parar de ser uma bomba-relógio ambulante, vai precisar, de forma consciente, cortar esse ciclo e substituir a reação automática por outra mais racional.

Em vez de ceder ao impulso, canalize essa energia para algo produtivo: vá treinar, escreva, medite ou simplesmente dê uma volta para esfriar a cabeça. Não é questão de reprimir, mas de redirecionar.

No fim, seus hábitos emocionais constroem a pessoa que você vai ser daqui para frente. Quem escolhe o que repetir — ou interromper — é você.

Dia 89

Filosofia é vida

A vida do ser humano é efêmera, um lampejo que se apaga rapidamente sob o peso implacável do tempo. Sua substância é volátil e passageira, como um peido no vendaval. Nossos sentidos, frequentemente entorpecidos pelas distrações e superficialidades do cotidiano, nos fazem perder o contato com a essência das coisas.

Os corpos que habitamos, frágeis e corruptíveis, estão em constante deterioração. E até mesmo a alma, que deveria ser nossa parte mais eterna, revela-se, em muitos momentos, um vórtice de incertezas e confusão.

Não podemos confiar plenamente na fortuna, essa força caprichosa que nos presenteia com riquezas momentâneas, nem na fama, que não passa de um eco distante, ressoando apenas temporariamente. Em sua essência, a vida terrena é como um rio que corre velozmente rumo ao desconhecido, enquanto a vida da alma se torna um sonho nebuloso, repleto de significados obscuros e ilusões passageiras.

A existência, então, se revela uma batalha constante, uma travessia por território inexplorado, onde os desafios parecem intermináveis. As glórias acumuladas, as honras e os reconhecimentos, não passam de sombras que a morte consome sem piedade; cedo ou tarde, tudo se dissolve na poeira da memória coletiva.

Diante dessa realidade inevitável, o que pode nos guiar? Apenas uma luz permanece firme em meio à escuridão: a filosofia. Ela nos oferece um mapa para navegar os mistérios da vida, proporcionando sabedoria, discernimento e, talvez, alguma paz.

Dia 90

Vícios e desvirtudes

Os vícios não devem ser aceitos em nossa rotina diária apenas porque, em algum momento, podem ter proporcionado algum tipo de alívio ou prazer. Assim como a febre desempenha um papel positivo na defesa do organismo contra certas infecções, isso não significa que devemos celebrá-la ou aceitá-la como parte habitual da vida.

Na verdade, a febre é uma resposta do corpo a uma ameaça, um sinal de que algo não está funcionando bem. Da mesma forma, o fato de um vício ter trazido conforto em um momento de fraqueza ou desafio não justifica sua presença contínua. Viver com vícios é como conviver com uma doença que, embora traga soluções momentâneas, só gera mais dor e desgaste a longo prazo.

O ideal é buscar um estado de saúde e bem-estar que não dependa de comportamentos prejudiciais. Libertar-se dos vícios é um passo fundamental para o fortalecimento interior, promovendo uma vida mais saudável e satisfatória. Em vez de aceitar a dor como a única forma de cura, devemos aspirar a um estado em que a saúde — especialmente a mental — seja uma prioridade.

As dificuldades da vida devem ser enfrentadas com coragem e resiliência, sem recorrer a atalhos enganosos. Existem formas muito mais eficazes e duradouras de lidar com os desafios do que cair nas armadilhas dos vícios. Encontrar essas alternativas é um caminho essencial para o crescimento pessoal genuíno.

Dia 91

Desenvolvendo a autonomia da cachola

Gente que, com frequência, fica pedindo sugestão sobre o que fazer, não passa de um ser infantil e acomodado. Essa postura revela uma falta de iniciativa e autonomia típica de quem tem preguiça de usar alguns neurônios para resolver seus próprios problemas — que, muitas vezes, foram elas mesmas que criaram.

E digo mais: muitas vezes pedimos conselhos justamente para ter a quem culpar caso o pitaco alheio dê errado. Em vez de esperar que os outros direcionem seus próximos passos, que tal desenvolver a habilidade de moldar sua própria mente e ajustá-la a qualquer situação que surja pelo caminho, por mais cagada que seja?

Ao se forçar a cultivar uma mentalidade "feita sob medida" por você mesmo, adaptada aos seus próprios dilemas, você ficará mais flexível e resiliente, além de estar melhor preparado para enfrentar os desafios e as incertezas da vida pessoal e profissional.

Pensar por conta própria pode parecer mais trabalhoso, mas é infinitamente mais eficiente sob a ótica da adaptação e da criatividade — qualidades cada vez mais valorizadas em um mundo que muda em ritmo acelerado. Torne-se o arquiteto do seu próprio destino e permita que sua mente se transforme num instrumento versátil, capaz de encontrar caminhos e soluções mesmo em meio ao caos e à mudança constante.

Dia 92

Sua jornada é sua força interna

Viver remoendo seus erros é a receita perfeita para se lascar. Mas, às vezes, é importante lembrar de onde você veio e onde está, mesmo que a jornada tenha sido tortuosa e desgracenta.

Ao revisitar brevemente cada desafio que enfrentou e a força que tirou sabe-se lá de onde para superar cada obstáculo, fica claro que toda experiência, por mais difícil que tenha sido, moldou quem você é hoje e se tornou parte essencial da sua narrativa pessoal. Sua trajetória é como um livro repleto de capítulos variados, cada um trazendo ensinamentos em momentos significativos.

AO OLHAR PARA TRÁS, É FUNDAMENTAL RECONHECER NÃO APENAS AS FALHAS, MAS TAMBÉM AS VITÓRIAS CONQUISTADAS.

Nesse exercício de breve retrospectiva, o significado da sua vida se transforma em uma história rica e complexa, em que cada dor e cada alegria se entrelaçam para criar um enredo único. É um testemunho de resiliência, de como você persistiu mesmo quando os tempos eram tenebrosos. Bem ou mal, você cumpriu seu papel nesta história, e esse propósito esteve ativo a cada dia, em cada decisão e em cada superação.

Ao olhar para trás, é fundamental reconhecer não apenas as falhas, mas também as vitórias conquistadas. Cada passo dado foi essencial para a construção do seu legado, e sua jornada merece ser lembrada e celebrada — nem que seja só por você mesmo — para reforçar sua força interna.

Dia 93

Dificuldade é oportunidade disfarçada

Marco Aurélio certa vez disse: "As dificuldades são oportunidades disfarçadas." Essa frase, que pode soar como clichê para alguns, carrega uma verdade universal: cada obstáculo que enfrentamos traz em si uma chance de crescimento. Superar desafios nos deixa mais calejados e preparados para encarar problemas ainda maiores no futuro, sem a mesma vitimização de ontem.

Para o estoico de verdade, os desafios da vida são testes inevitáveis para o desenvolvimento pessoal e da virtude. A adversidade é democrática: todos enfrentam. A diferença é como cada um reage a ela. Enquanto alguns se entregam ao desespero ou à autopiedade, os resilientes enxergam cada contratempo como um convite à reflexão, ao aprendizado e à evolução.

Não se trata de romantizar a dor ou fingir que os momentos difíceis são fáceis de suportar. É sobre entender que toda dificuldade tem um propósito: nos moldar, nos fortalecer e nos ensinar a olhar para as situações com mais clareza e menos drama.

Cada desafio é uma oportunidade prática para colocar a filosofia estoica em ação: manter o autocontrole, agir com sabedoria e aprender com a experiência. A vida nunca vai parar de testar você, mas a cada superação você se torna uma versão mais robusta de si mesmo.

Então, na próxima vez que um problema surgir, mude o pensamento: não é um castigo, é um treino. E todo treino te deixa mais forte.

Dia 94

Ataraxia: relaxe essa tanga

A ataraxia, termo que vem da filosofia grega, representa um estado de serenidade e tranquilidade mental, no qual as perturbações emocionais dão uma folga e a mente finalmente encontra paz. Em uma tradução mais livre: é aquele momento em que você para de surtar com tudo.

O primeiro benefício prático da ataraxia é a clareza mental. Ao se afastar das preocupações desnecessárias e ansiedades fabricadas pela sua própria cabeça, você consegue raciocinar melhor, tomar decisões mais acertadas e parar de criar tempestades em copo d'água.

Além disso, essa serenidade é um antídoto poderoso contra o estresse. Em um mundo que cobra respostas imediatas e reações automáticas, saber respirar fundo e não reagir como um animal acuado é uma habilidade de sobrevivência. Isso, aliás, impacta diretamente na qualidade dos seus relacionamentos. Pessoas com ataraxia tendem a ser menos reativas, mais empáticas e muito mais agradáveis de se conviver.

Outro ganho importante é o autoconhecimento. Quando você silencia as vozes internas que vivem te julgando e alimentando inseguranças, sobra espaço para reconhecer quem você realmente é. Essa aceitação genuína é o primeiro passo para o crescimento pessoal de verdade.

Em resumo: ataraxia não é só um conceito bonito para parecer culto em conversa de bar. É uma prática diária, uma ferramenta poderosa que pode transformar seu modo de viver. Quanto mais você exercita essa calma, menos refém das próprias emoções você se torna.

Dia 95

Prazer momentâneo, desgraça futura

É fácil confundir prazer imediato com felicidade verdadeira. Aquela sensação boa que vem depois de uma comida exagerada, uma compra por impulso ou um comentário que você sabe que não deveria ter feito é, na maioria das vezes, um alívio rápido que traz consequências desastrosas. Os estoicos sempre alertaram: o problema nunca está no prazer em si, mas no custo que ele cobra depois.

Buscar prazer de curto prazo pode até parecer inofensivo, mas é uma armadilha bem disfarçada. O preço vem em forma de arrependimento, culpa ou até mesmo danos reais à saúde física e mental. Por outro lado, os prazeres de longo prazo exigem um pouco mais de esforço inicial, mas oferecem recompensas mais consistentes e duradouras. É o caso de manter uma alimentação equilibrada, cultivar amizades saudáveis, construir uma carreira com propósito ou se dedicar a um projeto pessoal.

O verdadeiro equilíbrio está em saber escolher entre o que dá alívio imediato e o que traz realização genuína. A felicidade, portanto, não é um acúmulo de momentos de prazer aleatórios, mas o resultado de pequenas decisões conscientes, dia após dia.

O que parece inofensivo hoje pode ser a raiz da sua desgraça amanhã. Se você quiser evitar esse ciclo, comece agora a olhar para o prazer com mais responsabilidade. Cultive o que vale a pena a longo prazo e deixe de lado o que só adia a dor.

Dia 96

Se atenha aos fundamentos mais raiz

Zenão de Cítio, fundador do estoicismo, não foi daqueles filósofos de discurso floreado e distante da realidade. Seu foco era prático e direto: a felicidade está na virtude, ponto final. E o que isso significa? Que você pode estar no meio do caos, cheio de boletos para pagar, com gente te irritando ao redor, mas, se mantiver seu autodomínio e sua razão intactos, ainda assim pode ser uma pessoa plenamente feliz.

Para Zenão, o segredo está em viver conforme a natureza e com a razão. Isso não é papo de influencer de autoajuda. É sobre reconhecer que não podemos controlar tudo ao nosso redor, mas temos total responsabilidade sobre a forma como reagimos ao que acontece.

Por isso, ele defendia que o autocontrole, a resiliência e a aceitação das adversidades são mais valiosos do que qualquer conforto material ou validação externa. Você pode até perder um emprego, ter um relacionamento fracassado ou ouvir críticas injustas, mas se sua reação for ponderada e racional, você segue no caminho da felicidade duradoura.

O legado de Zenão não está nos detalhes sofisticados ou em teorias filosóficas complicadas, mas na simplicidade de um princípio fundamental: a virtude é o único bem verdadeiro. O resto é cenário. Fique com o que é raiz, essencial e realmente transformador.

Dia 97

Liberdade *vs.* libertinagem

Liberdade é um conceito poderoso, mas que exige maturidade para ser bem vivido. Ela representa o direito de agir, pensar e sentir segundo os próprios valores, respeitando, claro, os limites que garantem o bem-estar coletivo. Ser livre, portanto, é ter autonomia para fazer escolhas conscientes, mesmo quando essas escolhas não são as mais fáceis ou populares.

Por outro lado, a libertinagem surge quando confundimos liberdade com ausência total de limites. É o famoso "faço o que quiser e ninguém tem nada com isso", sem medir as consequências. A libertinagem ignora o impacto das ações sobre os outros, desconsiderando normas sociais, éticas e até morais.

A linha entre os dois é bem tênue. Quem vive de forma verdadeiramente livre sabe que cada decisão carrega uma dose de responsabilidade. A liberdade saudável é guiada pela razão, pelo equilíbrio e pelo respeito mútuo. Já a libertinagem é movida por impulso, egoísmo e pela busca imediata de prazer, sem reflexão sobre as consequências.

QUEM VIVE DE FORMA VERDADEIRAMENTE LIVRE SABE QUE CADA DECISÃO CARREGA UMA DOSE DE RESPONSABILIDADE.

O estoicismo reforça esse alerta: viver de forma livre não é ceder a cada vontade que surge, mas escolher, com sabedoria, aquilo que é coerente com seus princípios. É fácil se perder no discurso de que "a vida é curta e eu mereço tudo", mas o verdadeiro sábio sabe que liberdade de verdade só existe com autocontrole.

Dia 98

Aspiração e aceitação

As coisas que você mais deseja na vida geralmente são as mesmas que podem te causar as maiores frustrações. Quanto mais forte o desejo, maior o risco de criar expectativas irreais e de se decepcionar com o resultado. O problema não é querer algo, mas colocar toda a sua felicidade como refém dessa conquista.

O desejo por amor, por exemplo, pode te deixar vulnerável a rejeições, traições e desencontros. A busca desenfreada por sucesso profissional pode gerar ansiedade, insônia e uma constante sensação de insuficiência. Quanto mais você se prende à ideia de que só será feliz quando atingir determinada meta, mais você se afasta da paz interior.

O estoicismo nos lembra que não controlamos os resultados, apenas as ações e atitudes. Aspirar por algo é legítimo, mas sofrer antecipadamente por aquilo que ainda está fora do nosso alcance é burrice emocional. Há uma grande diferença entre ter metas e ser escravo delas.

A aceitação não significa desistência ou passividade, mas a capacidade de manter a serenidade mesmo quando as coisas saem do planejado. A verdadeira liberdade emocional surge quando você aprende a equilibrar a ambição com o contentamento. O segredo está em agir com empenho, mas com desapego ao desfecho.

A felicidade mora na jornada, e não apenas na chegada. Quando você entende isso, os tropeços deixam de ser tragédias e passam a ser apenas mais uma etapa do processo.

Dia 99
Amor fati

O conceito estoico de *Amor fati*, que significa "amor ao destino", propõe uma virada de chave na forma como encaramos os desafios da vida. Não se trata apenas de aceitar o que acontece, mas de amar ativamente cada acontecimento, mesmo os mais dolorosos ou inesperados.

A filosofia estoica nos convida a entender que muitos eventos fogem completamente do nosso controle. A morte de alguém querido, uma doença repentina ou uma perda financeira inesperada são exemplos de situações que não podemos evitar. Mas o que sempre estará ao nosso alcance é a forma como reagimos a elas.

A FILOSOFIA ESTOICA NOS CONVIDA A ENTENDER QUE MUITOS EVENTOS FOGEM COMPLETAMENTE DO NOSSO CONTROLE.

Aceitar não é ser passivo ou se conformar com tudo de forma apática. Pelo contrário: é agir com inteligência emocional, buscando entender que cada adversidade traz consigo uma lição e uma chance de fortalecimento interior. A dor vira ferramenta. A frustração vira aprendizado. O imprevisto vira treino de caráter.

Ao praticar o *Amor Fati*, você começa a perceber que resistir ao que já aconteceu é só uma maneira de prolongar o sofrimento. A verdadeira liberdade emocional nasce quando você escolhe enxergar sentido até nas desgraças. Essa postura estoica te prepara para os próximos desafios com mais resiliência, sabedoria e equilíbrio.

A vida não vai se curvar para te agradar. Mas você pode escolher como dançar conforme a música.

Dia 100

Paixão: um peido no vendaval

A paixão costuma ser arrebatadora, descontrolada e barulhenta, mas sua duração é tão breve quanto um peido no meio de um vendaval. No início, ela cega, encanta e faz parecer que tudo é intenso, definitivo e grandioso. Mas, com o tempo, a euforia dá lugar à dúvida, à irritação ou simplesmente ao tédio.

O grande problema é quando deixamos que decisões importantes sejam guiadas apenas por esse estado emocional explosivo e transitório. Relações, projetos de vida ou até mudanças de carreira feitas sob o calor da paixão podem, mais tarde, revelar-se verdadeiras ciladas.

A razão, ao contrário, é discreta e duradoura. Ela não vem com fogos de artifício nem com promessas de emoção constante, mas é a âncora que nos mantém estáveis em meio às tempestades emocionais. Enquanto a paixão é instável, a razão é aquele terreno sólido que evita que a gente se arrebente nas próprias escolhas.

Isso não significa que a paixão não tenha seu valor. Pode até ser o combustível inicial para um novo caminho, mas nunca deve ser o motorista. Quem vive apenas de impulsos acaba acumulando arrependimentos.

O equilíbrio está em usar a paixão como faísca e a razão como guia. No fim das contas, o que sustenta qualquer jornada, seja emocional ou profissional, é a capacidade de pensar com clareza, decidir com base em valores consistentes e não cair na armadilha de confundir euforia com verdade.

Dia 101

Conhecimento e virtude

A instrução, entendida como o processo de ensino e aprendizado, é uma ferramenta essencial para o desenvolvimento das habilidades cognitivas, sociais e emocionais de qualquer ser humano. Já a virtude diz respeito às qualidades morais que orientam o comportamento de alguém em direção ao bem, à justiça e à integridade.

Ao longo da história, pensadores como Platão e Aristóteles enfatizaram que a verdadeira educação não se limita ao repasse de informações técnicas. Para Platão, por exemplo, o conhecimento do bem era condição básica para uma vida virtuosa. Ele defendia que ninguém escolhe o mal de propósito; o problema é a ignorância sobre o que é o bem de fato. Já Aristóteles reforçava que a prática constante de ações corretas molda o caráter moral.

No mundo de hoje, essa conexão entre instrução e virtude é ainda mais urgente. Num cenário de sobrecarga de informação e crises éticas, educar vai muito além de ensinar fórmulas ou datas históricas. Precisamos formar indivíduos com senso de justiça, empatia e responsabilidade social.

Uma educação de verdade precisa estimular o raciocínio crítico e, ao mesmo tempo, fortalecer valores éticos. Só assim teremos cidadãos conscientes, preparados para tomar decisões mais equilibradas, tanto no âmbito pessoal quanto no coletivo.

Em resumo: conhecimento sem virtude vira arrogância. Virtude sem conhecimento vira ingenuidade. O equilíbrio entre os dois é o que constrói uma sociedade melhor.

Dia 102

Além-do-homem: Nietzsche e o *Übermensch*

O conceito de "Além-do-homem" (*Übermensch*), criado por Friedrich Nietzsche, carrega uma das reflexões mais provocativas da filosofia moderna. Longe de representar um ser superior no sentido físico ou social, o *Übermensch* é aquele que decide ultrapassar os limites impostos pelas convenções morais, culturais e religiosas de sua época.

Nietzsche via a sociedade como presa a valores herdados, muitas vezes hipócritas e enfraquecedores. O *Übermensch*, por outro lado, rejeita essas amarras e escolhe criar seus próprios valores com coragem e responsabilidade. Ele não se deixa manipular por dogmas nem pelo medo de romper tradições. Sua vida é guiada por uma vontade constante de autossuperação e reinvenção.

> ESSA POSTURA EXIGE FORÇA INTERIOR E UMA DISPOSIÇÃO PARA ARCAR COM AS CONSEQUÊNCIAS DOS PRÓPRIOS ATOS.

O Além-do-homem não se ilude com promessas de felicidade futura baseadas em paraísos pós-morte ou recompensas sociais. Sua felicidade está em viver intensamente o presente, mesmo diante da dor, da incerteza e do caos. A existência, para ele, é um campo aberto onde cada escolha é um ato criativo.

Essa postura exige força interior e uma disposição para arcar com as consequências dos próprios atos. Não é um chamado ao egoísmo cego, mas à responsabilidade plena por si mesmo e pelo próprio destino.

Em suma, o *Übermensch* simboliza o indivíduo que se recusa a viver por padrões alheios. É um convite à autonomia radical e à criação consciente de significado em meio ao aparente vazio da vida.

Dia 103

A vida é Freud: entre o estoicismo e a psicanálise

A conexão entre Freud e o estoicismo pode parecer improvável à primeira vista, mas há pontos de interseção valiosos entre essas duas formas de entender a mente e o sofrimento humano.

Freud, fundador da psicanálise, destacou a importância dos desejos reprimidos e dos conflitos inconscientes que moldam nosso comportamento. Para ele, boa parte do sofrimento emocional nasce dessas batalhas internas não resolvidas. Já o estoicismo, por outro lado, propõe que nossas emoções devem ser compreendidas e administradas pela razão, buscando um estado de equilíbrio emocional por meio do domínio sobre as próprias reações.

Ambos os campos reconhecem que a dor é inevitável. Freud via o sofrimento como consequência natural de conflitos psíquicos e da repressão de desejos. Os estoicos, por sua vez, entendiam que os acontecimentos externos fogem ao nosso controle e que só podemos controlar nossas respostas a eles.

Há, porém, um elo fundamental entre os dois: o autoconhecimento. Freud afirmava que, ao trazer à consciência os conteúdos reprimidos, o indivíduo ganharia mais controle sobre sua vida emocional, rompendo padrões autodestrutivos. Os estoicos diziam que a reflexão constante sobre nossos pensamentos e ações nos conduz a uma vida mais virtuosa e menos suscetível às paixões desordenadas.

Tanto a psicanálise quanto o estoicismo nos mostram que só alcançamos a verdadeira paz quando reconhecemos nossos conflitos internos e aprendemos a lidar com eles de maneira racional e consciente.

Dia 104

Esperança e ação

A resiliência é uma qualidade estoica que se destaca especialmente em tempos de crise. Um exemplo emblemático disso foi Winston Churchill durante a Segunda Guerra Mundial. Ao enfrentar um dos períodos mais sombrios da história da Grã-Bretanha, ele não apenas conduziu a nação em meio ao caos, mas também inspirou um espírito de determinação coletiva e esperança em meio ao desespero.

> A RESILIÊNCIA É UMA QUALIDADE ESTOICA QUE SE DESTACA ESPECIALMENTE EM TEMPOS DE CRISE.

Durante o conflito, o Reino Unido vivia sob bombardeios constantes, perdas humanas e a ameaça real de invasão. Churchill, com habilidade cirúrgica, usou a comunicação como arma estratégica. Seus discursos, recheados de eloquência e fervor, iam muito além de simples pronunciamentos: eram convites à ação, à união e à resistência. A frase “nunca nos renderemos” virou um símbolo de força, alimentando a moral do povo britânico.

Ele entendia que um povo desmotivado era um povo à beira da derrota. Suas palavras não buscavam apenas consolar, mas também injetar ânimo e coragem em cada cidadão. A lição central que fica desse período é clara: a resiliência não nasce pronta. Ela é cultivada, treinada, lapidada nos momentos mais difíceis.

Assim como Churchill soube mobilizar a garra de uma nação inteira, nós também podemos desenvolver essa capacidade dentro de casa, na família e, claro, dentro de nós mesmos. Em tempos de crise — seja pessoal ou coletiva — a firmeza de espírito é sempre uma escolha possível.

Dia 105

Menos estado, mais liberdade

Margaret Thatcher, primeira-ministra do Reino Unido entre 1979 e 1990, ficou mundialmente conhecida por suas convicções inabaláveis sobre o papel do Estado na vida das pessoas e na economia. Seu princípio central era simples: o governo deve atrapalhar o mínimo possível quem está produzindo e gerando riqueza.

Thatcher defendia que o Estado não deveria ser uma babá, nem um interventor constante nas relações econômicas. Segundo ela, a interferência estatal só traz ineficiência, desperdício e uma perigosa dependência do cidadão em relação ao governo. Sua política foi pautada na redução de gastos públicos, privatização de empresas estatais e ampla desregulamentação econômica.

A Dama de Ferro também tinha um mantra que ia além da economia: cada indivíduo deve ser responsável pela própria vida, pelos próprios erros e acertos. Ela criticava veementemente a cultura da vitimização e da dependência estatal, incentivando as pessoas a buscarem autonomia, mérito e esforço pessoal como os principais motores de mudança.

Para Thatcher, esperar que o governo resolva seus problemas era um caminho certo para a estagnação. Ela acreditava que a prosperidade só seria alcançada quando cada cidadão assumisse as rédeas da própria vida, parando de culpar o sistema e começando a construir os próprios resultados.

O recado dela serve até hoje: menos desculpas, menos intervenção externa, mais responsabilidade e mais ação individual.

Dia 106

Interdependência inevitável

Marco Aurélio deixou uma frase que, à primeira vista, pode parecer um grito de coletivismo forçado: "O que não for bom para a colmeia também não é bom para a abelha." Mas antes de levantar bandeiras erradas, vamos entender o real sentido disso. Não se trata de abrir mão do interesse individual em nome de um governo centralizador ou de uma massa homogênea. Longe disso.

O que Marco Aurélio está dizendo é que, assim como em uma colmeia, onde cada abelha desempenha uma função vital, nas sociedades humanas — principalmente em ambientes de livre mercado e cooperação voluntária — o esforço de cada um afeta diretamente o todo. E o estado de saúde do todo, por sua vez, volta a impactar cada indivíduo.

Se a colmeia estiver doente, desorganizada ou com falta de recursos, nenhuma abelha vai prosperar, por melhor que faça o próprio trabalho. Da mesma forma, numa empresa, num bairro ou numa escola, se o ambiente ao redor entrar em colapso, até o mais competente dos indivíduos vai sentir os efeitos.

O ponto não é anular sua individualidade, mas reconhecer que sua própria prosperidade depende, sim, de um ecossistema minimamente saudável. Fazer sua parte, com ética e competência, já é a maior contribuição que você pode dar à coletividade.

A mensagem é: cuide do seu, sem ferrar o dos outros. Quando todo mundo faz isso, o resultado coletivo tende a ser positivo.

Dia 107

A armadilha do prazer efêmero

O prazer é, sem dúvida, um dos principais motores da nossa vida. Desde pequenos, somos programados a buscar aquilo que nos traz satisfação, seja na comida, nas amizades ou até mesmo na escolha da nossa profissão. Procuramos empregos que ofereçam estabilidade, mas, principalmente, que tragam algum tipo de realização pessoal. Até aí, tudo certo: o prazer pode sim ser uma bússola que nos orienta nas decisões.

O problema surge quando passamos a buscar somente prazeres imediatos, daqueles que dão uma descarga de felicidade por alguns minutos, mas cobram um preço alto logo depois. Comer besteira todo dia, gastar o que não tem, procrastinar, buscar validação rápida nas redes sociais... tudo isso gera uma ilusão de bem-estar que não dura.

O estoicismo nos alerta justamente para esse risco. Prazer não é o vilão, mas precisa ser dosado. Existe uma diferença enorme entre prazer momentâneo e satisfação duradoura. Os estoicos ensinavam que o prazer genuíno surge quando nossas ações estão alinhadas com virtudes como a coragem, a justiça, a temperança e a sabedoria.

Buscar sentido, construir algo de valor, superar desafios e ser fiel aos próprios princípios: isso sim traz um prazer que permanece. E, quase sempre, exige esforço, disciplina e a capacidade de abrir mão de algumas tentações de curto prazo.

A escolha é sua: se contentar com migalhas momentâneas ou construir uma felicidade sólida e que realmente faça sentido.

Dia 108

Sua parcela de jumentice

Aceitar que boa parte do que achamos saber é, na verdade, uma enorme zona de ignorância, é um dos maiores desafios pro ego humano. Por outro lado, reconhecer isso é também um dos passos mais libertadores para quem realmente busca crescer. Por mais especialista que você seja em sua área, é fundamental lembrar que existe um universo de conhecimento do qual você não faz a menor ideia.

A clássica frase de Sócrates, "Só sei que nada sei", resume bem essa postura. Quando reconhecemos nossa própria limitação intelectual, abrimos espaço para a curiosidade, para o aprendizado e para o desejo genuíno de entender melhor o mundo. Parar de bancar o sabichão é o primeiro passo para realmente aprender alguma coisa.

Assumir essa "parcela de jumentice" também nos torna mais abertos a escutar o outro sem preconceitos, a considerar perspectivas diferentes e a valorizar o conhecimento que vem de fontes inesperadas. Essa atitude cria um ambiente mais colaborativo, mais inteligente e menos arrogante.

Epicuro reforça essa ideia ao afirmar que a sabedoria começa justamente com a reflexão sobre nossa própria ignorância. Esse tipo de reconhecimento não enfraquece a gente. Pelo contrário: nos fortalece emocional e intelectualmente, pois nos torna mais aptos a aprender, adaptar e crescer.

Então, da próxima vez que sentir aquele impulso de querer dar uma opinião sobre tudo, faça um favor a si mesmo: pare, reflita e pergunte se você realmente sabe do que está falando.

Dia 109

Paz e justiça

Quando pensamos em paz, o senso comum costuma reduzir o conceito a um período sem guerra ou conflitos armados. Só que essa definição é rasa e até perigosa. A ausência de tiros e bombas não significa que tudo está bem. Muitas vezes, estamos apenas vivendo uma "paz morna", onde a tensão social, a desigualdade e a injustiça seguem fermentando por baixo da superfície.

Uma sociedade pode até aparentar tranquilidade, mas se as causas reais de insatisfação e sofrimento não forem resolvidas, o conflito é só uma questão de tempo. Paz verdadeira não é silêncio de tiros; é ausência de injustiça estrutural.

A justiça, por sua vez, vai muito além de aplicar leis friamente. Ela envolve a reparação de danos, a promoção da equidade e a garantia de condições mínimas de dignidade para todos: acesso à educação, saúde, segurança e direitos iguais. Só quando esses fundamentos são respeitados é que a paz tem chance de ser duradoura e real.

Martin Luther King Jr. cravou essa ideia ao afirmar que "a paz não é apenas a ausência de tensão, é a presença de justiça". Essa visão reforça que não existe estabilidade sem enfrentamento das desigualdades que corroem uma sociedade.

Buscar a paz sem justiça é como pintar uma parede mofada: a aparência engana, mas o problema segue crescendo por dentro. Se queremos um ambiente realmente pacífico, é preciso começar acertando as contas com a justiça social.

Dia 110

Cometa erros diferentes

A frase "Uma vida não examinada não vale a pena ser vivida", de Sócrates, continua sendo uma das maiores provocações filosóficas já feitas ao ser humano. Ela nos chama para um nível de consciência que vai muito além de simplesmente acordar, trabalhar, comer, dormir e repetir o ciclo no automático.

Refletir sobre a própria vida é um processo contínuo e, muitas vezes, desconfortável. Mas esse desconforto é um indicativo de crescimento. Se a verdade sobre você mesmo dói, talvez seja justamente aí que mora a sua maior oportunidade de evolução.

> CAIR NOS MESMOS BURACOS, REPETIR OS MESMOS CICLOS DE CAGADAS E NÃO APRENDER NADA COM ISSO É O QUE TORNA UMA VIDA DESPERDIÇADA.

Autoexame não precisa ser uma prática mística ou chata. Pode começar com algo simples: escrever um diário (como eu mesmo estou fazendo agora), trocar ideias com alguém que você respeita intelectualmente, mergulhar em livros ou até mesmo reservar uns minutos para refletir no final do dia. O importante é se obrigar, com honestidade brutal, a revisitar suas atitudes, erros e padrões de comportamento.

A questão central aqui não é nunca errar. É cometer erros diferentes. Cair nos mesmos buracos, repetir os mesmos ciclos de cagadas e não aprender nada com isso é o que torna uma vida desperdiçada.

Sócrates nos lembra: viver de verdade exige exame, questionamento e revisão constante. Só assim, aos trancos e barrancos, vamos moldando uma vida que vale a pena.

Dia III

Felicidade como bem-estar interior

Em diversas tradições filosóficas e espirituais, a alma é vista como a essência mais profunda do ser humano. Ela abriga emoções, valores, crenças e, principalmente, a capacidade de autocompreensão. Ter uma boa disposição da alma significa estar em harmonia consigo mesmo, conseguindo reconhecer suas emoções sem ser dominado por elas, cultivando um estado de serenidade que favorece a verdadeira felicidade.

A felicidade, nesse sentido, não é uma linha de chegada. Não é um troféu que se conquista no final de uma maratona de realizações externas. Ela é uma jornada interna, uma construção diária feita de pequenos ajustes, aprendizados e reflexões.

Faz parte dessa caminhada desenvolver resiliência: a habilidade de enfrentar dificuldades sem se entregar ao desespero. Não se trata de ignorar a dor ou fingir que está tudo bem, mas de ter maturidade emocional para entender que até os momentos de queda fazem parte do processo de fortalecimento da alma.

Repense o que você entende por felicidade. Em vez de correr atrás de prazeres rápidos e efêmeros, procure investir naquilo que realmente tem valor: sua saúde emocional, seus relacionamentos genuínos, e a coerência entre o que você acredita e o que você faz.

No fim das contas, felicidade é viver de forma alinhada com a própria essência, mantendo o equilíbrio interno, mesmo quando o mundo lá fora parece estar desmoronando.

Dia 112

Amado e respeitado

A frase de Platão, "O maior desejo do homem é ser amado e respeitado", revela um dos anseios mais profundos da condição humana. Muito além das ambições materiais ou profissionais, o ser humano carrega em sua essência a busca por conexão emocional e validação social.

O amor oferece aquele senso de pertencimento que nos faz sentir parte de algo maior. Ele traz conforto, segurança emocional e a certeza de que somos aceitos com todas as nossas falhas e virtudes. Já o respeito tem uma função igualmente poderosa: ele representa o reconhecimento do nosso valor, da nossa capacidade e da nossa dignidade. É o olhar do outro que nos legitima como indivíduos com direitos, voz e importância dentro de um grupo social.

Quando amor e respeito andam juntos, criam um ambiente fértil para o crescimento pessoal. São essas duas forças que alimentam a autoestima, fortalecem a resiliência e impulsionam as pessoas a buscar o melhor de si mesmas.

Por outro lado, a ausência de amor ou de respeito costuma gerar desequilíbrios emocionais sérios, levando à insegurança, ao isolamento e, muitas vezes, a sentimentos de inadequação ou revolta.

É por isso que a busca por ser amado e respeitado não é apenas uma demanda pessoal: ela também tem um impacto coletivo. Quando oferecemos amor e respeito ao próximo, criamos vínculos sociais mais saudáveis e colaborativos, fortalecendo a base de convivência e solidariedade que sustenta qualquer comunidade.

Dia 113

Tentar *vs.* conseguir

Aristóteles disse: "O prazer de encontrar uma coisa está em tê-la, mas o prazer de buscá-la é maior". Concordo 100%. Essa frase carrega uma das verdades mais práticas da vida: a de que a caminhada quase sempre traz mais emoção do que a chegada.

Conquistar um objetivo é, sem dúvida, uma delícia. A sensação de vitória, o alívio de ver o esforço recompensado e o gostinho de missão cumprida são inegavelmente bons. Mas, sejamos honestos: quanto tempo dura essa euforia? Normalmente, menos do que o esperado. Logo depois, vem o vazio ou a necessidade de estabelecer um novo objetivo.

A JORNADA É O QUE MOVIMENTA A VIDA.

Porém, o processo de tentar — a luta diária, os pequenos avanços, os tropeços, os aprendizados — é o que realmente nos transforma. É na busca que desenvolvemos habilidades, fortalecemos a resiliência e conhecemos melhor a nós mesmos. A expectativa, os planos, as estratégias para alcançar algo... tudo isso dá cor à nossa rotina.

A jornada é o que movimenta a vida. Se focarmos só na linha de chegada, podemos passar batido por experiências ricas que acontecem ao longo do caminho. Por isso, mais importante que colecionar troféus é aproveitar cada passo da trilha.

O conselho é: estabeleça metas, claro. Mas curta o processo. Sinta orgulho do esforço, celebre as pequenas vitórias e, principalmente, não tenha pressa de chegar. Porque, no fundo, a graça da coisa toda está mesmo em continuar tentando.

Dia 114

Felicidade alheia é sua também

John Stuart Mill, filósofo e economista, dizia: "Pessoas felizes são aquelas cujas mentes estão fixadas em algum outro objeto que não seja a própria felicidade; está na felicidade dos outros e no aperfeiçoamento". Essa visão guarda uma profundidade enorme.

Muitas vezes, quando estamos desanimados ou sem rumo, tendemos a adotar comportamentos autodestrutivos. A forma mais eficaz de evitar esse tipo de cagada é pensar no bem-estar de quem depende de você. Esse movimento interno te fará uma pessoa melhor, mais responsável e te colocará em um ciclo de evolução, simplesmente porque você estará ajudando o outro.

Quando não estamos bem, ajudar os outros é, muitas vezes, a maneira mais rápida e poderosa de nos curarmos também. É um ganha-ganha que poucas atividades na vida oferecem.

Outro ponto importante: aquele velho pensamento de "podia ser pior, tem gente em situação mais difícil que eu" não deveria te deixar mais feliz. Afinal, a base desse pensamento é a desgraça alheia, o que significa que você está apenas "menos pior", não realmente bem.

O que traz um bem-estar genuíno é ajudar quem está em situação mais difícil, não para sentir superioridade, mas para reacender dentro de você o senso de gratidão. Algo que, convenhamos, todo mundo deveria contemplar e praticar diariamente.

Dia 115

Seu jeito, sua *responsa*

Cada pessoa, enquanto ser único e irreplicável, deve ter o direito de buscar sua própria felicidade e bem-estar conforme a sua própria definição. Isso significa ter autonomia para tomar decisões sobre a própria vida, sejam sobre escolhas sobre carreira, estilo de vida, crenças ou relações pessoais — desde que não prejudiquem os outros.

> A LIBERDADE NÃO É UM CONVITE AO CAOS. ELA É UMA RESPONSABILIDADE.

Alguns coletivistas safados gostam de argumentar que a liberdade individual pode levar ao egoísmo ou à negligência das responsabilidades sociais. No entanto, o grande desafio está justamente aí: saber até onde a liberdade de um indivíduo pode ir sem infringir a liberdade do outro. Esse, inclusive, é um debate eterno e ainda muito relevante nos tempos atuais.

O ponto é: a liberdade não é um convite ao caos. Ela é uma responsabilidade. A verdadeira essência da liberdade está na capacidade de cada um moldar sua vida de acordo com suas próprias escolhas e preferências, respeitando, ao mesmo tempo, os direitos e os espaços dos outros.

Resumindo: viva do seu jeito, mas arque com as consequências. E respeite que o outro faça o mesmo. Só assim dá para viver em uma sociedade plural, diversa e com um mínimo de harmonia.

Dia 116

Experiência e ceticismo

A frase de David Hume, "a experiência é o único recurso ao qual podemos recorrer", reforça a ideia de que o conhecimento humano nasce da observação direta e da vivência concreta. Para ele, nenhuma teoria, por mais sofisticada que seja, deveria ser aceita sem antes passar pelo crivo da experiência real.

Essa visão tem impactos profundos. Primeiro, ela nos coloca em alerta contra qualquer verdade absoluta ou dogma que ignore a prova empírica. Se cada indivíduo experimenta o mundo de maneira única, então é natural que diferentes pessoas cheguem a conclusões distintas sobre uma mesma situação. Isso, claro, pode gerar um certo relativismo: o que é verdade para um pode ser puro delírio para outro.

> ANTES DE BATER O MARTELO SOBRE QUALQUER ASSUNTO, OBSERVE, EXPERIMENTE E MANTENHA A MENTE ABERTA.

Além disso, essa perspectiva puxa o freio de mão em relação às certezas inquestionáveis. Se tudo que sabemos vem de experiências que são limitadas e subjetivas, como confiar cegamente em qualquer conhecimento? O próprio Hume era um baita cético nesse ponto. Ele reconhecia que, por mais que a gente se esforce, sempre vamos operar com base em crenças e probabilidades, nunca com uma certeza absoluta e incontestável.

No fundo, o recado de Hume é direto: antes de bater o martelo sobre qualquer assunto, observe, experimente e mantenha a mente aberta. E, acima de tudo, esteja sempre pronto para revisar aquilo que hoje você chama de verdade.

Dia 117

O manche está em suas mãos

A ideia central do estoicismo é simples e direta: a verdadeira liberdade e responsabilidade estão enraizadas nas nossas escolhas. Então, pare de choramingar e de terceirizar suas responsabilidades. Levanta e assume o controle da parte que você realmente consegue mudar para melhor.

A chave está em diferenciar o que é controlável e o que não é. Esse exercício básico de discernimento nos ajuda a viver de forma mais intencional, mais autêntica e menos desesperada. Autoconhecimento aqui não é papo de *coach*: é ferramenta prática para você parar de perder tempo com o que não está nas suas mãos e começar a agir sobre o que está.

Dessa forma, você deixa de ser só um ser reativo às circunstâncias e passa a ser alguém que constrói sua vida com base em valores e princípios internos — e não nas cagadas dos outros ou nos caprichos do mundo externo.

A vida de todo mundo, sem exceção, é repleta de problemas, dilemas e pepinos diários. Sua principal tarefa é simples: aprender a identificar esses desafios e separá-los em duas categorias bem claras.

Questões externas: o que você não pode controlar — o humor alheio, a economia, o trânsito, o tempo, a inflação—, esquece isso.

Questões internas: suas atitudes, suas reações, sua disciplina, sua paciência e sua capacidade de decidir como vai encarar o dia. Foque nisso.

Dia 118

Percepções iniciais resolvem mais

Pratique a autoconsciência para moldar suas respostas, começando pela forma como você enxerga as situações. A primeira percepção é a que dita todo o resto: como você vai reagir, o que vai sentir e que tipo de atitude vai tomar. Por isso, gerencie suas percepções antes de sair reagindo feito um cavalo desembestado.

Tome decisões conscientes sobre suas ações e, ao mesmo tempo, reconheça e aceite os aspectos da vida que você não pode mudar. Isso não é autoajuda barata, é um conselho prático de quem quer sofrer menos.

Claro que, por mais que possamos influenciar nossas percepções e ações, é fundamental entender que limitações e incertezas fazem parte do pacote da vida. Só resta seguir, tentando ser o mais racional possível, mesmo quando a vontade é socar o travesseiro ou desistir de tudo.

A PRIMEIRA PERCEPÇÃO É A QUE DITA TODO O RESTO: COMO VOCÊ VAI REAGIR, O QUE VAI SENTIR E QUE TIPO DE ATITUDE VAI TOMAR.

Mas tem um detalhe que quase ninguém te conta: isso só funciona se suas intenções estiverem bem resolvidas internamente. Não ter um objetivo, por menor que seja, ou um grande plano ambicioso, garante com 100% de certeza que você não vai chegar a lugar nenhum. Simples assim.

Os estoicos já sabiam disso. As chamadas "oiêsis" (falsas concepções) não só bagunçam sua mente como viram uma bomba-relógio emocional. Resultado: ações caóticas, decisões burras e uma vida que parece um episódio ruim de série de drama.

Dia 119

Impulsividade desnecessária

Impulsos de todos os tipos vão aparecer — isso é fato. O problema é o que você faz com eles. Cabe a você domá-los, como se estivesse adestrando um animal que, embora selvagem, é perfeitamente domesticável. Ou, para simplificar: reflita antes de tomar qualquer atitude drástica.

Pergunte a si mesmo, com honestidade: quem está no controle neste exato momento? São os seus princípios ou aquele surto emocional do dia? Quais valores estão guiando essa decisão? Essa escolha precisa mesmo ser feita agora? Precisa mesmo ser feita? Ou será que o próprio tempo vai dar um jeito de fazer esse impulso sumir?

Tomar decisões rápidas e assertivas faz parte da vida adulta. Não dá para ficar eternamente em cima do muro. Mas o outro extremo — o de resolver tudo no calor da emoção, no famoso "agora ou nunca" — costuma ser um convite à cagada.

REFLITA ANTES DE TOMAR QUALQUER ATITUDE DRÁSTICA.

O segredo é o equilíbrio: não procrastine indefinidamente, mas também não seja um afobado que toma decisão só para aliviar a ansiedade momentânea. Os dois extremos são ruins e, quase sempre, vão te jogar direto no buraco no longo prazo.

Em vez disso, cultive o hábito de pausar, respirar e pensar. Não é frescura nem enrolação: é estratégia de sobrevivência emocional e racional. Quem aprende a segurar a onda hoje, evita tragédia amanhã.

Dia 120

Mais razão, menos preocupação

Se os nossos julgamentos estiverem distorcidos por falta de uso da razão, todo o resto vai desandar junto. Simples assim. Pensamento ruim leva a decisão ruim. Decisão ruim leva a consequência ruim. E, quando você percebe, já está atolado em um monte de problema que poderia ter sido evitado só com um pouco mais de cabeça fria.

A falta de clareza mental te transforma num barco sem leme em plena tempestade: vai para onde o vento e as emoções te jogarem. Isso te deixa vulnerável, perdido e muitas vezes reativo, tomando atitudes impulsivas que depois você se arrepende.

O JULGAMENTO RACIONAL É O SEU FREIO DE EMERGÊNCIA.

Para sair dessa, o primeiro passo é cultivar o mínimo de discernimento. Isso significa parar, pensar, analisar e, principalmente, não aceitar como verdade imediata tudo que sua cabeça te joga no calor do momento. Uma situação difícil não é desculpa para agir feito um desesperado.

O julgamento racional é o seu freio de emergência. Ele é o que vai te ajudar a enxergar as coisas com mais nitidez, a pesar as consequências e a decidir com inteligência, mesmo nas piores circunstâncias. Não é que a vida vá ficar sem problemas, mas você vai errar menos, sofrer menos e lidar melhor com os altos e baixos.

No fim, o equilíbrio emocional vem justamente desse exercício constante de pensar antes de agir. Mais razão, menos drama. Mais análise, menos preocupação desnecessária.

Dia 121

Cada dia é uma página em branco

Você pode ter feito a cagada mais estratosférica ontem, digna de roteiro de "Se Beber, Não Case". Já foi. O relógio só gira no sentido horário, como o próprio nome sugere.

Virar a página pode parecer difícil num primeiro momento, principalmente quando nossas atitudes passadas causaram danos a outras pessoas ou a nós mesmos. Mas ficar ruminando é coisa de vaca, não de ser humano.

Se errou em algo, o primeiro passo é tentar consertar com atitudes contrárias àquela que te colocou nessa situação. No fundo, lá dentro da cabeça, todos sabemos o que é certo e o que é errado. Não precisa ninguém te explicar. Basta fazer o que você sabe que deveria ter feito desde o começo.

Tire um momento para agradecer o que já conquistou com seu próprio suor. Reserve uma parte do seu tempo para cuidar da sua saúde – física e mental. E, se der, ajude quem está mais lascado que você. Pode ter certeza de que, aos poucos, esse tipo de atitude que você sabe que é benéfica vai começar a apagar da sua memória os erros do passado.

Errar, todo mundo erra. Repetir o mesmo erro por teimosia ou vergonha de mudar, aí já é escolha sua. O segredo é simples: deixe o passado no passado e siga em frente, fazendo o melhor que puder, a partir de agora.

Dia 122

Pare de negociar consigo mesmo

Vamos supor que você estabeleceu uma meta de perda de peso para este ano. para alcançá-la, você precisa treinar pelo menos meia hora por dia e manter uma dieta controlada, com X calorias. Simples na teoria.

Aí chega o fim de semana. Você dá aquela escorregada clássica: não treina, come o que não devia e ainda inventa, lá no fundo da sua cabeça, uma desculpa qualquer para justificar. Algo como: "Ah, mas eu mereço um descanso", "Foi uma semana difícil", ou qualquer outra ilusão que sua mente criativa consiga inventar.

O problema é que essa concessão vira padrão. Um dia vira dois, depois uma semana inteira. E assim, sem perceber, você joga todo o seu esforço para casa do caralho. Aquele foco que parecia inabalável some como fumaça. Você se sabota e perde o ritmo.

Não tô aqui para fazer papel de fiscal de vida alheia. Todo mundo desliza, e tá tudo bem. O problema real começa quando essa escapada vira rotina e você começa a negociar com a própria consciência para continuar errando.

O que você precisa entender é que cada dia de "lixo" vai ter um preço. E para compensar esses dias, você vai ter que abrir mão de muita coisa: de conforto, de prazer imediato, de metas no prazo. Isso, inevitavelmente, vai te gerar uma frustração difícil de engolir.

E quando essa frustração bate forte, o risco é cair no modo *foda-se* total e regredir de vez.

Dia 123

Copie os *fodões*

Ajuda demais termos referências para corrigir nossas falhas e aprimorar nossas vidas. "Copiar" pessoas sábias na nossa jornada é essencial, porque elas funcionam como faróis quando a gente está meio perdido ou acomodado. Elas nos desafiam a pensar diferente e a elevar nossos padrões.

Mas vale lembrar: os tais *fodões* que você vai escolher para copiar podem ser muito diferentes de pessoa para pessoa. Para alguns, pode ser aquele tio ou avô que sempre teve uma visão prática da vida. Para outros, pode ser um filósofo, um autor, um empreendedor de sucesso ou até um amigo que tem uma postura que você admira. E, se você for cristão, a famosa pergunta "o que Jesus faria?" é uma baita bússola moral.

O ponto é: escolha alguém que te inspire de verdade. Depois disso, passe a observar o que essa pessoa faz, como ela reage nas dificuldades, como toma decisões difíceis e até como ela evita fazer besteiras. Olhe não só os acertos, mas também os tombos – porque aprender com os erros dos outros é sempre mais barato que aprender com os próprios.

> "COPIAR" PESSOAS SÁBIAS NA NOSSA JORNADA É ESSENCIAL, PORQUE ELAS FUNCIONAM COMO FARÓIS QUANDO A GENTE ESTÁ MEIO PERDIDO OU ACOMODADO.

A ideia não é virar uma cópia exata de ninguém, mas incorporar no seu jeito de viver aquilo que faz sentido e que pode te levar a um nível mais alto de caráter, atitude e resultado.

Escolha bem os seus espelhos. Copie, adapte e siga melhorando.

Dia 124

Xilicar não resolve nada

Na próxima vez que você se pegar no meio de uma crise de nervos, resmungando porque acha que está indo rumo a uma catástrofe ou até choramingando de arrependimento, faça uma pausa e reflita: esse xilique está te ajudando em quê? Tá melhorando algum sintoma? Tá resolvendo o problema?

A real é que, na maioria das vezes, a gente se deixa engolir por um mar de chororô que só piora a situação. É aquela espiral clássica: você fica nervoso, aí fica mais ansioso porque tá nervoso, e a coisa vira uma bola de neve. Tem muito problema que só existe porque a gente gastou energia prevendo tragédia, criando cenário catastrófico na cabeça, quando podia simplesmente ter mentalizado o oposto.

Reclamar, desesperar, xilicar... nada disso é solução. Pelo contrário: só alimenta o estresse e dá mais força para o problema. Quando você para e observa o tamanho do drama que está criando, fica claro que esse ciclo de reclamação e autocomiseração não alivia, não resolve e ainda te deixa paralisado.

O que fazer então? Redireciona. Pergunta para si mesmo: "O que eu consigo fazer agora que realmente melhore essa situação?" Pequena ação, mínima que seja, já é muito mais útil que ficar preso no xilique mental.

Ao escolher uma resposta mais racional, você não só diminui a ansiedade como passa a agir de forma mais objetiva. Porque, no fim das contas, o mundo é dos que resolvem.

Dia 125

Um pouco filósofo

Quando você direciona suas ações com o único objetivo de impressionar os outros, acaba perdendo o controle sobre o que realmente importa: seu propósito e a sua autenticidade. Você vive segundo a expectativa alheia, e não de acordo com seus próprios princípios. Resultado? Uma vida que parece bonita por fora, mas que por dentro é tão vazia quanto um galpão abandonado.

O mundo tá cheio de gente que finge ser o que não é só para ganhar aplauso de plateia que nem se importa de verdade. O problema é que, ao fazer isso, você deixa de ser protagonista da sua história e vira só mais um figurante no roteiro dos outros.

SEJA ALGUÉM QUE PENSA ANTES DE AGIR, QUE NÃO SE DEIXA LEVAR PELO CALOR DAS EMOÇÕES OU PELA NECESSIDADE DE APROVAÇÃO.

Quer ser visto como alguém sábio, maduro e com conteúdo? Então, em vez de sair gritando aos quatro ventos que é um filósofo, demonstre isso nas suas atitudes. Seja alguém que pensa antes de agir, que não se deixa levar pelo calor das emoções ou pela necessidade de aprovação. Construa sua identidade a partir de escolhas conscientes, da reflexão constante e do compromisso com aquilo que você sabe que é certo.

Se algum dia bater a tentação de fazer algo só para impressionar, lembre-se: cada vez que você se vende por validação externa, um pedaço da sua virtude vai pro ralo. Ser filósofo de verdade é viver de maneira racional e coerente com o que você acredita, mesmo que ninguém esteja olhando.

Dia 126

Acontecimentos e distorções

A realidade externa adora pregar peças. Às vezes, o problema nem é tão grande assim, mas a forma como a gente interpreta os fatos consegue transformar um simples tropeço num terremoto emocional. É aí que mora o perigo: nossa cabeça distorce o que acontece e, sem perceber, tomamos decisões equivocadas ou nos afundamos num sentimento de insatisfação desnecessário.

Esse é um baita sinal de alerta para que a gente pare, respire e reflita antes de reagir. Em vez de aceitar as circunstâncias como se fossem verdades absolutas, que tal questionar a própria percepção? Será que a situação é mesmo tão grave ou será que estamos só alimentando a neura?

O vitimismo é uma armadilha tentadora. Ficar deitado no sofá, culpando o universo por tudo o que dá errado, pode até aliviar temporariamente, mas te mantém estagnado. A real é que a vida não segue roteiro, os planos furam e, às vezes, os obstáculos são apenas parte do processo. Não aceitar essa complexidade só te deixa mais frustrado.

O desafio é olhar para o que está acontecendo e separar o que você queria que fosse, o que realmente precisa e o que a vida está te entregando de fato. Ter essa clareza é um passo gigantesco rumo ao equilíbrio emocional.

No fim, a consciência dessa distorção entre desejo e realidade pode ser um ótimo convite ao autoconhecimento. Porque, mesmo em meio ao caos, sempre dá para escolher uma resposta mais racional e construtiva.

Dia 127

Pare de vomitar o que você não sabe

Sempre que aprendemos algo novo, bate aquela vontade de sair espalhando aos quatro ventos, só para posar de sabichão entre as pessoas ao nosso redor. É como se, de repente, a gente se tornasse especialista só porque leu meia dúzia de páginas ou assistiu um vídeo no YouTube. Vamos por partes.

Se uma teoria ou conceito ainda não foi devidamente digerido, a reação natural da mente é rejeitá-lo ou distorcê-lo. Assim como um estômago irritado não consegue processar direito certos alimentos, uma cabeça sobrecarregada ou mal preparada também não absorve conhecimento novo com qualidade. Resultado? Você sai repetindo frases prontas, jogando ideias pela metade e, pior ainda, corre o risco de interpretar tudo errado e sair propagando besteira.

E o problema vai além: não só você não aprende de verdade, mas ainda corre o risco de virar aquele chato que só vomita informações desconexas em qualquer roda de conversa. A metáfora da comida crua ou estragada se encaixa perfeitamente aqui: conhecimento mal assimilado gera confusão, conclusões tortas e um ego inflado sem base nenhuma.

Quer fazer diferente? Então, antes de abrir a boca, experimente aplicar de fato aquilo que acabou de aprender. Coloque o conceito na prática, veja como ele funciona no seu dia a dia, nas suas decisões, no seu comportamento. Só depois, com a vivência real, compartilhe suas percepções. O mundo já tem teórico demais. O que falta é gente que realmente vive o que fala.

Dia 128

Chorar no banho não resolve

A reflexão sobre a autopiedade e a busca por soluções é fundamental para o crescimento pessoal e a superação de dificuldades. Ficar chorando no banho, se lamentando ou se afundando em pensamentos negativos pode até parecer um alívio momentâneo, mas no fundo só te drena ainda mais. A autopiedade rouba a energia e a motivação que você precisa para enfrentar os problemas. Em vez de ficar preso à narrativa de injustiça e azar, que tal usar essa mesma emoção como combustível para partir para ação?

A ideia de se empenhar na própria salvação é um convite claro e direto para tomar as rédeas da sua vida. Isso significa parar de esperar que o mundo venha te resgatar e começar a construir sua própria escada para sair do buraco. É assumir a responsabilidade pelas escolhas feitas até aqui e buscar, com coragem, as alternativas que podem te tirar dessa situação – seja ela emocional, profissional ou pessoal.

AO INVÉS DE ALIMENTAR A IDEIA DE QUE VOCÊ É UMA VÍTIMA ETERNA, COMECE A AGIR.

Ao invés de alimentar a ideia de que você é uma vítima eterna, comece a agir. A vida não vai esperar você secar as lágrimas para seguir em frente. O mundo continua girando, com ou sem sua participação. Essa virada de chave – de vitimização para proatividade – pode ser o primeiro passo para transformar o caos atual em aprendizado real, força emocional e, quem sabe, numa versão melhorada de você mesmo.

Dia 129

Pragmatismo *vs.* perfeccionismo

O perfeccionismo, com sua exigência constante de condições ideais e resultados impecáveis, cria um ciclo de frustração e desapontamento. No fundo, ele te engana: faz você acreditar que está buscando excelência, quando na verdade está só travando sua própria vida. Em vez de te conduzir a algo próximo da perfeição, o perfeccionismo te paralisa, te faz procrastinar e muitas vezes te impede de sequer começar.

Essa busca incessante por um padrão inalcançável mina sua autoestima e te deixa constantemente insatisfeito com tudo o que faz. Você fica com a sensação de que nunca é bom o bastante, e o resultado é a desistência, a estagnação e a perda de motivação.

Nunca seremos perfeitos – e aceitar isso é libertador. O foco precisa estar no progresso, não no resultado final. Avançar um centímetro por dia é mil vezes mais eficaz do que ficar anos parado esperando as condições ideais que nunca vão existir.

A vida real é feita de ação contínua, tentativa, erro, correção e recomeço. Cada passo, por menor que pareça, te aproxima de onde você quer chegar. Abrace sua humanidade, reconheça suas limitações e use isso a seu favor. O pragmatismo é um convite a agir com os recursos que você tem agora, dentro das condições reais que a vida te oferece.

Escolher o pragmatismo é escolher a ação. É fazer, melhorar e seguir em frente.

Dia 130
O que te fortalece

Aquela frase clichê que você já ouviu em música pop – "o que não te mata, te fortalece" – pode até parecer batida, mas tem mais verdade do que a gente gosta de admitir. Se você sente que a maré está virando contra você ou que a sorte vai dar uma guinada negativa, por que se deixar consumir pela preocupação? Grande parte dessas situações que parecem o fim do mundo são, na real, fases que vêm para te ensinar alguma coisa.

É nas dificuldades que nosso caráter é moldado, nossa resiliência é construída e nossa capacidade de lidar com novos perrengues é testada. Se você parar para pensar, vai lembrar que muitas das maiores lições da sua vida nasceram justamente de momentos que pareciam impossíveis de superar.

GRANDE PARTE DESSAS SITUAÇÕES QUE PARECEM O FIM DO MUNDO SÃO, NA REAL, FASES QUE VÊM PARA TE ENSINAR ALGUMA COISA.

Então, ao invés de ficar no ciclo de ansiedade, que tal adotar uma postura mais curiosa e pragmática? Encare a situação como uma oportunidade (por mais que doa) de crescimento real. Às vezes, o que você está vivendo agora vai se transformar na história que você vai contar no futuro, com orgulho, sobre como superou e evoluiu.

Cada tropeço tem o potencial de virar aprendizado. E, se você for esperto o bastante para entender isso, vai sair do outro lado mais forte do que entrou.

Dia 131

A maldade sempre recai sobre o malfeitor

Quem faz o mal aos outros, na real, está fazendo mal a si mesmo — e, no fundo, sabe disso. A injustiça praticada por uma pessoa não atinge apenas a vítima, mas também provoca um impacto interno no próprio agressor. Mesmo que ela não perceba de imediato, existe um desgaste emocional e psicológico inevitável.

Ao agir de maneira injusta, o sujeito fere a própria integridade e compromete seu equilíbrio emocional. Isso cria um ciclo de dor, culpa e desarmonia que, cedo ou tarde, vai bater na porta da consciência. É aquele tipo de peso que não some, mesmo quando a aparência externa é de sucesso ou de vida bem resolvida.

A injustiça, portanto, não é apenas um ataque ao outro, mas também um freio brutal no próprio processo de crescimento pessoal e de busca por paz interior. Cada atitude negativa reverbera de volta, como um eco que expõe a fraqueza e a fragilidade emocional de quem a comete.

No fim das contas, ninguém escapa das consequências das próprias atitudes. A dor mais profunda não é aquela que o mundo vê, mas a que corrói silenciosamente dentro da cabeça de quem sabe, mesmo que escondido atrás de máscaras, que agiu errado.

Dia 132

A agonia que se lasque

Não é a situação em si que te derruba: o que realmente pesa é como você escolhe reagir a ela. Quando bate aquela angústia por algo externo, é preciso entender que a origem do incômodo quase nunca está nos fatos em si, mas na maneira como você interpreta e julga o que está acontecendo.

Sua cabeça é quem faz o estrago. O que você chama de "agonia" é, na maioria das vezes, um teatro interno criado pelas suas percepções distorcidas. Aquele famoso problema que, visto de fora, poderia ser só mais uma terça-feira normal, mas que na sua mente virou um apocalipse de proporções épicas.

Então, o primeiro passo é parar de dar palco para a própria desgraça emocional. Questione o que você está pensando: será que é tudo isso mesmo? Será que essa preocupação tem fundamento ou é só mais um looping mental de ansiedade desnecessária?

O MUNDO VAI CONTINUAR JOGANDO SITUAÇÕES RUINS NO SEU COLO, MAS É VOCÊ QUEM DECIDE SE VAI ABRAÇAR A AGONIA OU MANDAR ELA SE LASCAR E SEGUIR COM A VIDA.

O que você pode controlar é sua resposta ao que acontece. O mundo vai continuar jogando situações ruins no seu colo, mas é você quem decide se vai abraçar a agonia ou mandar ela se lascar e seguir com a vida.

Quando você entende que o sofrimento é opcional — e muitas vezes autoinfligido — fica mais fácil respirar fundo, puxar de volta o controle emocional e escolher reagir de forma mais racional. No fim das contas, quem manda na sua mente é você.

Dia 133

Diagnóstico terminal

Geralmente, é só em momentos de crise extrema — tipo quando recebemos um diagnóstico de doença terminal e bate aquele desespero — que a gente finalmente enxerga o que realmente importa. Quando damos de cara com a fragilidade da vida, acabamos reavaliando prioridades e tentando reconstruir relações que, por pura idiotice e ego, ficaram largadas no canto. Essa sensibilidade forçada pela proximidade da morte nos obriga a encarar a vida de forma mais consciente.

> ESSA SENSIBILIDADE FORÇADA PELA PROXIMIDADE DA MORTE NOS OBRIGA A ENCARAR A VIDA DE FORMA MAIS CONSCIENTE.

Mas sabemos que, desde que nascemos, já estamos com um "prazo de validade" embutido. A morte é uma condição universal e inevitável. Lembrar disso deveria nos empurrar para uma vida mais autêntica, com escolhas feitas com intenção e menos tempo perdido com besteiras.

A consciência de que todos nós carregamos um "diagnóstico terminal" desde o primeiro choro nos chama a viver com propósito. E essa percepção, por mais incômoda que seja, pode ser o melhor estalo para começar a transformação pessoal que você vive adiando.

Se a morte é certa — e ela é — fica a pergunta: que legado você vai deixar? Que tipo de pessoa quer ser lembrada? Que histórias você quer contar (ou que os outros contem sobre você)? Responder a isso pode ser o primeiro passo para começar a viver com mais intensidade e menos enrolação.

Dia 134
Hábitos idiotas

Deveríamos encarar os nossos próprios hábitos com a mesma impiedade analítica que usamos quando filosofamos sobre o mundo à nossa volta. Filosofia não é só para parecer inteligente numa roda de conversa ou para postar frase bonita no Instagram. Ela serve, principalmente, como ferramenta para gente se libertar dos comportamentos automáticos e prejudiciais que, sem perceber, vão moldando nossa vida de um jeito torto.

É fundamental fazer uma varredura crítica em tudo aquilo que repetimos diariamente. Por que você faz o que faz? Por que acorda e segue exatamente a mesma sequência de ações, mesmo sabendo que algumas delas te prejudicam? Será que esses hábitos nasceram de uma escolha consciente ou foram herdados, copiados ou simplesmente deixados ali por preguiça de mudar?

Pergunte a si mesmo: “Essa é realmente a melhor forma de agir? Ou só estou repetindo o que sempre fiz, no piloto automático?”

Olhar de frente para os nossos próprios padrões é um exercício de coragem. A partir do momento em que identificamos esses comportamentos idiotas, o próximo passo é substituí-los por práticas que façam mais sentido e nos levem para um caminho mais alinhado com aquilo que queremos de verdade.

No fim, você precisa sair da mecânica cega da rotina e começar a viver de forma mais consciente, mais intencional e, principalmente, menos burra.

Dia 135
Impulsos idiotas

O cerne desse conceito é simples: controlar os próprios impulsos idiotas é uma obrigação básica de quem quer ter uma vida minimamente decente. O estoicismo deixa isso bem claro. Somos bombardeados o tempo todo por emoções e vontades aleatórias, que surgem sem convite e, se não forem contidas, podem levar a decisões que você vai se arrepender logo depois.

Pense nos impulsos como um cachorro descontrolado. Quem tem que segurar a coleira é você. Sem autocontrole, você vira refém da própria cabeça. Então, antes de qualquer atitude no calor do momento, pare e se pergunte: "Sou eu que estou decidindo ou estou só reagindo como um imbecil?"

A proposta não é viver como um robô sem emoções. É ter consciência. Saber a hora de dar um passo atrás, respirar fundo e escolher a resposta que mais se alinha aos seus valores e aos seus objetivos de longo prazo.

Isso não significa agir de forma fria ou calculista o tempo todo, mas ter a capacidade de reconhecer quando uma decisão nasce do impulso puro e quando ela vem de uma reflexão mínima. A longo prazo, essa diferença é o que separa quem constrói uma vida sólida de quem vive apagando incêndio atrás de incêndio.

Autocontrole é treino. É chato no começo, mas, como qualquer músculo, só cresce com prática.

Dia 136

Toxicidade

Pode até soar como papo de *coach*, mas o fato é que permitir que pensamentos idiotas, negativos e inúteis habitem nossa cabeça é receita certa para criar um ambiente mental tóxico. Quando deixamos essas ideias dominarem o nosso espaço interno, a tendência natural é nos tornarmos pessoas mais intolerantes, reativas e fechadas a qualquer nova experiência ou opinião que fuja da nossa bolha emocional.

Se o que você consome mentalmente é só reclamação, vitimismo e previsões catastróficas, adivinha? Sua realidade vai virar exatamente isso: um reflexo direto do lixo que você permitiu crescer dentro da sua cabeça. Pensamento ruim puxa comportamento ruim. Comportamento ruim gera mais resultado ruim. É um ciclo burro.

SELECIONE MELHOR AS IDEIAS QUE VOCÊ PERMITE QUE FIQUEM NA SUA CABEÇA.

Por outro lado, cultivar uma mentalidade minimamente positiva e racional pode não fazer você virar o ser iluminado do Instagram, mas já vai te dar um alívio real. Escolher conscientemente quais pensamentos você alimenta é tão importante quanto escolher o que você come ou com quem você anda.

Então, selecione melhor as ideias que você permite que fiquem na sua cabeça. Filtre o que presta e descarte o resto sem dó. Esse esforço diário é o que vai moldar, no longo prazo, a qualidade da sua experiência de vida — e vai impactar não só você, mas todo mundo que convive contigo.

Dia 137

Profissionalismo

Profissionais de verdade não precisam ficar justificando o tempo que gastam se capacitando ou praticando aquilo que fazem. Isso faz parte do jogo. É justamente pela prática que eles se tornam mais competentes, mais eficientes e mais refinados em suas habilidades.

Cada profissão tem sua matéria-prima. Pode ser o bisturi de um cirurgião, a tela de um artista, o código de um programador ou a planilha de um analista. Os instrumentos, os contextos e os tempos de aprendizado mudam de pessoa para pessoa. Mas tem uma coisa que é universal: o progresso só vem com o trabalho constante sobre essas ferramentas. Não tem outro caminho. Só o exercício diário é capaz de gerar evolução real.

SEGUNDO OS ESTOICOS, A NOSSA MENTE É O RECURSO MAIS VALIOSO QUE TEMOS.

Segundo os estoicos, a nossa mente é o recurso mais valioso que temos. Por isso, deveria ser o principal foco de investimento de todo profissional, independente da área em que atua. Não é só sobre técnica. É sobre como você enxerga o mundo, toma decisões e reage aos desafios.

Assim como um artista lapida sua obra, nós também precisamos lapidar a nós mesmos. Buscar aprendizado de forma intencional. Se desenvolver como ser humano, não só como executor de tarefas.

Esse esforço mental é o que vai garantir não apenas uma vida profissional melhor, mas também uma vida pessoal mais rica, mais plena e, principalmente, mais significativa.

Dia 138

Vai na *manha*

É importante encarar o aprendizado com paciência e humildade, entendendo que cada passo da jornada faz diferença no resultado. Em vez de querer atropelar o processo só para chegar logo no resultado, o melhor é focar na prática das habilidades básicas e na absorção real dos conceitos fundamentais.

Aprender devagar não é um atraso: é uma construção sólida. Essa abordagem gradual não só fixa o conhecimento como também fortalece a mentalidade de quem sabe que a vida inteira vai ser um processo de aprendizado contínuo.

EM VEZ DE FICAR SE PUNINDO POR NÃO APRENDER TÃO RÁPIDO QUANTO GOSTARIA, ABRACE O PROCESSO COMO ELE É: UMA SEQUÊNCIA DE TENTATIVAS, AJUSTES E SUPERAÇÕES.

A verdadeira evolução vem da repetição e da reflexão. Quem quer se desenvolver precisa aceitar que maestria não se conquista da noite pro dia. Humildade aqui não é opcional: é requisito básico. Ela é o que vai te manter no chão nos dias de progresso lento e o que vai te impedir de se achar demais quando um resultado bom finalmente vier.

Além disso, cada erro e cada tropeço trazem uma lição nova. Por isso, em vez de ficar se punindo por não aprender tão rápido quanto gostaria, abrace o processo como ele é: uma sequência de tentativas, ajustes e superações.

O que importa mesmo é seguir em frente, passo por passo, com intenção, atenção e um pouco mais de calma.

Dia 139

Autoconfiança excessiva

A autoconfiança excessiva pode se transformar numa fraqueza significativa e numa armadilha em diversas situações. Quando alguém se deixa levar por essa confiança desmedida, corre o risco de subestimar os desafios e os obstáculos à frente, o que geralmente resulta em quedas dolorosas e surpresas indesejadas.

Por outro lado, cultivar a humildade garante que você não apenas se mantenha ciente das próprias limitações, mas também esteja aberto ao aprendizado e à autoavaliação constante. Quem adota uma postura humilde evita criar expectativas irreais sobre si mesmo, ficando menos vulnerável a grandes decepções ou humilhações públicas.

A humildade proporciona uma visão mais realista sobre suas capacidades, permitindo que você encare o mundo com a mente aberta e com disposição para aprender com cada situação. Isso diminui as chances de entrar em frias ou de tomar decisões precipitadas. Você passa a agir de forma mais ponderada, estratégica e inteligente.

Além disso, as pessoas que reconhecem sua própria fragilidade desenvolvem maior resiliência diante das adversidades. Elas não apenas se preparam melhor para as mudanças inevitáveis da vida, mas também ficam mais aptas a se adaptar e prosperar, independentemente do cenário.

A humildade, portanto, não é só uma virtude moral: é uma estratégia de sobrevivência e de crescimento pessoal e profissional. Manter-se centrado, com os pés no chão e ciente das próprias limitações, é a melhor blindagem contra os tombos inesperados da vida.

Dia 140

A vitória alheia

É desejável demonstrar afeto pelos nossos amigos e celebrar suas conquistas como se fossem nossas. Essa expressão de apoio e alegria pelos sucessos alheios não apenas fortalece os laços de amizade, mas também reflete uma compreensão mais profunda da conexão entre todos nós. Quando reconhecemos o progresso de alguém e nos alegramos com suas vitórias, estamos, de fato, exercitando nossa própria virtude e desenvolvendo um senso de comunidade.

Além disso, celebrar o sucesso do outro estimula em nós a prática da empatia e da generosidade — virtudes que só se fortalecem com o uso constante. A virtude não é algo isolado ou teórico; ela se constrói no dia a dia, nas pequenas escolhas, na maneira como interpretamos o que acontece ao nosso redor e, principalmente, em como reagimos ao crescimento dos outros.

> QUANDO RECONHECEMOS O PROGRESSO DE ALGUÉM E NOS ALEGRAMOS COM SUAS VITÓRIAS, ESTAMOS, DE FATO, EXERCITANDO NOSSA PRÓPRIA VIRTUDE E DESENVOLVENDO UM SENSO DE COMUNIDADE.

Ao deixarmos de reconhecer e comemorar o sucesso alheio, corremos o risco de nos tornar insensíveis, invejosos ou indiferentes, o que só prejudica nosso próprio desenvolvimento moral e emocional.

Em resumo: demonstrar alegria pelas conquistas dos amigos não é apenas um gesto de gentileza — é um exercício prático de virtude. É um lembrete de que a verdadeira riqueza da vida está nas conexões humanas e que, ao nutrirmos esses laços, estamos também cultivando nosso próprio caráter e evolução interior.

Dia 141

Seu tempo

Se o verdadeiro autoaperfeiçoamento é o nosso objetivo, por que muitas vezes relegamos a leitura e a reflexão sobre nossos valores e crenças ao pouco tempo que sobra antes de nos deitarmos? Passamos de oito a dez horas por dia em ambientes de trabalho ou reuniões, mas raramente dedicamos um único momento significativo para ponderar sobre as grandes questões da vida — aquelas que realmente moldam quem somos e como nos relacionamos com o mundo.

Além disso, pense em como usamos nosso tempo livre. Conseguimos assistir a mais de 20 horas de TV por semana, maratonar séries, perder horas em redes sociais. Mas, se questionarmos essa mesma pessoa sobre sua dedicação ao estudo de filosofia ou à leitura de livros que promovem o crescimento pessoal, é provável que a resposta seja: "Estou muito ocupado." Essa dissonância entre como escolhemos gastar nosso tempo e o que realmente dizemos valorizar revela um paradoxo óbvio na nossa sociedade.

Nutrir a mente com conhecimento e reflexão é essencial para cultivarmos uma vida mais plena e consciente. Isso exige reservar tempo de verdade para ler textos que nos desafiem, nos inspirem e nos façam questionar nossas crenças e a realidade ao nosso redor. Em vez de passivamente consumir entretenimento, precisamos buscar ativamente entender as complexidades da vida — seja através do estudo dos grandes pensadores ou da prática diária da autorreflexão.

Dia 142

Opiniões alheias

Não se apoie excessivamente na sua reputação, na sua riqueza ou na sua posição social. Em vez disso, confie na força que realmente reside em você: a clareza dos seus julgamentos e a capacidade de discernir entre o que está sob seu controle e o que não está. Essa habilidade de avaliação crítica é a verdadeira essência da liberdade. É ela que te dá poder, que te permite navegar pelas complexidades da vida com confiança e coragem.

Reputação, dinheiro e status são efêmeros, sujeitos a mudanças repentinas e circunstâncias que fogem do nosso alcance. Mas a força que vem do autoconhecimento e da sabedoria interior é inabalável. Quando você foca em cultivar sua capacidade de julgamento e em entender a si mesmo, descobre que pode encarar até os desafios mais ingratos com resiliência e dignidade. Essa força interna é o que te empodera, te permitindo levantar das piores quedas e se colocar de igual para igual, mesmo diante dos ricos e poderosos.

CONFIE NA FORÇA QUE REALMENTE RESIDE EM VOCÊ: A CLAREZA DOS SEUS JULGAMENTOS E A CAPACIDADE DE DISCERNIR ENTRE O QUE ESTÁ SOB SEU CONTROLE E O QUE NÃO ESTÁ.

Além disso, quando você prioriza a firmeza dos seus próprios julgamentos em vez de se preocupar com a superficialidade da reputação e do status, acaba, por consequência, se tornando uma pessoa mais empática e altruísta. Porque quem sabe o próprio valor não precisa de aplauso externo para seguir em frente.

Dia 143

O que ninguém pode tirar de você

Talvez a felicidade possa ser comparada a conquistar um troféu. O tempo transcende a importância de quando a conquista aconteceu: não importa se foi há cem anos ou apenas dez minutos atrás. O mesmo vale para a quantidade de vezes que você alcançou essa vitória — pode ter sido uma única ou várias, em diferentes competições da vida. O que realmente conta é a experiência e a transformação que essa conquista trouxe.

Essa emoção ultrapassa o tempo e o espaço. Ninguém pode tirá-la de você, independentemente das circunstâncias futuras. A alegria e a compreensão profunda que vêm da sabedoria são como uma chama que nunca se apaga. Elas continuam ali, iluminando o seu caminho e enriquecendo suas experiências, mesmo quando tudo ao redor parece desmoronar.

Assim como um medalhista sempre poderá recordar o sabor da vitória, você sempre terá dentro de si as marcas das lições aprendidas, da superação e dos momentos de verdadeira felicidade. Essa bagagem emocional e intelectual passa a ser parte de quem você é, um patrimônio interno que o mundo externo jamais conseguirá apagar ou roubar.

Esta é uma das maiores garantias que a vida nos dá: tudo o que você construiu por dentro, tudo o que foi vivido e compreendido com verdade, permanece com você para sempre.

Dia 144

Medo e motivação

A vida, com sua natureza imprevisível, pode nos ser tirada a qualquer instante. Essa realidade inevitável nos coloca diante de uma escolha profunda: podemos nos deixar consumir pelo medo ou podemos transformar essa ameaça em uma poderosa fonte de motivação. Em vez de permitir que a incerteza nos paralise, temos a oportunidade de usar essa consciência da fragilidade da vida como combustível para agir com bondade, compaixão e generosidade.

Não temos controle total sobre o que nos espera, e o tempo é um recurso mais precioso do que costumamos admitir. Por isso, refletir sobre como queremos ser lembrados nesse breve espaço que chamamos de vida se torna essencial. E se o momento final nos encontrasse em meio a uma ação de bondade? E se fosse justamente naquele instante em que realmente nos empenhávamos em fazer a diferença na vida de alguém?

A ESCOLHA DE AGIR COM ALTRUÍSMO PODE SER O MAIOR LEGADO QUE DEIXAMOS. TALVEZ SEJA O BRILHO QUE ILUMINA A ESCURIDÃO DA INCERTEZA.

A escolha de agir com altruísmo pode ser o maior legado que deixamos. Talvez seja o brilho que ilumina a escuridão da incerteza. Então, ao invés de viver na sombra do medo, que tal abraçar a vida com coragem e fazer o bem sempre que surgir uma oportunidade? A verdadeira riqueza da existência pode estar exatamente nas boas ações, no amor que compartilhamos e nas vidas que tocamos ao longo do caminho.

Dia 145

O adulto e a percepção de fracasso

À medida que envelhecemos, a percepção de fracasso muda consideravelmente. Abandonamos aquela ideia infantil de que errar se resume a tirar uma nota baixa ou a não conquistar um troféu numa competição esportiva.

Essa nova realidade não deve te intimidar. Em vez de permitir que o medo do fracasso paralise suas ações, lembre-se de que você tem recursos valiosos à sua disposição: os ensinamentos dos grandes filósofos e pensadores que, ao longo da história, refletiram sobre a condição humana. Eles nos mostram que cada erro é, na verdade, uma oportunidade de aprendizado e crescimento.

O que se espera de você não é que se torne um expert de imediato, mas que dê o primeiro passo. O professor da vida não pede nada complicado; ele só solicita que você comece. Uma vez que você se compromete a dar início à sua jornada, o restante tende a se desenrolar naturalmente. O caminho vai ser repleto de obstáculos, sim, mas também de descobertas.

Cada experiência, boa ou ruim, vai contribuir para moldar quem você é e reforçar sua capacidade de lidar com os altos e baixos da existência. Portanto, abrace essa fase com coragem e dedicação. É através da ação de um adulto corajoso que você realmente vai se encontrar e se transformar.

Dia 146

Pare de imaginar *desgraceiras*

Os estoicos acreditavam que muitas das inquietações que nos afligem são, na verdade, frutos da nossa própria imaginação, e não reflexos da realidade objetiva. Essas perturbações emocionais podem ser comparadas a sonhos: durante o ocorrido, parecem incrivelmente vívidas e convincentes, mas, ao acordarmos, percebemos o quão absurdas eram.

Quando estamos imersos em um sonho, não paramos para questionar a lógica daquilo que estamos vivenciando. Simplesmente nos deixamos levar pelas experiências oníricas, aceitando tudo como se fosse verdade, sem qualquer análise crítica.

Da mesma forma, na vida desperta, muitas vezes nos deixamos dominar por cenários catastróficos que criamos na cabeça. Os estoicos nos encorajavam a cultivar uma consciência crítica sobre nossos pensamentos e emoções, destacando a importância de observar nossas reações e reconhecer que, muitas vezes, elas são apenas construções mentais erráticas.

A proposta é simples: aprender a desmantelar essas ilusões que alimentam nossos medos e frustrações. Em vez de permitir que esses pensamentos nos dominem, podemos desenvolver a sabedoria necessária para discernir entre o que é real e o que é apenas fruto da nossa imaginação.

Essa prática diária de introspecção e análise nos habilita a enfrentar a realidade com uma mente mais clara, equilibrada e racional. Assim, evitamos sofrer por coisas que provavelmente nunca acontecerão.

Dia 147
Ego e burrice

O ego é um dos maiores inimigos da aprendizagem e do desenvolvimento pessoal. Como disse Epíteto, filósofo estoico: "É impossível para uma pessoa começar a aprender o que ela pensa que já sabe." Essa frase escancara o perigo de nos acharmos geniais, imaculadamente certos ou donos absolutos da razão.

Quando acreditamos que já sabemos tudo, fechamos as portas para o aprendizado e para a autotransformação. Essa postura não só bloqueia nossa evolução, mas também nos afasta das pessoas que poderiam nos ensinar algo. Ninguém gosta de conviver com alguém que sabe tudo. A humildade de reconhecer que estamos sempre em construção é, aliás, uma das qualidades mais admiradas em qualquer ambiente.

QUANDO ACREDITAMOS QUE JÁ SABEMOS TUDO, FECHAMOS AS PORTAS PARA O APRENDIZADO E PARA A AUTOTRANSFORMAÇÃO.

Seria um bom exercício tentar, ao menos por 24 horas, calar aquela voz interna que insiste em nos convencer de que somos os maiores *fodões* do planeta. Ao fazer isso, abrimos espaço para escutar críticas, aprender com erros e enxergar novas perspectivas que antes passavam batidas.

A verdadeira sabedoria não mora na soberba, mas na capacidade de reconhecer nossas limitações e de buscar conhecimento constantemente. Por isso, o convite de hoje é simples e direto: silencie o ego, nem que seja só por um dia, e permita-se absorver o que o mundo tem a te ensinar. A longo prazo, essa escolha pode ser o divisor de águas entre a estagnação e o crescimento.

Dia 148

Falação e interpretação

Uma simples palavra carrega consigo um poder imenso. Essa percepção é a chave que pode separar um momento de alegria, marcado por um riso, de uma experiência dolorosa que termina com sentimentos feridos. É a linha tênue entre a eclosão de uma briga e a chance de duas pessoas se conectarem de forma genuína. O modo como escolhemos interpretar o que vivenciamos pode transformar conflitos em entendimento e desavenças em laços.

Diante dessa complexidade, fica claro o quanto é importante monitorar os filtros que usamos nas interações diárias. Cada vez que ouvimos ou presenciamos algo, somos convidados a escolher de que forma vamos interpretar aquilo. Nossas emoções, crenças antigas e experiências passadas muitas vezes distorcem a realidade, fazendo com que enxerguemos ofensas onde talvez só exista um comentário neutro.

Se seu desejo é experimentar um estado emocional mais equilibrado, com menos contrariedade e mágoa, é fundamental trabalhar ativamente a forma como você interpreta as palavras e atitudes alheias.

Com mais consciência sobre essas interpretações, temos a chance de mudar completamente o rumo das interações. Podemos responder com compaixão, em vez de defesa. Podemos buscar conexão, em vez de afastamento. O poder da interpretação não está apenas em mudar a dinâmica de uma conversa, mas também em transformar o nosso bem-estar emocional. A escolha é sua, todos os dias.

Dia 149

E o seu caráter?

O caráter é uma fortaleza sólida num mundo cheio de tentações que tentam nos seduzir, subornar nossa integridade, testar nossos limites e, aos poucos, moldar quem somos. A essência do caráter se torna ainda mais crucial quando você sabe exatamente em que acredita e por que acredita. Ter essa clareza permite que você faça escolhas mais assertivas, evitando relações tóxicas que drenam sua energia, empregos que não só desvalorizam suas habilidades como também corroem sua paz interior, e amizades que desaparecem nos momentos de necessidade.

Quando temos consciência dos nossos valores fundamentais, nos tornamos menos suscetíveis a manipulações externas. Isso nos permite construir cercas protetoras ao nosso redor, afastando experiências e pessoas que não contribuem para o nosso bem maior.

Esse processo de autoconhecimento e fortalecimento do caráter é, na prática, o verdadeiro propósito do crescimento pessoal. É por isso que a gente se esforça tanto em cada jornada: para aprender com cada erro, com cada escolha malfeita, com cada reflexão dolorida que nos obriga a olhar para dentro. Essa dedicação não apenas nos enriquece como indivíduos, mas também gera um impacto positivo nos que nos cercam, criando uma rede de apoio mais sólida, mais saudável.

No fim das contas, cultivar o caráter não é só uma questão de defesa pessoal: é uma ferramenta para construir um futuro que faça sentido com os seus ideais.

Dia 150

A real beleza

As noções atuais de beleza são, em muitos aspectos, toscas e superficiais. Nossos padrões de atração são, de fato, extremamente não estoicos e muitas vezes baseados em características sobre as quais ninguém tem controle: maçãs do rosto proeminentes, textura da pele, altura, cor dos olhos... A ideia de que a beleza pode ser definida por pura sorte genética é, no mínimo, uma redução rasa do que realmente merece ser chamado de belo.

Você não deveria priorizar essa loteria biológica, mas sim valorizar a beleza que nasce do esforço, da escolha e do desenvolvimento pessoal. Características como equilíbrio, senso de justiça, compaixão e compromisso com o dever são qualidades que vão muito além da estética. Não são apenas admiráveis: são virtudes com impacto real nas relações humanas e na sociedade como um todo.

CARACTERÍSTICAS COMO EQUILÍBRIO, SENSO DE JUSTIÇA, COMPAIXÃO E COMPROMISSO COM O DEVER SÃO QUALIDADES QUE VÃO MUITO ALÉM DA ESTÉTICA.

Num mundo saturado por imagens que promovem ideais de beleza efêmeros e inalcançáveis, é urgente lembrar que autenticidade, responsabilidade, solidariedade e amor ao próximo são as verdadeiras formas de beleza. São essas as qualidades que permanecem quando a casca envelhece, quando os filtros de Instagram desaparecem e quando só sobra o caráter.

A real beleza está em quem você é e nas escolhas que faz todos os dias em nome de um mundo mais justo e equilibrado.

Dia 151

O poder do hábito

Aristóteles nos lembra que "somos o que fazemos repetidamente", reforçando que a excelência não é um evento isolado, mas o resultado de hábitos construídos dia após dia. A formação do caráter e da grandeza está enraizada nessas pequenas ações que repetimos com frequência.

Ao olhar para sua última semana, ou até mesmo para o que você tem planejado hoje e nos próximos dias, vale a pena fazer um exercício de autoconhecimento: quem você gostaria de ser? Quais valores e qualidades você realmente admira e deseja incorporar? A pergunta seguinte é a mais importante: suas ações diárias estão alinhadas com essa versão que você idealiza de si mesmo?

> **NOSSAS ATITUDES E PENSAMENTOS SÃO COMO PEÇAS DE UM GRANDE MOSAICO QUE, AO LONGO DO TEMPO, FORMAM QUEM SOMOS.**

Nossas atitudes e pensamentos são como peças de um grande mosaico que, ao longo do tempo, formam quem somos. Se você está insatisfeito com o que vê hoje, talvez seja hora de começar a colocar novas peças nesse quebra-cabeça. Afinal, o que você faz com constância é o que define seu futuro.

A decisão de mudar, melhorar ou simplesmente manter o que já é bom está nas suas mãos. O que você vai escolher alimentar a partir de agora?

Dia 152

Mate seus vícios o quanto antes

Vícios podem parecer inofensivos no começo. Surgem discretos, quase imperceptíveis, e, se não forem contidos logo, ganham força e se tornam cada vez mais difíceis de controlar. A grande armadilha é justamente esta: você acha que está no comando, até o dia em que percebe que já virou refém. Por isso, a cautela e a ação rápida são essenciais. Quanto antes você cortar o mal pela raiz, menor será o estrago.

O mesmo vale para as emoções. Uma raiva contida logo no início é só uma irritação passageira. Uma ansiedade que você encara de frente ainda pequena pode ser controlada. Mas se você deixa para lidar só quando a coisa já virou um furacão, o esforço necessário será muito maior – e as consequências, bem piores.

QUANTO ANTES VOCÊ CORTAR O MAL PELA RAIZ, MENOR SERÁ O ESTRAGO.

A prevenção é sempre o melhor caminho. Prestar atenção nos pequenos sinais – aquela vontade constante de adiar tarefas, o hábito de buscar conforto em comida, redes sociais ou até em pessoas que te fazem mal – pode te salvar de um problema maior lá na frente.

Ter disciplina emocional e autoconsciência é o que vai te dar o controle da sua própria vida. Reflita sobre seus padrões. Enfrente o desconforto do começo. Porque o que começa pequeno, se ignorado, vira um incêndio. E apagar incêndio é sempre mais difícil do que evitar que a faísca vire chama.

Dia 153

O bem por si só

Existem diferentes formas de encarar o ato de fazer o bem. O primeiro tipo é aquele que, ao ajudar alguém, imediatamente faz um "balancete mental", contabilizando o favor que espera receber em troca. Esse olhar utilitarista transforma a ajuda em uma espécie de transação comercial, em que a bondade vira uma moeda de troca.

O segundo grupo é mais sutil, mas nem por isso menos interessado. São pessoas que até ajudam de forma genuína no momento, mas que, em algum canto da mente, guardam a lembrança de que o outro agora está em débito. Talvez não cobrem na hora, mas em algum momento vão esperar a "contrapartida".

EXISTEM DIFERENTES FORMAS DE ENCARAR O ATO DE FAZER O BEM.

Por fim, existe o terceiro tipo de pessoa: aquela que faz o bem simplesmente porque é o que ela faz. Sem cálculo, sem segunda intenção, sem esperar reconhecimento. É como uma videira que produz uvas porque essa é a sua natureza, ou como um cachorro que se diverte no passeio apenas pelo prazer de estar ali.

Essas pessoas não veem a bondade como uma obrigação nem como uma estratégia de recompensa social. Fazem o bem porque faz sentido, porque é parte do que são. E, quase sempre, são justamente as mais felizes e as que vivem com mais leveza.

Elas entendem que o bem verdadeiro não vem com recibo.

Dia 154

Foda-se o derrotismo

O derrotismo, por mais sedutor que pareça nos momentos de aperto, não vai te levar a lugar nenhum — a não ser direto pro abismo do fracasso. Quando a vida te apresenta uma sequência de desafios, ser pessimista é a saída mais fácil, mas também a mais burra. Reclamar, desistir, ou adotar aquele discurso de "não vai dar certo" é só um atalho para o fundo do poço.

O caminho mais inteligente, embora o mais difícil, é concentrar toda a sua energia e determinação nas oportunidades que surgirem, por menores ou mais absurdas que pareçam. Se houver uma brecha de 1%, é nela que você vai meter os dois pés com força.

Se você se empenha de verdade, incondicionalmente, o sucesso inevitavelmente começa a flertar contigo. Essa lógica não é só discurso motivacional de rede social: é a base da perseverança real. A filosofia estoica deixa isso claro. Marco Aurélio escreveu: "Se é humanamente possível, é alcançável por você." Simples assim.

O CAMINHO MAIS INTELIGENTE, EMBORA O MAIS DIFÍCIL, É CONCENTRAR TODA A SUA ENERGIA E DETERMINAÇÃO NAS OPORTUNIDADES QUE SURGIREM, POR MENORES OU MAIS ABSURDAS QUE PAREÇAM.

Esse tipo de pensamento não é para te iludir com promessas de resultado rápido, mas para te lembrar que o que te separa da vitória não é a sorte ou o talento alheio, mas a sua decisão de continuar ou não. Cada pequeno avanço é uma declaração de guerra contra o fracasso.

Então, se a vida quiser te empurrar pro buraco, a sua resposta é só uma: *foda-se* o derrotismo.

Dia 155

Lixo emocional e liberdade pessoal

Ao longo da vida, a gente passa por uma lição que não está nos manuais: perceber o quanto de coisa acumulada na nossa trajetória é, na real, puro entulho. Não só objetos materiais, mas também sentimentos, mágoas, expectativas e culpas que já perderam o prazo de validade. Por muito tempo, carreguei pesos que me impediam de fluir. Só que as pancadas da vida me mostraram que desapegar, às vezes, é mais fácil do que parece.

Quando a gente encara o que realmente importa, percebe que jogar fora o excesso não dói — pelo contrário, dá um alívio danado. Não é perda, é ganho. É abrir espaço para respirar melhor, pensar melhor, viver melhor. É como arrancar um casaco pesado num dia de calor sufocante.

Naufragar, por incrível que pareça, não significa fracassar. É só mais uma etapa. Cada vez que o vento bateu na minha cara me lembrando que eu ainda estava vivo, eu entendi que leveza podia, sim, fazer parte de mim. Essa jornada que comecei não foi só para explorar o que tinha do lado de fora, mas também para vasculhar minhas próprias gavetas internas. Saber o que fica, o que vai, o que tem valor de verdade.

Hoje, olhando pro meu próprio naufrágio, vejo que viver bem tem mais a ver com simplicidade do que com acumular. E que libertar espaço — emocional e material — é, muitas vezes, o primeiro passo para qualquer nova aventura.

Dia 156

A armadilha da sorte

A sorte pode ser uma armadilha disfarçada de presente. No curto prazo, ela dá aquela sensação de que tudo vai dar certo sempre, mas é aí que mora o perigo. Quem se deslumbra com o sucesso fácil costuma esquecer que a vida tem fases, e que toda maré alta um dia baixa. A vaidade gerada pelos bons momentos é o que mais machuca quando a onda vira.

O problema nunca foi ter sorte, e sim o que você faz com ela. Quem mantém os pés no chão durante os períodos de prosperidade sofre bem menos quando as coisas saem do eixo. A humildade e o equilíbrio são como um colete salva-vidas para quando a tempestade chega.

Quem cultiva estabilidade emocional e racionalidade não surta quando tudo muda. A pessoa que aprende a controlar as emoções nos dias de bonança é a mesma que vai segurar as pontas nos tempos de crise. É nessa constância que mora a verdadeira força.

QUEM MANTÉM OS PÉS NO CHÃO DURANTE OS PERÍODOS DE PROSPERIDADE SOFRE BEM MENOS QUANDO AS COISAS SAEM DO EIXO.

A vida vai sempre oscilar. E justamente por isso, desenvolver resiliência é o melhor investimento que você pode fazer. Quem aprende com as dificuldades cria uma base sólida para aproveitar os bons momentos sem se iludir — e para enfrentar os perrengues sem desmoronar.

O segredo não é evitar a sorte, mas não ser engolido por ela. Grandes vitórias e grandes tombos só machucam quem não sabe se equilibrar.

Dia 157

Celebrar genuinamente o sucesso alheio

Uma coisa que noto em praticamente todas as pessoas realmente bem-sucedidas e felizes é a capacidade de celebrar, de forma verdadeira, as conquistas dos outros como se fossem delas. A essência de qualquer amizade ou boa relação está justamente em saber vibrar com o progresso alheio. Quando vemos alguém avançando, isso nos prova que o sucesso é possível e acessível para nós também.

Se não cultivarmos essa atitude, corremos o risco de esfarelar nossa própria virtude. Virtude é como músculo: precisa ser exercitada para crescer. E um dos melhores treinos é o de ficar feliz com a vitória do outro. Quando a gente pratica essa apreciação genuína, nossa energia melhora, nossa visão de mundo se expande e o ambiente ao nosso redor se torna muito mais leve e positivo.

Por outro lado, a indiferença ou, pior ainda, a inveja disfarçada de neutralidade, nos enfraquece por dentro. Diminui nossa capacidade de agir com leveza, com grandeza e com generosidade.

Então, ao comemorar de coração os avanços das pessoas que a gente gosta, não estamos só fazendo bem a elas. Estamos regando nosso próprio jardim interno. Essa troca fortalece os laços que nos unem e transforma a vida numa experiência coletiva muito mais rica.

Porque, no fim, felicidade de verdade é aquela que transborda e contagia.

Dia 158

Efemeridade e resiliência de escolha

Tudo aquilo a que nos apegamos tem uma verdade inevitável: é efêmero. Afetos, posses, situações... absolutamente tudo na vida é transitório. Mas há uma coisa que permanece: nossa capacidade de escolher como reagir a cada mudança que aparece no caminho.

Essa escolha é, talvez, uma das poucas garantias que temos. É ela que nos diferencia e nos torna resilientes. Quando a gente realmente entende que não controla quase nada além das próprias atitudes, começamos a cultivar uma mentalidade mais leve, mais adaptável, mais pronta para encarar o imprevisível.

QUANTO MAIS CEDO A GENTE ACEITA QUE A VIDA É FEITA DE CICLOS, MAIS FÁCIL FICA LIDAR COM AS PORRADAS QUE ELA DÁ.

Isso não significa virar uma criatura fria ou indiferente. Muito pelo contrário. Significa aprender a apreciar de verdade o que temos agora, sem sofrer por antecipação com o medo de perder. A aceitação não vem fácil, mas, quando chega, transforma até os momentos mais cabulosos em oportunidade de crescimento.

Quanto mais cedo a gente aceita que a vida é feita de ciclos, mais fácil fica lidar com as porradas que ela dá. A paz interior surge justamente desse entendimento. Tudo passa. Inclusive as coisas boas, inclusive as ruins. Mas o que fica é a forma como você escolheu passar por cada fase.

No final, quem aprende a fluir com as mudanças vive com mais leveza e menos amargura.

Dia 159

O futuro é um bônus

Escrevo esta reflexão depois de passar cinco dias na UTI. Tive um mal súbito e me estrupiei todo. A principal lição que tirei dessa experiência bizarra e traumatizante foi: tudo o que o futuro me trouxer daqui para frente deve ser tratado como um bônus.

Reflita sobre a sua própria jornada até agora como se ela tivesse terminado hoje. Se o seu tempo tivesse acabado, o que ficaria de saldo? Quais lembranças você levaria? Que aprendizados estariam guardados aí dentro?

Agora, com esse exercício mental feito, olhe para frente. O que vier a partir daqui — cada manhã, cada abraço, cada café, cada tropeço, cada risada — é um extra. Um presente que você nem sabia que ia ganhar. Não é mais obrigação, não é mais rotina automática: é bônus.

REFLITA SOBRE A SUA PRÓPRIA JORNADA ATÉ AGORA COMO SE ELA TIVESSE TERMINADO HOJE. SE O SEU TEMPO TIVESSE ACABADO, O QUE FICARIA DE SALDO?

Essa mudança de perspectiva mexe com tudo. Faz a gente sair do modo reclamão e entrar no modo gratidão. Cada momento vira oportunidade de fazer algo que preste, de viver com mais coragem e menos mimimi.

Não dá para controlar o tempo que ainda nos resta, mas dá para decidir como vamos encarar cada novo dia. Então, se a vida resolveu te dar rodadas extras, joga direito.

Dia 160

Racional e autoconfiante

É fundamental que você aprenda a viver com a mesma autenticidade e serenidade que define uma pessoa realmente saudável. Isso significa adotar um estilo de vida que exale confiança plena, mas não qualquer tipo de confiança: estou falando daquela que tem base sólida e que não se abala com qualquer ventania externa.

> É FUNDAMENTAL QUE VOCÊ APRENDA A VIVER COM A MESMA AUTENTICIDADE E SERENIDADE QUE DEFINE UMA PESSOA REALMENTE SAUDÁVEL.

Mas afinal, que confiança é essa? É a que nasce da sua própria capacidade de tomar decisões racionais. Não é a confiança cega, baseada em achismos ou no ego inflado. É a convicção de que, ao usar a cabeça, refletir bem e agir de acordo com seus princípios, você está no caminho certo.

Essa segurança não está em bens materiais — que podem sumir de uma hora para outra — nem na opinião de quem hoje te elogia e amanhã te esquece. Está no que você constrói dentro de si: discernimento, equilíbrio e a capacidade de tomar decisões conscientes, mesmo quando tudo à volta parece incerto.

Viver com essa confiança é o que te permite atravessar os dias ruins com a cabeça erguida e aproveitar os bons sem medo de que eles acabem. A escolha é sua: ou você se deixa dominar pelas circunstâncias ou faz da sua razão a base de tudo.

Seja o arquiteto das suas escolhas. E siga em frente.

Dia 161

Dualidade da morte e reconhecimento pessoal

A morte carrega um peso imenso para aqueles que, mesmo amplamente reconhecidos e admirados por todos ao seu redor, partem deste mundo sem nunca terem se conhecido de verdade.

Essa dualidade é profundamente trágica: enquanto suas ações, imagem e legado são celebrados por muitos, a própria essência da pessoa permanece um mistério até para ela mesma. É como se tivesse vivido uma vida inteira presa a expectativas alheias, cumprindo papéis, colocando máscaras, tentando se encaixar em definições que os outros fizeram dela.

Ela se tornou um símbolo para os outros, mas nunca para si. Viveu de fora para dentro, sendo o que os outros viam, mas nunca parando de verdade para encarar quem era de fato.

A ironia final é que, mesmo com toda a fama, todos os aplausos e as homenagens, ela se despede sem ter tido a coragem ou o tempo de mergulhar na própria alma. Fica um vazio interno que ninguém mais pode preencher. O luto dos outros é real, mas o luto que ela deixou dentro de si talvez seja ainda maior.

Que a história de vidas assim sirva de alerta para nós: de que adianta construir um legado externo se não fazemos o mínimo esforço para nos entender por dentro?

A única coisa pior que morrer sem aplausos… é morrer sem identidade.

Dia 162

A sabedoria nas decisões: o que evitamos e desejamos

Preste atenção cuidadosa aos princípios que orientam as ações e escolhas das pessoas, especialmente daquelas mais sábias e experientes. Observar não apenas o que essas pessoas evitam, mas também aquilo que elas buscam e desejam, pode trazer ensinamentos valiosos. A sabedoria muitas vezes se revela nas pequenas renúncias, nas decisões aparentemente simples e nas prioridades que elas definem para si mesmas.

É fácil admirar os feitos grandiosos ou as conquistas visíveis, mas o verdadeiro aprendizado está em entender o que essas pessoas rejeitam: quais situações, comportamentos e caminhos elas escolhem não trilhar. Do mesmo modo, analisar o que elas perseguem revela muito sobre os princípios que regem suas vidas.

A chave é observar com atenção. Ao compreender os movimentos de quem tem mais estrada, começamos a desenvolver uma leitura mais clara sobre o que realmente vale a pena. Passamos a entender que o sucesso, a paz interior e a realização estão mais relacionados a evitar certas armadilhas e manter o foco em objetivos alinhados aos nossos valores mais profundos.

Portanto, se quiser aprender de verdade com quem já caminhou bastante, preste atenção nos "nãos" e nos "sins" dessas pessoas. As lições estão ali, todos os dias, esperando para serem notadas.

Dia 163

Segura essa emoção aí

Uma das mensagens centrais do pensamento estoico pode ser resumida assim: a vida nos joga uma infinidade de impulsos, emoções e reações, e cabe a nós o desafio de domá-los — como se fôssemos adestradores de nós mesmos. Essa metáfora nos convida a refletir sobre a importância da disciplina e do autocontrole nas ações do dia a dia.

Antes de agir de forma impulsiva, vale sempre parar por alguns segundos e perguntar: "Quem está no controle agora? Sou eu, ou estou sendo levado por um surto momentâneo?" Fazer essa pausa e se observar é o que separa um adulto racional de uma criança birrenta.

Ao adotar essa abordagem mais reflexiva, a gente consegue se distanciar da tempestade emocional que vem de vez em quando e tomar decisões mais conscientes, alinhadas aos nossos valores e princípios. Você não é obrigado a reagir no calor do momento.

Esse exercício de controle emocional conecta nossas atitudes com o que a gente realmente acredita, trazendo mais coerência para a vida. Não é uma tarefa fácil nem rápida, mas é um processo que, com prática, nos torna mais resilientes, menos reativos e muito mais em paz com as consequências das nossas escolhas.

Dominar os impulsos é uma jornada contínua de autoconhecimento.

Dia 164

Tenha medo de ter medo

Muita gente se vê paralisada pelas próprias ansiedades, limitando suas ações e impedindo o próprio progresso. O mais irônico? Muitas dessas pessoas poderiam ter alcançado seus objetivos e realizado seus sonhos, se não estivessem tão sobrecarregadas pelo temor do desconhecido.

O medo, na essência, não é só uma emoção: vira uma força que molda o jeito como vivemos. Ao temer o fracasso, a rejeição ou simplesmente o incerto, acabamos criando barreiras invisíveis que nos afastam de oportunidades que estavam logo ali. Essa antecipação negativa nos faz desistir antes mesmo de tentar, como se o pior já fosse um fato consumado.

> AO TEMER O FRACASSO, A REJEIÇÃO OU SIMPLESMENTE O INCERTO, ACABAMOS CRIANDO BARREIRAS INVISÍVEIS QUE NOS AFASTAM DE OPORTUNIDADES QUE ESTAVAM LOGO ALI.

Mas aqui está o pulo do gato: se você olhar o medo como um obstáculo a ser superado — e não como uma sentença final —, começa a desmanchar essas amarras. Encarar o medo como parte do crescimento transforma ele numa ferramenta de motivação. Cada vez que você age apesar dele, descobre que o monstro era menor do que parecia.

Reconhecer que o medo é só uma etapa e não um destino é meio caminho andado. Coragem não é ausência de medo, é decidir ir mesmo assim. Então, da próxima vez que o medo quiser escolher por você, agradeça o aviso... mas siga em frente.

Dia 165

Guarde seus louros e falhas para você

Em contextos sociais e públicos, vale ter cautela ao compartilhar suas conquistas ou preocupações pessoais. Sentir orgulho do que você conquistou é natural, mas isso não significa que todo mundo ao seu redor queira ouvir sobre isso. Excesso de fala sobre as próprias vitórias pode soar arrogante, assim como despejar suas angústias pode parecer carência ou egocentrismo.

Muita gente valoriza mais uma conversa equilibrada, com troca real de ideias, do que um monólogo de feitos ou lamentos. Quando você só fala de si mesmo, corre o risco de parecer desinteressado na vida dos outros. E a verdade é que todo mundo tem suas lutas e conquistas – algumas tão ou mais significativas que as suas.

Outro ponto: ao contar demais, você também se expõe desnecessariamente. Nem todo mundo vai torcer por você ou guardar suas confidências com o cuidado que você imagina. Às vezes, o melhor é guardar os louros e os tropeços só para você.

Uma comunicação mais generosa inclui escuta atenta e interesse genuíno pela história alheia. Isso não apenas cria relações mais saudáveis, como também te enriquece como pessoa. Você aprende mais, conecta melhor e evita desgastes desnecessários.

Resumindo: fale menos de si, ouça mais. Seus relacionamentos agradecem.

Dia 166

Se livre das ideias fixas

Se tem dois atributos que, se fossem erradicados da natureza humana, trariam uma transformação gigantesca ao nosso convívio, seriam: a arrogância e a desconfiança sem motivo.

A opinião arrogante se manifesta como uma certeza inflexível nas próprias convicções, como se não houvesse espaço para novas ideias ou pontos de vista. Essa mentalidade fecha portas, cria divisões e impede o entendimento mútuo. Quem acredita possuir a verdade absoluta acaba ignorando o valor das experiências e perspectivas dos outros.

> QUEM ACREDITA POSSUIR A VERDADE ABSOLUTA ACABA IGNORANDO O VALOR DAS EXPERIÊNCIAS E PERSPECTIVAS DOS OUTROS.

Já a desconfiança é um véu de ceticismo que sufoca a possibilidade de construir relações verdadeiras. Viver duvidando das intenções alheias aprisiona a pessoa nas próprias sombras, criando a ilusão de que a felicidade é inalcançável. Essa visão distorcida não só prejudica os vínculos com os outros, como também impede que a pessoa reconheça os momentos de leveza e alegria que a vida oferece.

Eliminar tanto a arrogância quanto a desconfiança abre espaço para uma convivência mais humana, baseada na troca, na escuta e no respeito. É nesse ambiente mais leve e menos defensivo que nasce a chance real de felicidade e de relações mais significativas.

Dia 167

Ajudar os outros é ajudar-se

Fazer o bem não é apenas uma forma de impactar positivamente a vida de outras pessoas; é, na verdade, um dos pilares mais sólidos da sua própria felicidade. Enquanto muitas fontes de alegria dependem de fatores externos e incontroláveis, os atos de bondade e generosidade estão sempre ao seu alcance — e o melhor: podem ser renovados todos os dias.

Se você deseja ter um dia realmente gratificante, inclua a prática da bondade entre as suas prioridades. Ao dedicar tempo e energia para fazer o bem, você cria uma conexão direta com a sua essência. Essa atitude não só espalha um efeito dominó de positividade ao seu redor, mas também fortalece sua autoconfiança. Saber que você tem a capacidade de transformar o ambiente e o dia de alguém faz com que você enfrente as adversidades com mais resiliência e equilíbrio.

Além disso, os reflexos de suas boas ações reverberam muito além do momento em que são feitas. Elas criam um ciclo de gratidão e alegria que, com o tempo, se retroalimenta. Mesmo nos dias mais difíceis, você terá a capacidade de fazer a diferença — seja ao oferecer um sorriso a um estranho, prestar uma ajuda ou praticar pequenos atos de gratidão.

Invista na bondade. Essa escolha vai te garantir uma satisfação que resiste até aos dias mais instáveis da vida.

Dia 168

O que é ser belo

Uma pessoa verdadeiramente bela e virtuosa irradia uma energia que evita conflitos e suaviza o ambiente ao seu redor. Não por força ou imposição, mas por um estado natural de equilíbrio e compreensão. Ela não se envolve em discussões desnecessárias e, sempre que possível, age para que os outros também não se deixem levar por desentendimentos.

O centro dessa postura está na capacidade de distinguir o que realmente lhe diz respeito daquilo que pertence ao domínio dos outros. Quem possui esse discernimento aprende a não carregar o peso das emoções alheias e, principalmente, não reage de forma impulsiva diante de provocações ou mal-entendidos.

Quem acredita possuir a verdade absoluta acaba ignorando o valor das experiências e perspectivas dos outros.

Ter clareza sobre os próprios limites emocionais é uma das maiores formas de autocuidado. Ao saber exatamente onde termina a sua responsabilidade e onde começa a do outro, você naturalmente se afasta de situações que roubam sua paz e sua energia.

Uma pessoa com essa consciência não apenas evita conflitos: ela constrói, com pequenas atitudes diárias, um ambiente mais harmonioso. Seu foco está na compreensão, na empatia e na manutenção de relações saudáveis.

Em um mundo cheio de tensões e reativo por natureza, escolher não entrar em batalhas desnecessárias é um sinal de força, sabedoria e, sim, de uma beleza que vai muito além das aparências.

Dia 169

Seu caráter molda seu destino

O caráter é a base que sustenta nossas escolhas e, consequentemente, o rumo da nossa vida. Ele nos impulsiona a assumir responsabilidade, não apenas pelos sucessos, mas também pelos erros e pelas consequências das nossas decisões. Ao fortalecer o caráter, desenvolvemos a autonomia necessária para encarar os desafios com coragem e determinação.

Essa postura de responsabilidade tem um impacto direto no nosso amor-próprio. Quando entendemos que somos os principais responsáveis por tudo que fazemos, começamos a valorizar mais nossas virtudes e a reconhecer com humildade as limitações que precisamos superar. O verdadeiro amor-próprio não é se iludir com uma autoestima inflada, mas ter um olhar honesto e construtivo sobre quem somos e o que podemos nos tornar.

Além disso, o caráter sólido influencia de forma positiva nossas relações. Quem age com integridade e responsabilidade tende a estabelecer vínculos mais saudáveis, baseados no respeito mútuo. Isso cria um ambiente ao nosso redor em que a confiança floresce e os conflitos desnecessários diminuem.

Ao cultivar esse senso de responsabilidade e integridade, passamos a construir, dia após dia, um ciclo positivo de crescimento pessoal e impacto social. Nosso caráter passa a ser não apenas uma proteção contra as adversidades, mas também um guia prático para decisões melhores e para uma vida mais coerente com aquilo que realmente acreditamos.

Dia 170

Culpa e regresso

Pare de culpar Deus ou qualquer outra pessoa pelas suas emoções. A responsabilidade pelo que você sente e como reage é exclusivamente sua. Assumir esse fato é o primeiro passo para retomar o controle da própria vida.

Muitas das frustrações que você carrega nascem não dos eventos em si, mas da forma como você escolhe interpretá-los. A raiva, o ressentimento, a inveja e o arrependimento só ganham espaço dentro de você porque são alimentados diariamente por pensamentos e reações que poderiam ser diferentes. Não é o outro que coloca esses sentimentos aí dentro. É você quem os escolhe manter.

Ao redirecionar sua atenção para o que está sob o seu controle — suas escolhas, suas atitudes e sua forma de pensar — você começa a enfraquecer esse ciclo emocional negativo. A mudança não é fácil, mas é o único caminho possível se você quiser viver com mais leveza.

> MUITAS DAS FRUSTRAÇÕES QUE VOCÊ CARREGA NASCEM NÃO DOS EVENTOS EM SI, MAS DA FORMA COMO VOCÊ ESCOLHE INTERPRETÁ-LOS.

Cultivar autocompaixão não significa passar a mão na cabeça diante dos erros, mas sim aprender com eles e seguir em frente com mais sabedoria. O arrependimento, quando bem utilizado, serve como uma bússola que aponta para um recomeço, e não como uma corrente que te prende ao passado.

Assumir a responsabilidade emocional é a chave que abre a porta da liberdade. Só depende de você decidir atravessá-la.

Dia 171

Sobre a dependência

A dependência se manifesta de muitas formas, afetando diferentes áreas da nossa vida. Todos nós, em algum grau, somos dependentes. Dependemos da rotina que nos dá uma sensação de controle, do café que nos desperta, da casa que nos acolhe, e, muitas vezes, da aprovação dos outros para validar nossas escolhas.

Essas pequenas ou grandes dependências podem parecer inofensivas, mas quando olhamos com mais atenção, percebemos que elas revelam uma fragilidade: a dificuldade de manter o controle emocional e racional sobre a própria vida. Quando estamos à mercê de hábitos, rotinas ou da opinião alheia, nos tornamos reféns de fatores externos. Perdemos a capacidade de agir de forma realmente autêntica.

> VOCÊ NÃO PRECISA SER PRODUTO DAS SUAS DEPENDÊNCIAS.

O problema não está em ter rituais diários ou buscar conforto, mas sim em deixar que esses elementos ditem nosso estado emocional ou nossa percepção de valor próprio. A dependência excessiva rouba a autonomia e pode nos empurrar para ciclos de insatisfação, procrastinação e frustração.

Romper com isso exige um olhar crítico e uma disposição real de recuperar o controle. Significa aprender a escolher com consciência, agir por princípios e não apenas por condicionamentos. A verdadeira liberdade emocional nasce quando conseguimos diferenciar o que nos fortalece daquilo que apenas nos prende.

Assuma o comando da sua vida. Você não precisa ser produto das suas dependências.

Dia 172

A melhor vingança é a indiferença

É muito mais inteligente buscar a própria cura interior do que se deixar arrastar pela sedução da vingança. Gastar tempo e energia planejando retribuições apenas prolonga o sofrimento e nos prende a um ciclo emocionalmente desgastante. Quando escolhemos viver para reparar um dano, acabamos muitas vezes causando a nós mesmos um prejuízo ainda maior que o inicial.

A raiva, por sua natureza, cria um estado constante de inquietação. Ela se alimenta da dor, cresce com a ruminação e nos impede de encontrar qualquer tipo de paz verdadeira. O impulso de retribuir o mal recebido pode até parecer justificável no calor do momento, mas a longo prazo apenas perpetua a negatividade.

O caminho mais sábio é focar em si mesmo: na cura, no crescimento e no equilíbrio emocional. Isso não significa ser passivo ou aceitar injustiças calado, mas sim escolher a resposta mais digna e saudável. Em vez de devolver a ofensa, ofereça a si mesmo o presente da indiferença. Não porque o outro mereça perdão, mas porque você merece paz.

A verdadeira vitória é seguir em frente, emocionalmente livre. Deixar que o outro permaneça preso às próprias atitudes enquanto você caminha para uma vida mais leve. Transformar ofensa em aprendizado e mágoa em força é um ato de maturidade e autocuidado. Escolha sempre a liberdade emocional em vez da prisão da vingança.

Dia 173

Pare agora de se lamuriar

Evite, em qualquer circunstância, cair na armadilha da reclamação e da autocomiseração. Lamentar-se constantemente sobre os desafios da vida apenas consome energia emocional e mental que poderia estar sendo direcionada para a solução dos problemas. A queixa é, na maioria das vezes, uma distração emocional que nos afasta da ação concreta.

Manter a integridade da sua voz interna significa assumir o protagonismo da própria vida. Em vez de alimentar discursos internos negativos, adote uma postura crítica, porém construtiva. Observe os obstáculos com objetividade e pergunte-se: "O que posso fazer agora para transformar essa situação?"

Ao resistir ao impulso de reclamar, você fortalece sua resiliência e desenvolve um olhar mais estratégico diante das dificuldades. Isso não significa ignorar os problemas ou fingir que está tudo bem, mas sim escolher conscientemente não se aprisionar na narrativa da vitimização.

A vida, especialmente em ambientes públicos ou profissionais, será sempre um campo de altos e baixos. Sua capacidade de atravessar essas fases com equilíbrio emocional determinará a qualidade da sua trajetória. Cultivar o hábito de focar em soluções em vez de problemas é uma das formas mais efetivas de autopreservação e crescimento pessoal.

Lembre-se: cada vez que você escolhe a ação em vez da lamúria, dá um passo concreto em direção ao seu próprio fortalecimento.

Dia 174

Morrendo aos poucos

Para alguns, refletir sobre isso é incômodo, mas é um fato inevitável: estamos morrendo aos poucos. Cada dia que passa nos aproxima do fim, e justamente por isso, cada ação, palavra e intenção deve carregar a profundidade de quem sabe que o tempo é finito.

Que ao falar, você expresse a sinceridade de quem valoriza cada segundo, como se aquela conversa pudesse ser a última oportunidade de dizer algo importante. Que ao agir, haja com a ousadia de quem entende que a vida é efêmera, transformando cada gesto em um testemunho de amor, gratidão ou até mesmo de arrependimento reparado.

Viver com essa consciência não significa carregar um peso de tristeza, mas sim enxergar beleza e significado nas coisas simples do cotidiano. Que essa percepção te inspire a transformar os momentos comuns em experiências extraordinárias, a oferecer um sorriso genuíno, um abraço sincero ou uma palavra de incentivo a quem precisa.

No final, o que realmente fica não são as grandes conquistas ou os títulos acumulados, mas a essência que deixamos nas pessoas: nos afetos que criamos, nas memórias que construímos e nas marcas de humanidade que espalhamos ao nosso redor.

CADA DIA QUE PASSA NOS APROXIMA DO FIM, E JUSTAMENTE POR ISSO, CADA AÇÃO, PALAVRA E INTENÇÃO DEVE CARREGAR A PROFUNDIDADE DE QUEM SABE QUE O TEMPO É FINITO.

Que a certeza da mortalidade seja o impulso que nos lembre, diariamente, da urgência de viver com presença, intenção e generosidade.

Dia 175

A força mais poderosa

Compreenda, de uma vez por todas, que dentro de você habita uma essência poderosa — algo muito mais valioso do que todas as paixões e desejos que podem surgir ao seu redor. Essa força interior não é manipulável como as emoções passageiras, que muitas vezes nos transformam em meros fantoches, reagindo ao sabor dos ventos do medo, da ansiedade ou da vaidade.

Faça uma pausa e observe: quais pensamentos estão ocupando sua mente agora? Será que o medo tem sussurrado dúvidas, criando cenários de insegurança? Ou talvez a desconfiança esteja te afastando da sua própria paz, levantando barreiras invisíveis entre você e os outros? Quem sabe o desejo excessivo por algo específico esteja te cegando, tornando sua mente refém de expectativas que só alimentam frustração?

Esses sentimentos são humanos, mas também são os maiores obstáculos entre você e a sua verdadeira força. Eles desviam o foco da sua essência, tirando você do controle da sua própria vida.

O convite aqui é simples, mas profundo: volte-se para dentro. Reencontre a força autêntica que já existe em você. Essa força não se abala com as circunstâncias, não depende da aprovação alheia e não oscila ao sabor das emoções do momento.

Ao reconhecer e cultivar essa energia interior, suas escolhas passam a ser guiadas pela clareza, pela razão e pela sabedoria. A verdadeira liberdade começa no domínio sobre si mesmo.

Dia 176

Emoções intensas e arrependimentos

Sempre que sentir uma onda de prazer ou qualquer outra emoção intensa, não aja de imediato. Dê um breve intervalo antes de reagir. Essa pausa, por menor que seja, é crucial. Nesse instante de reflexão, evoque na memória o momento em que você cedeu a esse impulso no passado: lembre-se da sensação inicial de satisfação e, logo depois, do arrependimento e da autocondenação que vieram em seguida.

Agora, compare essas duas experiências: o prazer passageiro *vs.* o peso emocional que geralmente o acompanha. Em contrapartida, visualize o orgulho e a satisfação que surgiriam de uma escolha consciente pela abstenção. A alegria que nasce da disciplina e do autocontrole é mais duradoura e genuína.

> QUANDO UM NOVO IMPULSO SURGIR E PARECER IRRESISTÍVEL, RECONHEÇA QUE A FACILIDADE DO MOMENTO É UMA ARMADILHA.

Quando um novo impulso surgir e parecer irresistível, reconheça que a facilidade do momento é uma armadilha. Enfrentar a tentação pode exigir mais esforço, mas traz uma recompensa emocional muito maior: a certeza de que você está no comando de si mesmo. Ao resistir, você fortalece sua capacidade de fazer escolhas alinhadas aos seus valores e objetivos.

Lembre-se: a verdadeira liberdade emocional não está em ceder ao que é imediato, mas em construir, escolha após escolha, um caráter forte e resiliente.

Dia 177

O ego como obstáculo

Autoengano e delírios de grandeza vão muito além de meras características irritantes de personalidade. O que frequentemente esquecemos é que o ego, em sua essência, representa um dos maiores obstáculos à nossa evolução pessoal e profissional. Ele não se limita a manifestações de arrogância ou orgulho: é, na verdade, uma barreira invisível que se coloca entre nós e o nosso verdadeiro potencial.

Quando estamos sob o domínio do ego, tendemos a enxergar a nós mesmos de forma distorcida, superestimando nossas virtudes e ignorando nossas fragilidades. Essa falsa percepção nos impede de reconhecer limitações e bloqueia o acesso a experiências fundamentais para o crescimento. O aprendizado exige humildade e disposição para encarar nossas falhas – algo que o ego detesta permitir.

> O EGO NÃO É APENAS UM TRAÇO DESAGRADÁVEL: É UM INIMIGO DIRETO DO PROGRESSO.

Além disso, o autoengano nos isola numa bolha de ilusões, onde rejeitamos críticas construtivas e fechamos os ouvidos para qualquer perspectiva que nos confronte. Essa resistência ao feedback pode nos levar ao estancamento, impedindo a transformação pessoal.

Portanto, o ego não é apenas um traço desagradável: é um inimigo direto do progresso. Superá-lo requer coragem para a autorreflexão, disposição para a vulnerabilidade e a humildade necessária para acolher realidades desconfortáveis, mas essenciais para a nossa evolução.

Dia 178

Arrogância e desconfiança

Existem duas características profundamente prejudiciais que precisam ser eliminadas da natureza humana: a arrogância e a desconfiança.

A opinião arrogante, ao afirmar que possui todas as respostas e que não há mais nada a aprender ou considerar, fecha as portas ao diálogo e ao crescimento. Essa atitude impede o desenvolvimento pessoal e coletivo, pois instala a crença de que já se conhece tudo o que é necessário, sufocando a curiosidade e a humildade essenciais para o aprendizado contínuo.

Por outro lado, a desconfiança cria um muro que nos separa dos outros e da própria essência da vida. Viver constantemente com um olhar cético e receoso, acreditando que, em meio a todas as complexidades e desafios do cotidiano, a verdadeira felicidade é inatingível, limita nossa capacidade de estabelecer conexões significativas e de desfrutar os momentos simples que a vida oferece.

A OPINIÃO ARROGANTE, AO AFIRMAR QUE POSSUI TODAS AS RESPOSTAS E QUE NÃO HÁ MAIS NADA A APRENDER OU CONSIDERAR, FECHA AS PORTAS AO DIÁLOGO E AO CRESCIMENTO.

Ao trabalharmos para erradicar essas duas posturas — a arrogância e a desconfiança — abrimos espaço para uma convivência mais rica e gratificante. O cultivo da humildade nos permite avançar na busca pelo conhecimento, enquanto a confiança nos outros nos ensina a acreditar na bondade humana e na possibilidade de um futuro mais feliz e colaborativo.

Dia 179

Um bom dia (de fato)

Como assegurar que você terá um dia gratificante e positivo? Simples: foque em realizar boas ações. A felicidade muitas vezes parece estar além do nosso domínio, dependendo de fatores externos que, na maioria das vezes, não conseguimos controlar e que podem ser efêmeros. Sorrisos passageiros, elogios momentâneos ou conquistas vindas de fora podem nos trazer alegria, mas dificilmente serão sustentáveis a longo prazo.

CADA PEQUENO GESTO DE BONDADE, CADA ATITUDE POSITIVA, TRANSFORMA-SE EM UMA FONTE DE LUZ QUE ILUMINA NÃO APENAS O SEU DIA, MAS TAMBÉM A VIDA DAS PESSOAS AO SEU REDOR.

Por outro lado, as boas ações que você escolhe realizar são uma fonte inesgotável de satisfação e significado. Cada pequeno gesto de bondade, cada atitude positiva, transforma-se em uma fonte de luz que ilumina não apenas o seu dia, mas também a vida das pessoas ao seu redor. Ao fazer o bem, você desenvolve uma profunda autoconfiança, pois passa a reconhecer que está no comando de suas escolhas e atitudes. Essa confiança vem da certeza de que, independentemente das circunstâncias externas, você tem o poder de influenciar positivamente sua vida e a dos outros.

Portanto, a verdadeira essência de um bom dia reside na sua capacidade de cultivar a bondade. Independentemente das dificuldades que surjam, sempre haverá espaço para exercer compaixão e generosidade. Ao agir assim, você não apenas transforma o seu dia, mas também contribui para a construção de um mundo mais positivo e harmonioso.

Dia 180

Elimine o bode expiatório

É comum clamar ao Deus Todo-Poderoso em busca de alívio para a nossa agonia, mas será que realmente estamos atentos às ferramentas que já nos foram dadas? É hora de refletir sobre nossa responsabilidade em meio ao sofrimento. Em vez de esperar que a solução venha de fora, devemos nos colocar em ação. Sente-se e reze, se assim desejar, mas lembre-se de que a oração é mais eficaz quando acompanhada de atitudes concretas. Chame a responsabilidade para si, de uma vez por todas, e não permita que a lamúria e a autopiedade turvem sua visão.

Encontre dentro de você a força para enfrentar as dificuldades, sem a necessidade de criar um bode expiatório para culpar pelos infortúnios. A verdadeira transformação começa quando reconhecemos nosso poder interior e nossa capacidade de agir. Não devemos apenas clamar por ajuda, mas também nos perguntar com sinceridade: *o que posso fazer para mudar essa situação?*

ENCONTRE DENTRO DE VOCÊ A FORÇA PARA ENFRENTAR AS DIFICULDADES, SEM A NECESSIDADE DE CRIAR UM BODE EXPIATÓRIO PARA CULPAR PELOS INFORTÚNIOS.

Quando unimos fé e ação, conseguimos não apenas suportar as tribulações, mas também superá-las, saindo mais fortes e sábios do processo. Portanto, levante-se e comece a agir. O caminho da libertação pode estar mais próximo do que você imagina. Basta olhar para dentro, abandonar a vitimização e iniciar o movimento.

Dia 181

Vida consciente: a importância da ação com propósito

Construa sua vida de maneira consciente, passo a passo, ação por ação. Sua satisfação deve vir não apenas dos resultados, mas da certeza de que cada escolha está alinhada a um propósito significativo. O verdadeiro sentido da vida não está nos atalhos ou soluções rápidas, mas na construção diária e intencional de um caminho que reflita seus valores mais profundos.

É inevitável que, ao longo dessa jornada, você encontre obstáculos. Eles podem surgir como circunstâncias inesperadas ou desafios fora do seu controle. Mas, diante de cada um deles, existe uma escolha: agir com integridade, praticar a justiça, exercitar o autocontrole e aplicar a sabedoria. Esses princípios, mesmo sob pressão, são âncoras que garantem que você permaneça fiel ao seu propósito.

Ao encarar os desafios como oportunidades de fortalecimento, você constrói não apenas soluções temporárias, mas uma base sólida de caráter e resiliência. A cada ação consciente, você reforça a estrutura da sua vida e desenvolve uma capacidade maior de lidar com o caos externo sem perder o equilíbrio interno.

No final, é justamente essa coerência entre intenção e atitude que te trará uma sensação genuína de propósito e realização pessoal.

Dia 182

Boa ação e falta de aplauso

Quando você realiza uma boa ação e alguém se beneficia dela, por que diacho, de forma ingênua e tola, você sente a necessidade de buscar um reconhecimento adicional? Por que esperar que essa pessoa retribua o gesto com um favor ou um agradecimento? O ato de fazer o bem, por si só, deveria ser suficiente para trazer uma sensação de satisfação e realização pessoal. No entanto, muitas vezes nos perdemos na expectativa de que nossas boas intenções sejam valorizadas, desejando que os outros reconheçam nosso esforço ou que as boas ações gerem alguma forma de retorno.

O OBJETIVO DE AJUDAR O PRÓXIMO NÃO DEVERIA ESTAR LIGADO A UMA RECOMPENSA, MAS SIM À ALEGRIA PURA DE MELHORAR A VIDA DE ALGUÉM OU DE CONTRIBUIR PARA O BEM-ESTAR COLETIVO.

Essa busca por reconhecimento pode, na verdade, ofuscar a verdadeira essência do altruísmo. O objetivo de ajudar o próximo não deveria estar ligado a uma recompensa, mas sim à alegria pura de melhorar a vida de alguém ou de contribuir para o bem-estar coletivo. O verdadeiro valor da generosidade reside no seu impacto, não na validação externa.

Portanto, ao libertar-se dessa necessidade de reconhecimento, você poderá experimentar um nível mais profundo de gratificação e conexão com aqueles a quem ajudou. Afinal, a verdadeira recompensa para quem faz o bem está na transformação que é capaz de promover na vida do outro, e não no aplauso que se pode receber em troca.

Dia 183

Sua mente é o juiz infalível

Você pode enganar todo mundo de forma a conseguir o que quiser, menos o juiz que reside na sua consciência. Disto deriva a ideia de que a virtude é o bem supremo, a única coisa que realmente possui valor intrínseco. Sem a virtude, não há um entendimento verdadeiro do que é o bem: ela é a base que sustenta nossas ações e decisões. A virtude, portanto, encontra seu lar em nossa faceta mais elevada, que é a razão, a capacidade que nos rege e orienta em meio à complexidade da vida.

Mas o que realmente podemos considerar como virtude? Uma de suas manifestações mais significativas é a firmeza de julgamento que te afasta do autoengano. Este tipo de julgamento, claro e seguro, é fundamental, pois é a partir dele que brotam todos os nossos impulsos mentais. Um julgamento bem fundamentado e racional nos permite discernir com clareza as situações que enfrentamos, analisando cada estímulo que se apresenta a nós.

Ademais, essa virtude do julgamento não se limita apenas a uma habilidade intelectual. Ela também envolve a capacidade de refletir sobre nossas emoções, experiências e as interações sociais. Ao cultivarmos a virtude em nossa vida, nos tornamos mais aptos a ver além das ilusões e distrações que muitas vezes nos cercam, conseguindo assim iluminar o caminho para ações corretas e éticas.

Dia 184

Amadureça antes de difundir

Não é porque você lê sobre estoicismo, como está fazendo agora, que deve sair por aí alardeando as ideias recém-aprendidas como se já tivesse dominado a arte de viver. O mais sábio reserva um espaço para a introspecção, refletindo e amadurecendo suas crenças antes de compartilhá-las com o mundo.

Epíteto faz um paralelo interessante entre a difusão da filosofia e os biomas: da mesma forma que uma planta se esconde no solo durante as tempestades para emergir forte e resplandecente na primavera, você deve se permitir o tempo necessário para crescer e florescer na hora certa. Assim, quando finalmente chegar o momento de compartilhar suas verdades, estará pronto para enfrentar qualquer adversidade, e seus frutos, bem amadurecidos, estarão preparados para serem apreciados por todos.

Pense na maneira como as frutas são cultivadas: a semente é colocada na terra, enterrada e protegida por uma estação inteira. Nesse processo, ela cresce lentamente, absorvendo os nutrientes necessários e se desenvolvendo de maneira gradual até alcançar sua plena maturidade.

Se, porém, o grão germinar antes que a haste esteja completamente formada, o resultado será desastroso. A planta que se apressa em mostrar seu fruto antes de estar preparada corre o risco de não resistir aos desafios do ambiente, sendo vulnerável às intempéries que podem surgir. O inverno, com seu rigor e frieza, pode ser fatal para aquele que se expõe antes da hora, sem estar verdadeiramente pronto.

Dia 185

Todos são inocentes (a princípio)

Uma característica marcante nos estoicos de verdade é evitar julgamentos precipitados sobre os outros. Eles entendem que cada ser humano tem uma história, um conjunto de experiências e desafios que moldam suas atitudes. Assim, ao invés de reagir com críticas severas ou conclusões rápidas, a pessoa virtuosa opta por uma abordagem mais generosa e compreensiva. Ela tende a considerar que um erro pode ter sido um acaso, que um mal-entendido pode ser fruto de falta de informação e que uma escolha infeliz pode ser apenas um deslize isolado.

> NUTRIR SUPOSIÇÕES DE MÁ INTENÇÃO É TALVEZ A FORMA MAIS APRESSADA E DESTRUTIVA DE JULGAR.

Essa atitude não só torna a convivência social mais leve e harmoniosa, mas também exige um exercício de empatia e reflexão. Ao oferecer ao próximo o benefício da dúvida, ampliamos nossa capacidade de tolerância e compaixão. A vida se torna, assim, muito mais fácil de ser suportada, pois cultivamos um ambiente onde a compreensão predomina sobre a crítica e a defesa emocional.

Em contrapartida, nutrir suposições de má intenção é talvez a forma mais apressada e destrutiva de julgar. Esse tipo de pensamento não só distorce nossa percepção dos outros de forma precipitada, como também torna a convivência amarga e cheia de desconfiança. Ao assumirmos que as pessoas agem com malícia, fazemos da vida uma luta constante contra sombras imaginárias, o que nos consome energia e paciência.

Dia 186

Encare a transitoriedade como desafio

Reflita frequentemente sobre a velocidade de mudança exponencial de tudo que nos cerca. O mundo, com suas incessantes transformações, se assemelha a um rio que flui continuamente, levando consigo tanto as experiências passadas quanto as presentes. Cada instante é um novo movimento, uma nova onda que se forma e dissolve, revelando como consequência a inevitabilidade da mudança do seu comportamento.

A essência da vida é, portanto, marcada por esse incessante fluxo, em que as atividades e as interações se modificam constantemente. As causas e efeitos se entrelaçam de maneira complexa, alterando-se infinitas vezes e nos mostrando que quase nada permanece o mesmo por muito tempo. O que antes era familiar e seguro pode se tornar obsoleto em um piscar de olhos.

Ao meditar sobre essa realidade, pode-se encontrar uma profunda sabedoria na aceitação da transitoriedade. Essa compreensão não deve ser encarada como uma fonte de desânimo, mas sim como uma oportunidade para valorizar cada momento, para viver plenamente as experiências enquanto elas existem. Afinal, enquanto tudo está em constante movimento, o presente é a única certeza que realmente temos.

Assim, podemos aprender a apreciar a beleza das mudanças e a gravidade de sua passagem, abraçando a impermanência como parte integrante da vida. Em meio a esse fluxo interminável, podemos encontrar um senso de propósito no autodesafio da capacidade de nos adaptarmos, criando significados novos a partir das inevitáveis transformações que nos cercam.

Dia 187

A essência da perfeição de caráter

Estas páginas que escrevo estão sendo feitas com apenas uma mão, pois me acidentei e precisei reconstruir meu ombro esquerdo. Isso me fez refletir que a verdadeira essência da perfeição de caráter reside na capacidade de viver cada dia como se fosse o último. Afinal, se eu tivesse batido a cabeça, poderia ter dado uma morrida, então passei a encarar a vida com mais autenticidade e propósito depois de sair da UTI. Isso significa aproveitar cada momento com intensidade, sem se deixar levar pela exaltação desmedida, pela preguiça ou pelo desdém diante das pequenas conquistas.

Viver dessa forma implica cultivar uma atitude de gratidão e apreciação pelo simples, reconhecendo que cada dia traz consigo a oportunidade de aprendizado e crescimento. É um convite para agir com integridade, sendo fiel aos próprios valores e princípios, sem se deixar influenciar por aparências ou expectativas alheias.

Além disso, estar vulnerável nos encoraja a valorizar as relações interpessoais, a dedicar tempo de qualidade aos que amamos e a deixar um legado positivo quando vestirmos o paletó de madeira. Ao encarar cada dia como uma nova chance, como um bônus, somos motivados a buscar a excelência em nossas ações, a enfrentar desafios com coragem e a abraçar a vulnerabilidade como parte do nosso crescimento. Assim, a marca da perfeição de caráter se torna um farol que nos guia em direção a uma vida plena e significativa.

Dia 188

Você está à deriva

A que você verdadeiramente se dedica? Qual é a causa que toca seu coração, que missão você abraça ou que objetivo tem perseguido incansavelmente? Reflita sobre o que está realizando no dia a dia: quais ações concretas e decisões estão alinhadas com o seu propósito maior? Mais crucial ainda, por que essa causa é significativa para você? O que a motiva e lhe dá forças para continuar, mesmo diante dos desafios? Anote as respostas a essas perguntas e, provavelmente, você vai se surpreender com o quanto está à deriva.

Além disso, pense em como todas essas atividades diárias estão interligadas com os valores que você professa. Você se vê vivendo de maneira autêntica, colocando em prática aquilo que tão apaixonadamente defende? Ou, por outro lado, será que suas ações estão sendo guiadas por uma ambição desmedida, que acaba te desconectando da sua essência?

Avaliar essa congruência entre valores e ações é essencial para uma vida com propósito. Quando estamos ancorados em nossos ideais, cada passo que damos não só nos aproxima de nossos objetivos, mas também contribui para algo maior do que nós mesmos. Assim, pergunte-se: estou vivendo uma vida de significado, alinhada com o que realmente valorizo, ou apenas levando os dias no "piloto automático"? Essa reflexão pode ser um ponto de partida poderoso para redirecionar sua trajetória rumo a um futuro mais alinhado com suas convicções.

Dia 189

O poder do raciocínio na superação dos desafios

A essência das coisas racionais confere a cada indivíduo a capacidade de exercer seu raciocínio de maneira única e poderosa. Essa mesma natureza, que nos dotou de habilidades intelectuais, também nos oferece a oportunidade de transformar desafios em trampolins para o sucesso. Quando nos deparamos com obstáculos ou objeções, a natureza não apenas os reconhece, mas os integra em sua própria dinâmica, estabelecendo um lugar para cada um dentro da ordem universal.

Dessa forma, cada ser humano, ao se deparar com dificuldades, possui a habilidade de reconfigurar essas barreiras em recursos valiosos para alcançar seus objetivos. A adversidade, em vez de ser um fim, torna-se um meio; um material que pode ser moldado e adaptado conforme a vontade e a criatividade de cada um. Assim, a capacidade racional não é apenas uma ferramenta de análise e compreensão, mas também um poder transformador que nos permite reinventar a realidade ao nosso redor.

Portanto, ao reconhecermos que a natureza dos desafios é parte integrante do nosso caminho, podemos adotar uma postura proativa e resiliente. Em vez de nos deixarmos abater pelas dificuldades, podemos vê-las como oportunidades de crescimento e aprendizado. Essa perspectiva não apenas enriquece nossa experiência, mas também nos capacita a moldar nosso destino, utilizando cada obstáculo ultrapassado como um degrau em direção à realização de nossos sonhos e aspirações. A verdadeira sabedoria reside em nossa capacidade de transformar a adversidade em alavanca para o progresso.

Dia 190

Perseverança e "sorte duradoura"

O sucesso pode frequentemente surpreender aqueles que não se destacam por sua humildade ou por habilidades excepcionais. Muitas vezes, vemos pessoas que, à primeira vista, parecem não ter os atributos típicos do êxito, mas que, com determinação e perseverança, alcançam conquistas notáveis. Contudo, a verdadeira grandeza de uma pessoa vai além de meras realizações. Ela se manifesta na capacidade de enfrentar e superar as adversidades e os desafios exatamente nos momentos de crise que a vida impõe.

A VERDADEIRA MEDIDA DO SUCESSO, PORTANTO, RESIDE NA HABILIDADE DE SE LEVANTAR APÓS AS QUEDAS, DE SE REINVENTAR APÓS CADA FRACASSO E DE INSPIRAR OUTROS A FAZER O MESMO.

Uma grande pessoa não é apenas aquela que atinge metas e se destaca em sua área. É aquela que, nos momentos de desespero e pânico, mantém a calma e a resiliência, transformando os obstáculos em oportunidades de crescimento e aprendizado. A verdadeira medida do sucesso, portanto, reside na habilidade de se levantar após as quedas, de se reinventar após cada fracasso e de inspirar outros a fazer o mesmo.

Em última análise, é na superação dos desastres e nas lições tiradas dos momentos difíceis que encontramos o verdadeiro mérito de um caráter admirável.

Dia 191

Quem mais precisa do estoicismo

Algumas pessoas fora da curva são capazes de não apenas apreender, como também incorporar a virtude e integrá-la em suas vidas rapidamente. Para elas, a busca pelo bem e pela sabedoria ocorre de forma instintiva. Essas almas iluminadas conseguem cultivar a virtude de maneira espontânea, tornando-se faróis de inspiração para os que as rodeiam. Mas, infelizmente, estes não são a maioria.

Por outro lado, existem aqueles que, devido a uma mente mais fechada ou a hábitos prejudiciais, enfrentam dificuldades em reconhecer e emular a virtude. Esses indivíduos, muitas vezes atolados na preguiça e na confusão, se assemelham a máquinas encalhadas que necessitam ser cuidadosamente limpas e ajustadas. Esse conjunto de ideais enferrujados leva a comportamentos inadequados, exigindo atenção constante e um esforço deliberado para ser removido, pois, sem esse cuidado, permanece estagnado. São justamente essas pessoas as que mais precisam de ajuda via filosofia estoica.

Assim, é importante ressaltar que mesmo os mais fracos e os menos esclarecidos podem ser guiados e assistidos em sua jornada de autodescoberta. Ao introduzi-los aos princípios da filosofia — um compêndio de sabedoria que nos instiga a refletir, questionar e compreender — temos a oportunidade de alçá-los de suas crenças distorcidas e ampliar suas percepções. A filosofia, com seu poder transformador, pode atuar como uma luz que ilumina os recantos mais sombrios da mente, ajudando a moldar opiniões mais saudáveis e virtuosas.

Dia 192

Esperança amedrontadora

Nutrir esperança desmedida e sentir medo são, em essência, dois lados da mesma moeda. Ambas as emoções derivam do desejo de controle sobre o futuro e, de certa forma, representam um reflexo de como nos relacionamos com o desconhecido. A expectativa de um futuro ideal pode se transformar rapidamente em ansiedade quando confrontamos a incerteza e os desafios que nos cercam.

A origem desses dois fenômenos emocionais reside na nossa tendência de escapar das circunstâncias atuais. Muitas vezes, em vez de nos adaptarmos e aceitarmos a realidade presente, permitimos que nossas mentes vagueiem para cenários distantes e inominados. Essa fuga mental pode gerar uma espécie de paralisia emocional, dificultando nossa capacidade de viver o momento atual. O medo surge da nossa incapacidade de lidar com a incerteza, enquanto a esperança pode ser uma forma de fuga, onde projetamos nossos anseios em um futuro que, muitas vezes, tende a nunca se concretizar da maneira que desejamos.

Quando nos permitimos ancorar nossos pensamentos no presente, desenvolvemos uma resiliência que nos capacita a enfrentar os desafios com clareza e confiança. A verdadeira coragem não é a ausência de medo, mas a disposição de confrontar a realidade sem ser dominado por ela. Ao cultivar uma aceitação ativa do presente, transformamos a esperança e o medo em forças que nos impulsionam para frente, permitindo que adaptemos nosso entendimento e nossa resposta às circunstâncias que nos rodeiam.

Dia 193

A armadilha da fé desmedida

É fácil apelar para a fé em circunstâncias extremas, mas o uso frequente e prolongado desse recurso tende a nos levar a uma sensação de impotência. Quando confiamos cegamente em fatores externos, deixamos de assumir o protagonismo da nossa própria trajetória.

No entanto, ao refletirmos sobre nossa capacidade de escolha racional, encontramos um pilar de segurança em meio à incerteza. A habilidade de pensar de forma lógica e crítica está sempre ao nosso alcance, independentemente das tempestades que possam surgir ao nosso redor.

Essa escolha racional é uma das poucas áreas da vida que permanece sob nosso domínio. Enquanto diversos aspectos da existência podem ser influenciados por fatores externos imprevisíveis — como saúde, relacionamentos ou estabilidade financeira — a mente racional é uma fortaleza. Ela não pode ser subitamente derrubada, a não ser pela inevitabilidade natural que todos enfrentamos desde o primeiro respirar.

Além disso, a racionalidade é uma ferramenta que não se desgasta com o tempo; ao contrário, fortalece-se à medida que a exercitamos de forma consciente e cumulativa. Por isso, é essencial cultivá-la, reconhecendo-a como um farol que ilumina nosso caminho, mesmo quando ondas e ventos de incerteza tentam nos desviar.

Em última análise, a fé mais sólida que podemos nutrir é a fé na nossa própria capacidade de pensar claramente e tomar decisões sábias, independentemente do que o futuro nos reserva.

Dia 194

Atropelando os medíocres

À medida que você começa a trilhar o caminho da razão e da busca pela verdade, é natural que encontre pessoas que se interponham em sua trajetória. Essas figuras podem surgir como obstáculos, manifestando opiniões, crenças ou comportamentos que divergem dos seus ideais de longo prazo. No entanto, é fundamental lembrar que, por mais que tentem desencorajá-lo ou desviar sua determinação, elas jamais terão o poder de impedir suas ações, desde que você mantenha a firmeza de propósito.

Essas interações, embora desafiadoras, têm o potencial de enriquecer sua jornada. Elas servem como testes práticos, convidando você à reflexão e ao aprimoramento de suas convicções. O essencial é não permitir que experiências negativas ou críticas obscureçam sua boa vontade e seu desejo genuíno de construir relações construtivas. Mantenha sua visão clara, sua ética inabalável e, acima de tudo, evite o julgamento precipitado. Afinal, não faz tanto tempo que você também ocupava o mesmo lugar degradante que hoje critica.

Cultive a empatia, mesmo diante da discordância, e busque entender o ponto de vista do outro. Isso não significa abrir mão do que considera justo; ao contrário, é uma forma de fortalecer sua posição. Respeitar e escutar as divergências pode, muitas vezes, abrir espaço para um diálogo mais profundo e frutífero.

Dia 195

Deixe a culpa no lugar dela

Cada pequeno momento em que deixamos de lado o peso da culpa representa um avanço significativo na arte de viver plenamente. A culpa, muitas vezes, nos aprisiona em um ciclo vicioso, mas o reconhecimento de que somos os arquitetos de nossas experiências pode abrir portas para uma vida mais consciente e equilibrada.

A VERDADEIRA MUDANÇA COMEÇA QUANDO DECIDIMOS QUE NÃO SEREMOS MAIS PRISIONEIROS DOS NOSSOS MEDOS OU DAS OPINIÕES ALHEIAS.

Esse exercício de autoavaliação nos permite entender que a maioria das desarmonias internas se origina de nossas próprias opiniões e julgamentos. Quando reconhecemos que nossa mente se agita em função das interpretações que fazemos sobre o mundo, e não necessariamente por causa do mundo em si, ganhamos uma nova perspectiva. Sob essa luz, podemos afirmar que, se cada um de nós se comprometer a adotar essa visão, carregando a responsabilidade por nossos próprios pensamentos e emoções, estaremos, indiscutivelmente, fazendo progresso.

A verdadeira mudança começa quando decidimos que não seremos mais prisioneiros dos nossos medos ou das opiniões alheias. Ao assumir o controle de nossa mente e, consequentemente, de nossas vidas, construímos um espaço para a paz interior e nos aproximamos de uma existência mais autêntica e realizada. Portanto, que possamos, a cada dia, lembrar de nos libertar da culpa e abraçar o poder que reside em nossas escolhas conscientes, pois assim estaremos verdadeiramente avançando na jornada da existência.

Dia 196

Superando os *haters*

Se alguém me despreza, essa é uma questão que pertence a ele. Suas percepções e sentimentos são reflexos da própria realidade dessa pessoa, e não do meu valor. A minha responsabilidade é me manter firme nos meus princípios e condutas. Não devo me deixar levar por atitudes ou palavras desprezíveis, pois sei que o modo como ajo define quem eu sou.

> O AMOR E A BONDADE SÃO RESPOSTAS PODEROSAS DIANTE DO DESPREZO E DO ÓDIO, E É DESSA FORMA QUE ESCOLHO VIVER: BUSCANDO SEMPRE CONEXÕES MAIS VERDADEIRAS E PROFUNDAS.

Se alguém me odeia, o peso também recai sobre a perspectiva dele. O ódio, muitas vezes, nasce de mal-entendidos, inseguranças ou feridas emocionais mal resolvidas. Em vez de retribuir esse sentimento com rancor, escolho agir com gentileza e empatia. Comprometo-me a tentar entender as razões por trás desse desprezo, pronto para, com respeito e autenticidade, mostrar a essa pessoa onde talvez ela tenha se perdido no caminho — sem qualquer intenção de humilhá-la ou de demonstrar superioridade.

Quero que minhas ações sejam pautadas pela compreensão e pela generosidade. Meu objetivo não é vencer debates, mas criar um espaço seguro, em que o diálogo possa acontecer e, quem sabe, gerar entendimento. Acredito que, agindo assim, posso preservar minha integridade e minha paz interior. O amor e a bondade são respostas poderosas diante do desprezo e do ódio, e é dessa forma que escolho viver: buscando sempre conexões mais verdadeiras e profundas.

Dia 197

Bondade em tempos tenebrosos

Ser bondoso, empático e alto astral é fácil quando estamos vivendo tempos de bonança. Até os mais diabólicos dos seres têm lapsos de generosidade nesses momentos. O verdadeiro desafio é praticar o bem justamente na adversidade, quando a vida nos testa com necessidade e vulnerabilidade. Tanto a vida quanto a natureza nos fazem um apelo constante para exercitarmos a generosidade, convidando-nos a ajudar quem nos cerca.

Em qualquer lugar onde um ser humano habite, existe uma oportunidade valiosa de demonstrar bondade e altruísmo. Cada encontro é uma chance de semear compreensão e compaixão. Mesmo que você esteja totalmente lascado, escolher ser altruísta pode, inclusive, acelerar a cura dos seus próprios problemas. Ao longo da nossa caminhada, o convite é para que estejamos cada vez mais atentos às dores e necessidades alheias, prontos para estender a mão com autenticidade.

Ao fazer isso, cada pequeno gesto de ajuda se transforma em um eco que ressoa no mundo, criando uma corrente contínua de apoio. Essa energia não apenas transforma vidas ao redor, mas também constrói um ambiente menos caótico, especialmente para quem escolhe praticar o bem mesmo em meio aos próprios desafios. A bondade, em tempos difíceis, é um ato de coragem e uma verdadeira prova de caráter.

Dia 198

Onde enfiar o dedo do julgamento?

Quando a filosofia é abordada com soberba e inflexibilidade, ela produz exatamente o efeito oposto ao desejado: torna-se uma força destrutiva, conduzindo à ruína não apenas o indivíduo que a pratica, mas também aqueles que o cercam. Em vez de promover o diálogo e a reflexão digna dos sábios, essa postura gera divisões e antagonismos, transformando-se em um instrumento de julgamento e crítica, e não em um caminho para o autoconhecimento e o crescimento pessoal.

O VERDADEIRO VALOR DA FILOSOFIA ESTÁ EM SUA CAPACIDADE DE NOS GUIAR PARA UMA VIDA MAIS EQUILIBRADA, ÉTICA E HARMONIOSA.

É essencial permitir que a filosofia atue primeiro como uma ferramenta de transformação interior. Ela deve servir para iluminar e corrigir nossas próprias falhas, em vez de ser usada como arma para apontar os defeitos dos outros. Quando nos concentramos em aprimorar nossas próprias atitudes, criamos espaço para um entendimento mais profundo da condição humana.

O verdadeiro valor da filosofia está em sua capacidade de nos guiar para uma vida mais equilibrada, ética e harmoniosa. Quando a usamos de forma honesta e humilde, ela nos convida à autorreflexão constante, à empatia e à construção de relações mais saudáveis. Assim, antes de direcionar o dedo do julgamento ao mundo, que ele aponte primeiro para nós mesmos, lembrando que a mudança genuína sempre começa de dentro.

Dia 199

Desconhecido por si mesmo

A morte se torna um fardo ainda mais profundo para aquela pessoa que, embora amplamente reconhecida e celebrada por todos ao seu redor, enfrenta o paradoxo de partir desta vida sem nunca ter verdadeiramente se conhecido. É uma ironia cruel: o brilho da fama e da visibilidade externa contrasta com a escuridão da própria compreensão interna. Essa figura, admirada por muitos, pode ter vivido sob os holofotes, mas, na intimidade da alma, as vozes que ecoam são de dúvidas, inseguranças e de um "eu oculto" que permaneceu intocado.

Enquanto o mundo exterior a retratava como um exemplo de sucesso e realização, por dentro ela carregava o peso de um vazio existencial, fruto da ausência de uma conexão genuína consigo mesma. Sua morte, portanto, não representa apenas uma perda para os que a conheciam, mas também o lamento de uma oportunidade não aproveitada de autodescoberta e significado. Essa dualidade expõe uma das grandes tragédias da condição humana: viver uma vida rica em aparências, mas pobre em essência.

Esse cenário nos convida a refletir sobre a urgência do autoconhecimento e da autenticidade, especialmente em um mundo que, muitas vezes, valoriza apenas o superficial. Que legado deixamos quando partimos sem jamais termos desvendado as profundezas de quem realmente somos? Quão trágico é chegar ao fim sem ter vivido de verdade, sem ter se encontrado nas trilhas da própria existência?

Dia 200
Limite da liberdade saudável

O alicerce de um ambiente verdadeiramente livre está na compreensão de que a nossa liberdade individual é limitada pelo respeito à liberdade alheia. Nosso direito de agir, expressar e manifestar opiniões e desejos é legítimo, mas só até o ponto em que não invade o espaço pessoal ou os direitos dos outros. Essa ideia se resume a um princípio simples e prático: a liberdade de cada um termina onde começa a fuça do próximo.

Esse conceito não é apenas uma base ética para a convivência em sociedade, mas também um guia valioso para a vida pessoal. Ao refletirmos sobre nossas ações e escolhas, é fundamental lembrar que, embora tenhamos autonomia para perseguir nossos interesses e objetivos, essa busca não deve ocorrer às custas do bem-estar alheio. A liberdade, portanto, não é um direito absoluto e isolado, mas um equilíbrio delicado, em que o espaço de um se entrelaça com o do outro.

Ao adotar essa filosofia em nosso dia a dia, podemos cultivar um ambiente mais respeitoso, acolhedor e colaborativo. Nesse espaço, as diferenças são vistas como oportunidades de aprendizado, o diálogo se fortalece e a convivência se torna mais harmoniosa. É nesse terreno de respeito mútuo que florescem as relações saudáveis e as verdadeiras comunidades, em que cada indivíduo pode viver com dignidade e liberdade responsável.

Dia 201

Como ser invencível

Se alguém deseja tomar à força o que pertence a um estoico — seja sua propriedade, suas habilidades profissionais ou até mesmo sua presença física — é preciso compreender que essas posses não definem a grandeza dessa pessoa. Mesmo que consigam arrancar os elementos superficiais de sua vida, como o trabalho que ela realiza ou os vínculos que mantém, jamais terão acesso ao que há de mais valioso: a profundidade de suas convicções, a força de sua integridade e o brilho do seu caráter.

A verdadeira competição de uma pessoa bem resolvida é aquela que ela mesma escolhe, fundamentada em decisão racional e consciente. Trata-se de uma disputa de autenticidade, em que a vitória não é medida pela quantidade de bens conquistados nem pela capacidade de dominar os outros, mas pela firmeza em permanecer fiel a si mesma. Sua meta é evoluir segundo seus próprios princípios e, ao fazer isso, inspirar aqueles ao seu redor.

SUA META É EVOLUIR SEGUNDO SEUS PRÓPRIOS PRINCÍPIOS E, AO FAZER ISSO, INSPIRAR AQUELES AO SEU REDOR.

Essas pessoas são invencíveis porque carregam dentro de si uma força que não depende da derrota de ninguém nem da aprovação alheia. Navegam pela vida com a certeza de que sua batalha mais importante não é contra o mundo exterior, mas contra suas próprias limitações. A cada dia buscam ser versões melhores de si mesmas. Em uma arena onde a escolha da luta é feita com consciência e propósito, a invencibilidade se torna um traço permanente.

Dia 202

A dor como catapulta do crescimento

Escrevo no dia de hoje sob o efeito da dor. Faço isso do jeito que dá, com base nas anotações que fiz enquanto estava hospitalizado e com a memória ainda fresca das lições que aquelas semanas dolorosas me trouxeram. Poderia — e segundo os médicos, deveria — estar em repouso absoluto. Mas a dor é uma experiência humana universal e, longe de diminuir nossa capacidade de raciocínio, pode servir como um catalisador para a reflexão e o crescimento pessoal.

Epicuro, filósofo cuja sabedoria é atemporal, nos lembra que a dor não é insuportável nem eterna. Essa perspectiva oferece consolo nos momentos difíceis. Ao reconhecermos que a dor tem limites, tanto de duração quanto de intensidade, podemos evitar o erro de permitir que nossa imaginação a amplifique, transformando-a em um monstro maior do que ela realmente é.

É possível transformar a dor em um instrumento de aprendizado e resiliência. Permita-se senti-la, mas não se deixe definir por ela. Construa um espaço interno em que o sofrimento possa ser acolhido, mas também desafiado. A verdadeira força reside na capacidade de agir com racionalidade mesmo em meio ao sofrimento, buscando sempre o bem maior. No fim, o que importa é nossa habilidade de avançar, mesmo quando a luta é interna.

Dia 203

Livrando-se do mal

O mal não deve ser visto como uma característica inerente ao mundo, aos eventos que nos assolam ou mesmo às pessoas que o praticam. Na verdade, o mal surge como um subproduto da negligência, da indiferença e da falta de foco. Ele se manifesta quando nos afastamos do nosso propósito essencial na vida: o crescimento e o desenvolvimento pessoal.

Quando nos deixamos levar pela preguiça ou pela distração, começamos a empurrar com a pança o nosso aprimoramento e, nesse processo, o mal pode emergir de forma sutil, mas significativa. É nesse momento que perdemos de vista não apenas o que é correto, mas também o que realmente nos traz satisfação e realização.

> ESCOLHER CRESCER É TAMBÉM ESCOLHER AFASTAR O MAL, DIA APÓS DIA.

Por outro lado, quando temos clareza sobre nossa verdadeira meta — o progresso e a evolução contínua — passamos a nos empenhar no autoconhecimento e na melhoria pessoal. Esse comprometimento com o crescimento nos afasta automaticamente das tentações de agir de forma negativa, pois nos tornamos mais conscientes de nossas ações e de seus impactos.

Dessa forma, a conquista da felicidade não vem apenas pela busca do bem, mas também pela vigilância constante contra as distrações e desvios que nos afastam da nossa missão mais elevada. Escolher crescer é também escolher afastar o mal, dia após dia.

Dia 204

Clareza e verdade no bom uso da razão

Segundo o imperador e filósofo Marco Aurélio, a natureza racional do ser humano se desenvolve de maneira plena e autêntica quando adota certas posturas fundamentais. Primeiramente, é imprescindível que rejeitemos qualquer tipo de engano ou incerteza que possa distorcer nossa visão da realidade. A clareza e a verdade são pilares que sustentam nossa capacidade de julgamento e nos permitem fazer escolhas conscientes.

Em segundo lugar, devemos direcionar nossos impulsos e ações de forma que contribuam para o bem comum. A busca por um impacto positivo na vida coletiva não apenas enriquece nossas interações sociais, mas também fortalece os laços de solidariedade e cooperação entre os indivíduos.

Por fim, é vital que os nossos desejos e aversões sejam restringidos ao que realmente está ao nosso alcance. Ao focar no que podemos controlar, atuamos com maior eficácia e encontramos uma paz interior que nos permite viver de maneira equilibrada e sábia.

Ao integrar essas três orientações — a busca pela verdade, o compromisso com o bem comum e a limitação de nossos anseios ao que podemos influenciar — nossa natureza racional avança. Assim, geramos um impacto positivo em nós mesmos e na sociedade, caminhando com mais lucidez, propósito e serenidade.

Dia 205

Morte: a grande niveladora da vida

É fascinante refletir sobre o destino que aguarda todos nós, independentemente de nossas conquistas ou de nossa posição social. Tanto Alexandre, o Grande, um dos mais famosos conquistadores da história, quanto seu humilde condutor de mulas, um homem cujas aspirações e realizações podem ter sido muito mais modestas, têm algo em comum no fim de suas jornadas: ambos foram levados ao mesmo destino inexorável — a morte.

Esse fenômeno retrata uma verdade universal: não importa quão grandiosa ou simples tenha sido a vida de cada um, um dia todos enfrentaremos o mesmo fim. A morte não faz distinção entre reis e plebeus. Locais suntuosos e vitórias gloriosas são deixados para trás, e o que realmente importa pode ser reduzido à questão fundamental de se nossas almas foram entregues ao grande mistério da existência ou se simplesmente se dissiparam entre os átomos que compõem o universo.

Essa reflexão nos convida a ponderar: o que estamos fazendo com o tempo que nos é concedido? Nossas ações, valores e legados podem ser mais relevantes do que imaginamos à primeira vista. Enquanto enfrentamos a inevitabilidade da morte, talvez devêssemos viver de forma que nossos legados, sejam grandiosos ou humildes, contribuam para a teia da vida e do conhecimento coletivo da humanidade. Afinal, assim como a poeira das estrelas, todos somos parte do mesmo todo, e o que semeamos pode ecoar através dos tempos, muito além da nossa própria existência.

Dia 206

Lidando com ideias chulas (para você)

Mesmo com todo o acesso à informação que temos hoje, ainda faz sentido a ideia central da frase de Jesus na cruz — que, com a devida humildade, eu atualizaria para algo como: "Perdoe-os, pois eles ainda não despertaram para a verdade." Muitas pessoas permanecem distantes da verdade não por escolha consciente, mas por ignorância involuntária. O mesmo se aplica a conceitos fundamentais como justiça, autocontrole, empatia e benevolência, assim como a todas as virtudes que compõem a essência do ser humano.

Ao nos depararmos com ideias rasas ou atitudes desprovidas de reflexão, o primeiro passo é contextualizar essa limitação dentro de nós mesmos antes de reagir. Reconhecer que muitos agem a partir de crenças distorcidas, limitações emocionais ou experiências mal resolvidas nos permite exercitar a compaixão. Essa consciência nos ajuda a ver que a maioria das atitudes negativas é apenas um reflexo das próprias batalhas internas dessas pessoas.

Ao abandonar o julgamento precipitado e a indignação automática, damos espaço para que nossa própria luz interior se manifeste. Isso não significa aceitar tudo passivamente, mas agir com firmeza, porém com paciência e amor. Quando compreendemos a fragilidade humana, aumentamos nossa capacidade de promover ambientes de crescimento, oferecendo aos outros a oportunidade de avançarem em seu próprio tempo e em seu próprio processo.

Dia 207

Se livre das tralhas

Dê logo uma limpada nas suas tralhas: sejam elas bugigangas físicas, informações irrelevantes, tarefas desnecessárias ou até trastes emocionais. E nem precisa ser um grande filósofo para perceber essa necessidade: a própria sabedoria popular já diz que, para alcançar a paz de espírito, devemos nos ocupar com pouco. No entanto, talvez seja mais adequado rearticular essa ideia como um convite à reflexão sobre nossas responsabilidades enquanto seres racionais em sociedade. Em vez de apenas buscar a simplicidade por si só, deveríamos nos dedicar ao que realmente importa e ao que nos é exigido na vida pública e nas relações humanas.

Essa abordagem não só nos traz a tranquilidade de realizar menos tarefas, como também nos proporciona a satisfação mais profunda que vem do comprometimento em fazer bem aquilo que escolhemos fazer. Afinal, muitas das nossas palavras, pensamentos e ações acabam sendo desprovidas de propósito e valor real.

Portanto, ao restringir nossas atividades e pensamentos ao que tem verdadeiro significado, criamos uma realidade mais leve, com mais tempo livre e serenidade. A chave está em nos perguntarmos com frequência: "Essa ação, esse pensamento ou essa preocupação são realmente necessários?" Ao fazer essa autoavaliação contínua, evitamos cair na armadilha de preencher nossos dias com inutilidades e recuperamos o foco naquilo que realmente constrói uma vida de propósito.

Dia 208

Liberdade individual e seus fardos

Jean-Paul Sartre foi um filósofo francês e um dos principais expoentes do existencialismo, movimento filosófico que ganhou notoriedade no século XX. Para Sartre, a liberdade é uma característica essencial da condição humana. Ele argumenta que o ser humano, ao nascer, não tem uma essência ou natureza predeterminada que defina o que ele deve ser ou fazer. Diferentemente de objetos inanimados ou de outros seres vivos, que têm uma função ou natureza fixa, os seres humanos são livres para escolher seu caminho e construir a própria identidade por meio de suas ações.

Essa liberdade, no entanto, vem acompanhada de uma responsabilidade tremenda. Com ela, surge o fardo da liberdade individual. Como não existe uma essência ou destino que determine nossas escolhas, cabe a cada indivíduo decidir o que fazer com a própria vida e arcar com as consequências de suas decisões. Sartre afirma que, ao escolher algo em detrimento de outro, o indivíduo não apenas define a si mesmo, mas também expressa uma visão de como acredita que a humanidade deveria ser. Isso porque cada ação realizada contribui para a definição de um ideal humano.

Essa ideia se expressa em sua frase célebre: “O homem está condenado a ser livre”, que implica que, ao fazer escolhas, não podemos evitar a responsabilidade que essas decisões acarretam. Além disso, Sartre rejeita a ideia de desculpas esfarrapadas ou subterfúgios para evitar a responsabilidade por nossas decisões.

Dia 209

O antídoto do ego: se livrar de ideias fixas

Lembre-se de que é perfeitamente natural mudar de opinião e aceitar a correção de outra pessoa, e isso não diminui, de maneira alguma, a sua inteligência. O máximo que pode acontecer é ferir seu ego, o que é, de certa forma, até desejável. A capacidade de reconhecer uma nova perspectiva ou de corrigir um erro é, na verdade, um sinal de amadurecimento e autoconhecimento. A decisão final, no entanto, permanece sob seu controle. Ação é algo que você realiza por vontade própria, motivado por seus desejos, sua intuição e seu julgamento pessoal.

Nesse sentido, a verdadeira liberdade está em articular suas ações com a sua reflexão crítica. Aceitar conselhos e estar aberto a novas ideias não implica fragilidade, mas sim uma disposição para evoluir e aprimorar sua visão de mundo. A inteligência, nesse processo, é fundamental, pois permite que você analise as informações disponíveis e faça escolhas que estejam alinhadas com seus valores e objetivos.

ACEITAR CONSELHOS E ESTAR ABERTO A NOVAS IDEIAS NÃO IMPLICA FRAGILIDADE, MAS SIM UMA DISPOSIÇÃO PARA EVOLUIR E APRIMORAR SUA VISÃO DE MUNDO.

Portanto, não hesite em ajustar seu curso quando necessário, pois essa flexibilidade é parte integrante do seu crescimento pessoal e da sua capacidade de empreender uma jornada mais autêntica.

Dia 210

A força ambígua do hábito

Os hábitos exercem uma influência profunda sobre nossas vidas, moldando nossas decisões e comportamentos de maneiras que muitas vezes nem percebemos. Temos uma tendência natural a seguir nossos impulsos, buscando gratificação imediata e evitando situações que não se alinham com nossas preferências conscientes. No entanto, essa inclinação pode nos aprisionar em um ciclo de reações automáticas que nem sempre favorecem nosso crescimento pessoal ou bem-estar.

Diante disso, é essencial considerar a construção de hábitos que atuem na direção oposta a essas respostas instintivas. Num mundo em que as aparências enganam e as distrações estão por toda parte, desenvolver foco e disciplina se torna um exercício de autoconsciência e intenção. Essa força contrária pode ser cultivada por meio de um treinamento deliberado da mente e das emoções, promovendo um maior domínio sobre as próprias atitudes.

Ao praticarmos o questionamento das nossas motivações, aprendemos a pausar antes de agir por impulso. Em momentos de tentação ou incerteza, esse exercício de autorreflexão funciona como um sistema de segurança interno, capaz de nos proteger de decisões precipitadas. Assim, mesmo quando as circunstâncias parecerem escorregadias ou enganosas, poderemos contar com a estrutura mental e emocional que construímos, utilizando-a como uma âncora para escolhas mais sábias e alinhadas com nossos valores.

Dia 211

Você não passa de um peido no furacão

Reflita sobre a vastidão do universo, onde bilhões de galáxias dançam em sinfonias cósmicas, e considere quão diminuta é a sua parte nesse imenso palco. A imensidão do cosmos se estende em todas as direções, repleta de estrelas e planetas que existem há milhões de anos-luz, enquanto a sua existência, mesmo com todas as suas complexidades e anseios, é apenas um breve lampejo nesse grande esquema.

Pondere sobre a linha do tempo, que se desenrola como um rio interminável, fluindo incessantemente em direções que ainda não conseguimos compreender totalmente. O instante que chamamos de vida é quase efêmero — um piscar de olhos na cronologia eterna do universo. As gerações que nos precederam e as que hão de vir são como folhas que caem em um ciclo interminável, e, em meio a tudo isso, a nossa passagem é um mero sussurro, uma nota fugaz na sinfonia do tempo.

Agora, permita que seus pensamentos mergulhem na natureza caprichosa da sorte — essa força invisível que, muitas vezes, parece brincar com nossas vidas. O seu papel nesse grande jogo é, na verdade, quase insignificante: uma partícula minúscula em um mar de possibilidades infinitas. O acaso pode surgir a qualquer momento, moldando destinos e virando o curso da história em um único instante.

Dia 212

Aquieta esse teu facho, emocionado!

Sempre que você sentir uma onda de prazer ou qualquer outro impulso, é fundamental que não se deixe levar imediatamente por essa emoção. Em vez disso, faça uma pausa: permita que esse sentimento se assente antes de tomar qualquer decisão. Use esse momento de reflexão para trazer à mente duas perspectivas: primeiro, recorde-se do instante em que experimentou prazer similar, bem como as sensações que ele trouxe; em seguida – e mais importante – lembre-se do momento subsequente, quando, muitas vezes, surgem o arrependimento e a autocrítica, quando você se lamenta e se desaponta com suas escolhas.

Agora, compare essas duas experiências com a perspectiva de se abster completamente do prazer momentâneo. Pergunte a si mesmo: qual é a verdadeira alegria e satisfação que você experimentaria ao não ceder a esse impulso? Muitas vezes, o ato de resistir pode oferecer uma satisfação duradoura e um sentido de conquista que se sobrepõe ao prazer passageiro.

Ademais, mesmo que surjam situações que pareçam convidativas ou apropriadas para se entregar a esse prazer, não permita que a comodidade ou a aparência atraente da oportunidade o convençam. Em vez de ceder, escolha lutar contra esses instintos. A verdadeira vitória reside em sua capacidade de se elevar acima desses desejos efêmeros.

Dia 213

A mão invisível da ética

Independentemente das nossas diferenças em formação, ideologia política, classe social ou religião, existe um espaço comum em que todos nós podemos nos reunir em torno de um conceito universal de justiça. Essa capacidade de reação conjunta emerge de um senso profundo e inato de ética, que transcende divisões e se manifesta na defesa da dignidade humana. É um testemunho do que significa ser humano e da necessidade de uma coexistência minimamente harmônica.

> **Essa faísca de empatia e solidariedade é o que nos impulsiona a lutar contra a opressão e a barbárie.**

Certas ações são vistas como uma clara afronta à humanidade, e frequentemente nos posicionamos quase que unanimemente indignados: "Isso viola tudo aquilo que é desejável e virtuoso." Assim, estamos unidos na condenação do que consideramos injusto, e isso nos lembra que, apesar das nossas divergências, somos capazes de encontrar um propósito comum.

Essa faísca de empatia e solidariedade é o que nos impulsiona a lutar contra a opressão e a barbárie, promovendo uma sociedade que respeite e proteja os direitos de todos. Por isso, é essencial nutrir e reforçar esse senso de justiça que nos une, para que possamos construir um mundo mais digno para as futuras gerações.

Dia 214

Autenticidade *vs.* superficialidade

Internamente, deveríamos cultivar uma diversidade de pensamentos, sentimentos e valores que refletem nossa verdadeira essência. Cada um de nós possui experiências únicas que moldam quem somos, e essa individualidade deve ser celebrada e aprimorada em todos os aspectos de nosso ser.

No entanto, quando observamos o mundo ao nosso redor, percebemos que a necessidade de moldar nossa casca exterior ao que está na moda atrapalha nossa evolução em muitos casos. Precisamos reconhecer que a transformação visível — nossos bens materiais, como casa, carro e roupas — pode parecer significativa à primeira vista. No entanto, ao olharmos mais de perto, percebemos que essas mudanças externas são, muitas vezes, superficiais. Elas não têm o mesmo peso que as transformações que ocorrem em nosso interior. A verdadeira mudança e o verdadeiro crescimento se manifestam nas profundezas de nossa alma, nas atitudes que cultivamos e na maneira como interagimos com os outros.

A essência de quem somos é construída em momentos de reflexão, aprendizados e superações, e é isso que deveríamos priorizar. Quando nossa vida interna está alinhada com nossos valores e crenças, as transformações externas tornam-se meros reflexos de um estado interior harmonioso.

Assim, ao buscar a verdadeira mudança, devemos direcionar nossos esforços para o autoconhecimento e o desenvolvimento pessoal, entendendo que essa jornada interna é o que realmente nos torna autênticos e significativos em um mundo que, muitas vezes, valoriza o superficial.

Dia 215

Ressurgindo do brejo

A vida, assim como uma sequência de batalhas, exige muito mais do que a simples execução de movimentos elegantes, graciosos e lineares. Você inevitavelmente vai quebrar a cara em alguns momentos, o que não passa de um convite para a melhoria. Para que a frustração se torne progresso, é fundamental que nos envolvamos em um processo rigoroso de preparação, que demanda não apenas esforço físico, mas também um profundo comprometimento emocional e mental. Triunfar nas diversas adversidades que a existência nos impõe requer cultivar uma vontade indomável, capaz de resistir aos desafios e às privações diárias.

Através da reflexão crítica e da busca pelo conhecimento, somos capazes de entender melhor nossas motivações, nossas fraquezas e nossas forças. Nesse sentido, é a filosofia que nos encoraja a questionar, a analisar e a crescer, ajudando-nos a moldar uma determinação sólida que se sustenta diante das vicissitudes da vida.

Portanto, assim como um guerreiro se prepara para a guerra, devemos nos dedicar a um treinamento que envolva mente e corpo. Ao enfrentar os desafios cotidianos, é a combinação da força de vontade com o aprendizado filosófico que nos permitirá não apenas sobreviver, mas também prosperar, encontrando significado e propósito em cada obstáculo superado. Em essência, a vida se transforma em uma jornada de autodescoberta e resiliência, em que cada passo se torna uma afirmação de nosso poder interior frente ao mundo.

Dia 216

A vida não vem com manual

Conforme você evolui, mais clara fica a evidência de que a verdadeira arte de viver não se encontra pré-concebida em nenhum lugar, muito menos no exterior — nem na lógica fria que razoa, nem nas riquezas acumuladas que podem desvanecer, nem na fama efêmera que se mistura com o silêncio do esquecimento, muito menos nos prazeres fugazes que, embora sedutores, podem deixar um vazio insondável.

É uma verdade universal que nenhuma leitura, por mais iluminadora que pareça, nem mesmo os mais sábios entre os sábios, conseguirá fornecer a chave que você busca. A resposta, a essência do que significa viver plenamente, está profundamente aninhada dentro de você. É uma descoberta que deve ser feita através de suas ações cotidianas, numa jornada interna que transcende os ensinamentos externos.

Assim, a arte de viver se revela como um caminho repleto de responsabilidades, em que você é o roteirista de sua própria vida. A beleza dessa obra-prima não está nas aparências ou nos feitos grandiosos, mas sim na autenticidade com a qual você se dedica a criar um legado de bondade, resiliência e integridade. É através desse compromisso contínuo com os princípios do bem que você descobrirá, passo a passo, a verdadeira essência do viver bem.

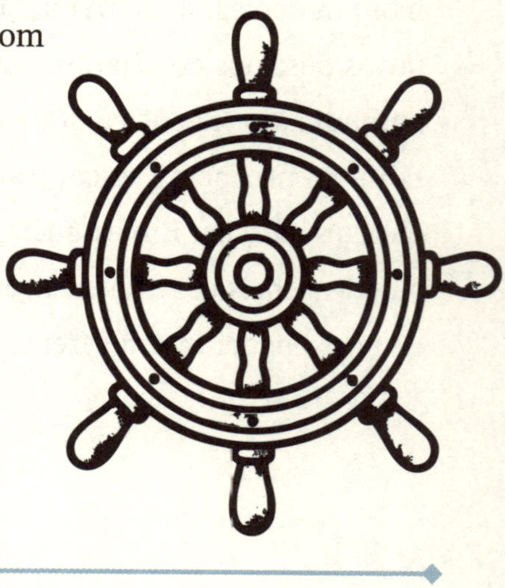

Dia 217

Nada de novo no *front*

Viver na era em que o acesso a qualquer informação é instantâneo e acessível fomenta a noção de que estamos vivendo um momento excepcional na história da humanidade, como se tivéssemos alcançado o auge do progresso e da compreensão. Esse fenômeno é curioso, pois essa mesma crença tem acompanhado a humanidade por séculos, independente do contexto ou das transformações sociais, tecnológicas ou políticas. A ironia é que, por trás dessa narrativa de singularidade e avanço, há muitos que se mantêm céticos. Pessoas sábias e aguerridas resistem a essa ideia, por terem um entendimento mais profundo sobre a natureza cíclica da existência.

ASSIM COMO SEUS ANTECESSORES, VOCÊ ENFRENTA DESAFIOS, BUSCA SIGNIFICADOS E CONSTRÓI LEGADOS QUE PROVAVELMENTE SERÃO ESQUECIDOS EM ALGUMAS GERAÇÕES.

Elas reconhecem que, na maioria das vezes, a vida continua seguindo os mesmos padrões, com raras exceções que podem ser marcantes, mas que não alteram a essência da experiência humana. Você não é diferente daquelas que vieram antes de você: é apenas mais uma conexão na longa teia da história. Assim como seus antecessores, você enfrenta desafios, busca significados e constrói legados que provavelmente serão esquecidos em algumas gerações. É um lembrete de que somos efêmeros nesse vasto panorama temporal, apenas uma breve interrupção na incessante marcha da evolução humana.

Dia 218

O único medo que você deve ter

Tenha medo de ter medo de dar uma morrida! A mais nítida evidência de fraqueza e covardia não reside na morte em si, mas sim no traiçoeiro medo que ela provoca. Este temor, que às vezes nos consome e nos paralisa, é uma prisão que nos impede de viver plenamente.

Em vez de permitir que a ansiedade em relação ao fim da vida governe teus pensamentos e ações, volte-se para um esforço consciente de reflexão e autoconhecimento. Dedique-se à leitura de obras que desafiem tua perspectiva, embarque em experiências de vida que te façam valorizar o presente e que te conscientizem do que realmente importa.

O ESTOICO SABE QUE A MORTE É CERTA, E JUSTAMENTE POR ISSO, A VIDA DEVE SER VIVIDA COM INTENSIDADE.

Ao confrontar e superar o medo da morte, você se envereda por um caminho essencial para atingir a verdadeira liberdade humana — aquela que nos permite viver sem amarras e atento ao que a vida tem a oferecer. Porque enquanto o medo da morte nos governa, tudo se torna escasso: tempo, coragem, iniciativa. Você vive tentando se proteger, adia decisões importantes, evita riscos, se apega a ilusões de controle. Mas o estoico sabe que a morte é certa, e justamente por isso, a vida deve ser vivida com intensidade.

Um homem que supera o medo da morte é um homem que não teme a verdade, que não foge de si, que vive com os dois pés no presente.

Dia 219

Se a vontade não vem, faça por outrem

Tem dias em que parece que estamos colados na cama, sem disposição para levantar e fazer o que tem que ser feito. Quando nem um balde de cafeína ou taurina te anima, a motivação que falta pode vir da necessidade alheia.

Afinal, é improvável que você queira que sua preguiça impeça seu filho de estudar em boas escolas, que deixe de proporcionar a viagem dos sonhos do seu cônjuge ou que seus pais fiquem sem um bom plano de saúde, por exemplo.

Lembre-se de que há pessoas contando com você, esperando pela sua contribuição. Seu propósito, mais do que simplesmente existir, é colaborar para realizar um trabalho significativo e impactante. O mundo precisa da sua energia, do seu talento e da sua dedicação. Esteja ciente de que cada dia traz a oportunidade de inspirar e ser inspirado, de compartilhar e criar valor com essa sua cabeçona.

SEU PROPÓSITO, MAIS DO QUE SIMPLESMENTE EXISTIR, É COLABORAR PARA REALIZAR UM TRABALHO SIGNIFICATIVO E IMPACTANTE.

Hoje é um dia novo e uma chance de cumprir essa missão em conjunto. Sua presença é indispensável!

Dia 220

O anseio que vira ânsia

Se tem algo que consome até a alma do peão, é viver em constante modo de alerta, tentando antecipar desgraças que ou não acontecem, ou, quando acontecem, te pegam exausto e despreparado.

Muitas vezes, essa ansiedade se manifesta como um medo profundo de perder aquilo que se deseja, fazendo com que a pessoa se afunde em um estado de inquietude e insegurança. Essa alma, na sua incessante busca por garantir que o que cumpre seus anseios e desejos permaneça acessível até o fim dos dias, nunca encontra realmente a paz. Sua atenção e energia estão focadas no que ainda está por vir, fazendo com que se esqueça da beleza e das riquezas que o presente lhe oferece.

EM VEZ DE VIVER NA ANSIEDADE, PODEMOS OPTAR POR ABRAÇAR A IMPERMANÊNCIA E APRECIAR CADA INSTANTE.

Acabamos, assim, por nos privar de momentos de felicidade nas situações cotidianas — a alegria de ouvir uma música que gostamos, o calor de um abraço ou até mesmo a serenidade de simplesmente estar em um lugar que te agrade. A constante preocupação com o que pode acontecer nos impede de viver integralmente, causando um desgaste emocional que nos afasta da verdadeira essência da vida.

A vida não está sob nosso controle — e fingir que está só alimenta frustração. O estoico entende que tudo muda: o corpo, os afetos, as circunstâncias, até mesmo os desejos. Resistir a isso é perder tempo e energia tentando segurar o que nunca esteve nas mãos. A maturidade vem quando você para de lutar contra o fluxo da vida e começa a remar com consciência dentro dele.

Dia 221

Descaotize-se rápido!

Quando nos deparamos com situações que parecem caóticas e desafiadoras, é fundamental que busquemos um estado de autocontrole. É fácil deixar-se levar pela confusão que nos cerca, mas a verdadeira sabedoria reside em nossa capacidade de nos mantermos centrados e focados. Ao sentir que as circunstâncias estão nos empurrando para fora de nosso eixo, é crucial reagir com agilidade e intenção.

NÃO PERMITA QUE A DESORDEM EXTERNA O MANTENHA DESCONECTADO POR MAIS TEMPO DO QUE O NECESSÁRIO.

Não permita que a desordem externa o mantenha desconectado por mais tempo do que o necessário. Portanto, ao notar que a batida da vida sai do compasso, procure retornar ao beat normal o quanto antes. Esse retorno não é apenas uma prática de disciplina, mas também um reconhecimento de que, por trás do turbilhão, existe um espaço de tranquilidade e clareza que podemos acessar.

Além disso, cultivar essa habilidade de voltar ao seu ritmo se torna uma prática contínua. À medida que fazemos isso repetidamente, tornamo-nos mais resilientes e hábeis em navegar pelas incertezas da vida. A capacidade de ajustar nossa percepção e reação diante do caos não apenas nos permite manter a serenidade, mas também nos fortalece para enfrentar novos desafios com mais confiança e estabilidade. Assim, lembre-se sempre: o verdadeiro poder reside na sua capacidade de retornar à sua própria batida, independentemente das tempestades externas.

Dia 222

Você não vai ler seu próprio epitáfio

Deixar um legado para as futuras gerações é sinal de que necessariamente você foi bom ou teve uma vida boa? Definitivamente não. Por isso, cultive a bondade, a nobreza e a capacidade de causar um impacto positivo no presente — enquanto isso ainda tem significado, importância e lhe é visível. É surpreendente perceber que muitos tendem a buscar reconhecimento e admiração de pilhas de desconhecidos que ainda estão por vir, ao invés de valorizar os relacionamentos e as interações que se desenrolam diante de si.

SER VERDADEIRAMENTE BOM E NOBRE EM NOSSAS AÇÕES É ALGO QUE REVERBERA IMEDIATAMENTE AO NOSSO REDOR.

Assim como a frustração de quem se queixa da falta de reconhecimento por parte das gerações passadas, essa busca por aprovação futura evidencia uma desconexão com o presente e um desdém pelas conquistas que hoje poderiam ser celebradas.

Ser verdadeiramente bom e nobre em nossas ações é algo que reverbera imediatamente ao nosso redor. Cada gesto de gentileza, cada ato de solidariedade e cada esforço para impactar positivamente os outros são sementes que plantamos e que podem florescer rapidamente, influenciando vidas de maneira palpável. Ao invés de esperar a validação de pessoas que jamais conheceremos, que tal utilizarmos nossas energias para moldar o mundo ao nosso redor? É na ação do presente que construímos um legado verdadeiro.

Dia 223

Um momento sublime é suficiente

Nunca subestime o poder de um único momento de verdadeira lucidez. Muitas vezes, passamos anos repetindo rotinas, buscando virtude, aprimoramento e reconhecimento, mas é num instante específico que a vida pode se transformar. Um único momento de clareza, uma decisão corajosa, um gesto de amor ou uma experiência de superação podem carregar o peso e o significado de décadas.

Isso não significa desmerecer a constância ou o esforço contínuo, mas reconhecer que a vida também é feita de ápices. Às vezes, um breve lampejo de sabedoria pode gerar uma mudança de rota definitiva, alterar um relacionamento, curar uma ferida ou despertar uma nova perspectiva sobre o mundo e sobre nós mesmos.

A grandeza de um instante reside justamente na sua intensidade emocional, na conexão que cria entre razão e emoção, e na capacidade que tem de deixar marcas profundas em nossa história pessoal. Mesmo aqueles que passaram longos períodos de suas vidas afastados da virtude podem, em um único dia, vivenciar uma transformação poderosa, capaz de redirecionar seu futuro.

ÀS VEZES, UM BREVE LAMPEJO DE SABEDORIA PODE GERAR UMA MUDANÇA DE ROTA DEFINITIVA.

Por isso, ao invés de esperar por uma vida inteira de perfeição, esteja atento aos pequenos momentos. Eles podem, de forma inesperada, se tornar os capítulos mais significativos da sua existência.

Dia 224

Pare de matar o tempo (antes que ele te mate)

É triste quando a única evidência que um idoso debilitado possui para provar que viveu por um longo período é a sua idade. Quantos chegam ao fim da vida com décadas acumuladas, mas sem memórias relevantes, sem histórias que mereçam ser contadas? Agora imagine se ele pudesse transgredir esse vazio numérico. E se, em vez de apenas contar os anos, pudesse compartilhar experiências reais, desafios superados e momentos que realmente marcaram sua trajetória?

Viver não é apenas estar presente no tempo, mas fazer com que o tempo esteja presente em você. Cada dia oferece oportunidades de criar histórias que um dia serão lembradas. Cada conversa, cada escolha, cada experiência é uma chance de transformar o simples passar das horas em capítulos significativos de vida.

O verdadeiro legado não está em um calendário cheio de datas, mas na intensidade com que escolhemos viver. Por isso, pergunte-se: o que você tem feito com o tempo que lhe foi concedido? Está apenas sobrevivendo, deixando os dias passarem, ou está de fato preenchendo cada um deles com propósito, significado e presença?

No final, a pergunta não será "quantos anos você viveu?", mas sim "o quanto de vida você colocou nesses anos?".

Dia 225

Se não há pureza na intenção, nem faça

Nenhuma ação pode ser considerada verdadeiramente virtuosa se for realizada de forma relutante ou apenas por pressão externa. A essência da nobreza está na voluntariedade e na escolha consciente. Quando agimos por obrigação ou contrariando nossa vontade, a pureza da intenção se dissolve, e o valor moral do ato se perde.

A verdadeira grandeza surge quando uma ação é realizada com liberdade de escolha, impulsionada por princípios internos e por um desejo genuíno de fazer o bem, sem expectativas de recompensa ou reconhecimento. É o amor, a compaixão ou o senso de responsabilidade que transforma gestos simples em manifestações de autenticidade e virtude.

Portanto, antes de agir, questione-se: estou fazendo isso por convicção ou por conveniência? Estou sendo movido por um desejo sincero de ajudar ou apenas para atender a expectativas externas? Reconhecer essas motivações é essencial para manter a integridade do que se faz.

A NOBREZA DE UMA AÇÃO NÃO RESIDE APENAS NO QUE FAZEMOS, MAS PRINCIPALMENTE NO PORQUÊ FAZEMOS.

A nobreza de uma ação não reside apenas no que fazemos, mas principalmente no porquê fazemos. Escolher agir com pureza de intenção é escolher viver com dignidade e coerência, mesmo que isso signifique, em alguns casos, a decisão de não agir.

Dia 226

A opcionalidade do *burnout*

Já tive três *burnouts* que me levaram à hospitalização. Foi porque eu trabalhava demais? Não. Foi porque eu trabalhava de forma desorganizada. Minha dificuldade em dizer não fez com que minhas prioridades se desfocassem e eu acumulasse pendências, mesmo trabalhando todos os dias. Depois de uma "semi-morrida", finalmente internalizei que o empenho que dedico a cada ação deve ser proporcional ao seu verdadeiro valor e importância. Simples assim. Fácil de escrever, difícil de executar.

Ao reconhecer o peso de cada atividade, você conseguirá direcionar sua energia de maneira mais eficaz e evitará o cansaço excessivo e a frustração que muitas vezes acompanham o envolvimento em tarefas que não são realmente significativas. Quando você se ocupa desnecessariamente com questões menores e tenta "apagar incêndios" que não são seus, corre o risco de desviar do que realmente importa, comprometendo seu desempenho e sua motivação.

Adotar essa perspectiva não apenas ajudará a manter a clareza nas suas prioridades, mas também a promover uma gestão mais eficiente do tempo e dos recursos. Concentrar-se nas atividades que realmente fazem a diferença permitirá que você avance em direção aos seus objetivos de forma mais fluida e gratificante. Aprender a dizer não às distrações e aos esforços desproporcionais pode ser um grande passo rumo a uma vida mais equilibrada, em que cada decisão é tomada de forma consciente e intencional.

Dia 227

“Atleta de elite” da vida

A verdadeira essência de uma pessoa só se revela quando ela é submetida a uma prova rigorosa que, se bem enfrentada, transforma e fortalece. Quando um desafio bate à sua porta sem aviso prévio, é fundamental lembrar que a frustração de hoje é a fortaleza do progresso de amanhã. O mundo, de certa forma, está emparelhando você com essas experiências desafiadoras para que possa crescer — e, em vez de reclamar, você deveria agradecer.

Para se tornar uma espécie de “atleta de elite” da vida, não basta treinar “meia-bomba”, acomodado na zona de conforto. É necessário se esforçar, dedicar-se e, muitas vezes, suar a camisa em momentos de adversidade. Cada gota de suor representa uma lição aprendida. Cada respiração ofegante é um passo rumo à superação.

Seu desafio pode ser único, mas a forma como você o encara é o que definirá o seu sucesso.

Portanto, ao invés de se desesperar diante de um desafio, encare-o como uma oportunidade de aprimoramento. Seu desafio pode ser único, mas a forma como você o encara é o que definirá o seu sucesso. Adotar essa mentalidade significa reconhecer que nenhum obstáculo é grande demais e que existe um potencial imenso esperando para ser descoberto dentro de você.

É essa transformação interior, forjada nas dificuldades, que o tornará um verdadeiro campeão na arena da vida.

Dia 228

Aperfeiçoamento genuíno ou ego latente?

O autoaperfeiçoamento é, quase sempre, um objetivo nobre que reflete o desejo humano de se desenvolver e crescer constantemente. Faço questão de destacar o "quase sempre" porque, apesar de ser uma jornada que muitos nem sequer iniciam — contentando-se com o status quo —, o motivo por trás dessa busca é o que realmente importa. Isso porque os ecos da vaidade e da superficialidade podem comprometer profundamente a autenticidade de qualquer transformação pessoal.

Ao considerar a busca por um corpo mais saudável ou uma vida materialmente mais próspera, é essencial refletir sobre as motivações subjacentes a essas metas. Você deseja conquistar esses objetivos porque reconhece o valor do desafio e da disciplina, ou essa aspiração é, na essência, uma tentativa de buscar validação externa? Está realmente se comprometendo com sua saúde e bem-estar, ou apenas tentando impressionar os outros?

AO CONSIDERAR A BUSCA POR UM CORPO MAIS SAUDÁVEL OU UMA VIDA MATERIALMENTE MAIS PRÓSPERA, É ESSENCIAL REFLETIR SOBRE AS MOTIVAÇÕES SUBJACENTES A ESSAS METAS.

É um teste genuíno dos seus limites físicos e mentais, ou apenas uma fuga dos problemas que você evita encarar? A resposta sincera a essas perguntas é o primeiro passo para transformar o autoaperfeiçoamento em um caminho real de autoaceitação e crescimento verdadeiro.

Dia 229

Só é infortúnio para o despreparado

Para aqueles que estão sempre alertas e preparados, a vida tende a ser menos surpreendente. Esses indivíduos, ao cultivarem uma mentalidade de vigilância, preparo e prontidão, enfrentam as reviravoltas com uma resistência que os torna menos suscetíveis a abalos emocionais quando a sorte parece lhes virar as costas.

A ruína que sentimos diante de um evento inesperado — aquela sensação de estarmos completamente sobrecarregados e atordoados — é um reflexo claro de como avaliamos a probabilidade de tal ocorrência. Quanto mais improvável acreditamos que um acontecimento seja, maior é nossa inclinação ao desânimo quando ele de fato se concretiza. É como um raio caindo do céu em um dia ensolarado: o choque nasce da crença de que nada poderia interromper a normalidade daquela rotina climática.

Por outro lado, raramente nos surpreendemos ao ver folhas caindo no outono ou flores surgindo na primavera, pois aceitamos esses ciclos como certezas absolutas e organizamos nossa vida em torno dessas expectativas. Assim, a aceitação de certas verdades e padrões nos permite enfrentar as inevitabilidades com serenidade, enquanto a incapacidade de antecipar outros eventos nos deixa vulneráveis, abertos a desafios que nos desequilibram.

A vida é uma mistura sutil de previsibilidade e surpresa, e nossa capacidade de navegar por esses oceanos em constante mudança determina a profundidade das nossas experiências.

Dia 230

Hábitos nocivos = correntes invisíveis

Escrevo esta página exatamente um mês após quase ter batido as botas devido ao consumo excessivo de álcool. E a primeira frase que me vem à cabeça é de Sêneca: "Procura a satisfação de ver morrer teus vícios antes de ti."

Busque a alegria de testemunhar a extinção dos seus vícios antes que você mesmo se despedace — como aconteceu comigo, especialmente com meu ombro.

Dedique-se a esse processo de autotransformação, pois nada é mais libertador do que observar a queda de hábitos nocivos que te prendem a correntes invisíveis. É um ato de coragem abraçar essa jornada, em que cada passo se torna uma vitória contra as fragilidades que te limitam. Ao decompor esses vícios, o que se revela instantaneamente é a possibilidade de uma vida mais plena, cheia de saúde, lucidez e autenticidade.

Além disso, essa decisão de mudança não é apenas um gesto de autopreservação, mas uma afirmação de que você valoriza a sua própria existência. Cada escolha consciente que você faz hoje é uma construção de uma nova versão de si mesmo — mais resiliente, mais centrada e, acima de tudo, mais livre.

Portanto, empenhe-se em cultivar um interior mais forte e verdadeiro, buscando a felicidade que deriva de escolhas conscientes e benéficas. Ao fazer isso, você não apenas se liberta, mas também se prepara para viver com mais intensidade e propósito, descobrindo uma nova essência que floresce ao se livrar do que já não serve mais ao seu ser.

Dia 231

A luta contra a sorte

Parece contraintuitivo, mas a luta contra as adversidades da vida muitas vezes nos conduz a uma insegurança ainda maior, criando uma dependência emocional das circunstâncias externas favoráveis — justamente aquelas que não podemos controlar. Após décadas acompanhando o mercado financeiro, notei que quem teve "sorte de principiante" na bolsa de valores, no longo prazo, costuma performar pior do que aqueles que começaram perdendo. Isso ocorre porque, mesmo de forma inconsciente, quem enfrenta perdas logo no início constrói uma blindagem mental para lidar com o azar e com as oscilações naturais do mercado.

A filosofia, ao oferecer ferramentas de reflexão crítica e autocompreensão, nos proporciona a capacidade de domar a febre avassaladora da cobiça, que tantas vezes nos faz correr atrás de desejos insustentáveis e potencialmente frustrantes. Além disso, a prática filosófica nos ensina a gerenciar e reprimir a fúria dos nossos medos, ajudando-nos a encarar a vida com mais serenidade, equilíbrio e resiliência.

Ao nos aprofundarmos no entendimento dos princípios filosóficos, ganhamos uma nova perspectiva sobre as eventualidades da vida, aprendendo a discernir o que realmente importa e a valorizar a fortaleza interior, em vez de ficarmos reféns das incertezas externas. Assim, a filosofia não apenas nos protege emocionalmente, mas também nos permite navegar pela existência com mais sabedoria, ajustando desejos e temores em busca da verdadeira paz de espírito.

Dia 232

Sermão e evasão

Quer convencer alguém a fazer exatamente o oposto do que você acha ideal? Basta despejar sobre ela suas verdades absolutas e seus postulados rígidos. Passar um sermão sobre moralidade ou comportamento quase sempre gera resistência e repulsa, principalmente quando esse discurso destoa das suas próprias atitudes — o que, convenhamos, é pura hipocrisia. Agindo assim, você só afasta qualquer chance de criar uma conexão genuína com quem, na sua cabeça, precisa ser "corrigido".

Os estoicos, que fazem parte de uma escola filosófica voltada para a sabedoria prática, adotam uma tática muito mais sutil e eficaz. Eles entendem que simplesmente recriminar não adianta. Sabem que isso só aumenta a resistência e afasta ainda mais o outro, como se o interlocutor fosse um objeto a ser moldado, e não um ser humano complexo, com suas próprias experiências e motivações.

> PASSAR UM SERMÃO SOBRE MORALIDADE OU COMPORTAMENTO QUASE SEMPRE GERA RESISTÊNCIA E REPULSA.

A abordagem estoica foca nas consequências das ações. Essa mudança de perspectiva é fundamental. Em vez de apenas apontar o erro, o discurso passa a convidar o outro a refletir sobre os impactos emocionais e psicológicos das próprias escolhas. Esse tipo de conversa favorece uma autocrítica saudável e um entendimento mais profundo da condição humana.

Dia 233

Deixe a paixão ser passageira

A mente que alcança um grau de evolução suficiente para se desvincular das paixões e desejos passageiros transforma-se em uma fortaleza impenetrável, construída sobre os alicerces da razão e da clareza. Dentro desse espaço interior, em que reinam a serenidade e a lucidez, encontramos um abrigo seguro contra as tempestades emocionais que a vida constantemente apresenta.

Quando nos libertamos das amarras das emoções descontroladas, adquirimos a capacidade de enxergar além das aparências. Passamos a avaliar a realidade com objetividade rara, sem sermos arrastados pelos impulsos do momento. A razão, como uma luz orientadora, conduz nossas ações e pensamentos, permitindo uma compreensão mais profunda de nós mesmos e do mundo ao nosso redor.

Esse estado de equilíbrio não significa frieza ou indiferença, mas sim uma consciência desperta, capaz de reconhecer os próprios sentimentos sem ser dominada por eles. Ao cultivar essa fortaleza mental, ganhamos autonomia sobre nossas reações, fortalecendo a autodisciplina e ampliando nossa liberdade interior.

No fim das contas, a verdadeira liberdade é governar a si mesmo com sabedoria, deixando que as paixões passem como o vento, sem permitir que determinem o rumo da nossa vida.

Dia 234

Loteria genética *vs.* esforço

As qualidades que conquistamos por meio de esforço e dedicação são infinitamente mais valiosas e duradouras do que aquelas recebidas como mero fruto da sorte na loteria genética. Isso acontece porque as virtudes nascidas do trabalho árduo e da perseverança se enraízam de forma profunda nas nossas experiências e aprendizados, moldando nosso caráter de maneira significativa.

Ao nos empenharmos para desenvolver habilidades, superar desafios e aprender com os erros, cada conquista passa a fazer parte da nossa identidade. Essas qualidades forjadas no fogo da dificuldade tornam-se mais resilientes e adaptáveis, permitindo que enfrentemos as adversidades com confiança e coragem. Além disso, esse compromisso com o crescimento pessoal traz um senso de propósito e realização que vai muito além da mera posse de talentos naturais.

AO NOS EMPENHARMOS PARA DESENVOLVER HABILIDADES, SUPERAR DESAFIOS E APRENDER COM OS ERROS, CADA CONQUISTA PASSA A FAZER PARTE DA NOSSA IDENTIDADE.

Por outro lado, as características herdadas geneticamente, embora possam ser vantajosas, raramente carregam o mesmo grau de significado emocional. Elas podem facilitar certos aspectos da vida, mas, na ausência de esforço pessoal, muitas vezes deixam um vazio nas lições aprendidas e nas experiências vividas. Em última análise, é o empenho contínuo, e não os privilégios de nascimento, que realmente define quem somos e o legado que deixaremos.

Dia 235

Beijando com gosto um futuro defunto

A frase de Epíteto — "Ao beijar sua esposa ou filho, repita para si mesmo: estou beijando um ser mortal" — nos convida a encarar com lucidez a transitoriedade da vida e a inevitabilidade da morte. Um gesto tão íntimo quanto um beijo, por mais cotidiano que seja, carrega a lembrança de que a pessoa que amamos também é um ser destinado a finitude, assim como nós.

A LEMBRANÇA CONSTANTE DA MORTALIDADE NÃO É UM FARDO, MAS UMA CHAVE PARA VIVER COM MAIS PROPÓSITO, TERNURA E GENEROSIDADE.

Esse ensinamento estoico é um convite a viver com mais presença e gratidão. Reconhecer a fragilidade da vida nos ajuda a valorizar as pequenas interações diárias: um sorriso inesperado, uma conversa leve ou um abraço apertado. Cada instante, por mais simples, pode ser a última oportunidade de demonstrar afeto e atenção.

Ao internalizar essa verdade, aprendemos a conviver melhor com a possibilidade da perda, transformando a dor em uma apreciação mais profunda pelo tempo que ainda temos ao lado de quem amamos. A lembrança constante da mortalidade não é um fardo, mas uma chave para viver com mais propósito, ternura e generosidade. Afinal, entender que estamos todos de passagem nos torna mais humanos, mais compreensivos e mais presentes.

Dia 236

Medo e negatividade

Cada vez que cedemos às nossas inseguranças e ansiedades, damos um passo em direção a um ciclo de negatividade que se retroalimenta. Embora os medos pareçam poderosos e convincentes, é importante lembrar que eles não definem quem somos nem o que podemos alcançar. Na maioria das vezes, eles são construções da nossa mente, alimentadas por experiências passadas ou projeções catastróficas sobre o futuro.

Ao nos rendermos a esses pensamentos, criamos barreiras invisíveis que nos impedem de explorar novas oportunidades e de viver de forma plena. Quanto mais nos entregamos à antecipação de desastres, mais nos tornamos protagonistas de uma profecia autorrealizável, em que as coisas tendem a dar errado justamente porque agimos como se inevitavelmente fossem.

Enfrentar os medos exige coragem, mas também lucidez. Cada passo consciente na direção oposta à ansiedade é um movimento em favor da liberdade emocional. Decida não ceder ao pessimismo. Escolha romper o ciclo de pensamentos autodestrutivos. Aos poucos, você verá que muitas das limitações que parecia enfrentar não passavam de ilusões criadas por uma mente em estado de alerta constante.

A vitória sobre o medo é, em última análise, uma vitória sobre as tristezas que insistem em nos visitar.

Dia 237

A doença do entretenimento trágico

Convido você a refletir com sinceridade: será que essa sua obsessão por acompanhar e dissecar as tragédias da vida alheia não é, na verdade, uma forma de escapar da rotina monótona e previsível da sua própria existência? Muitas vezes, nos envolvemos tanto nas desventuras dos outros que esquecemos de olhar para dentro e encarar de frente os desafios e as insatisfações que moram na nossa própria vida.

> MUITAS VEZES, AO MERGULHAR NOS PROBLEMAS EXTERNOS, ADIAMOS O ENFRENTAMENTO DAS NOSSAS PRÓPRIAS QUESTÕES INTERNAS.

Essa fixação por crises e dramas pode até parecer uma dose de emoção em meio ao tédio cotidiano, mas é preciso questionar: será que essa é uma maneira saudável de lidar com o que falta em você? Muitas vezes, ao mergulhar nos problemas externos, adiamos o enfrentamento das nossas próprias questões internas.

Se você não pode fazer nada de concreto para ajudar quem está vivendo esse infortúnio, o melhor a fazer é mudar de frequência. Canalize essa energia para resolver os seus problemas. É muito mais enriquecedor buscar mudanças que te levem a uma vida mais vibrante e significativa, do que permanecer na cômoda e autodestrutiva zona de conforto do entretenimento trágico. Encontrar um equilíbrio saudável entre o que nos fascina no mundo exterior e o que realmente queremos cultivar dentro de nós é um passo essencial para o crescimento.

Dia 238

Ideias são blindadas, autores são volúveis

Para escrever este livro, absorvi sabedoria de todas as fontes estoicas disponíveis e apenas tentei transpor essas reflexões para a realidade atual, tornando a filosofia mais palpável — inclusive para mim, que revelei diversas fragilidades ao longo destas páginas. Mesmo que o texto contenha falhas, se eu consegui incutir ao menos uma ideia ou provocação em você, meu papel já está cumprido.

CADA PALAVRA, CADA CITAÇÃO, CARREGA O POTENCIAL DE GERAR APRENDIZADO E TRANSFORMAÇÃO.

O próprio Sêneca reforçou essa perspectiva ao dizer: "Nunca me envergonhei de citar uma boa frase de um mau escritor." Afinal, mesmo sendo um dos maiores nomes da filosofia, ele também errou, mudou de ideia e viveu contradições humanas. Ainda assim, ao expressar pensamentos poderosos e frases impactantes, contribuiu para transformar o mundo de maneira positiva.

O valor do conhecimento não está na reputação ou perfeição de quem o transmite, mas na profundidade e na relevância da mensagem. Cada palavra, cada citação, carrega o potencial de gerar aprendizado e transformação. Por isso, mantenha a mente aberta e valorize as ideias, independentemente de sua origem. Até mesmo autores imperfeitos podem oferecer insights valiosos que dialogam com a experiência de viver.

Dia 239

Espere pelo melhor, mas se prepare para o pior

O caráter inesperado de um evento acentua seu impacto e a gravidade de um desastre. Por essa razão, é fundamental que nada nos surpreenda. Nossas mentes devem ser treinadas para cultivar a consciência de todas as possíveis circunstâncias, sejam elas favoráveis ou adversas. Afinal, a vida tem o estranho hábito de mudar de rumo repentinamente, derrubando-nos de qualquer posição de conforto.

> AO NOS PREPARARMOS MENTALMENTE PARA OS IMPREVISTOS, ENFRENTAMOS AS ADVERSIDADES COM MAIS EQUILÍBRIO, CLAREZA E DETERMINAÇÃO.

A imprevisibilidade é uma constante na jornada humana. Por isso, precisamos fortalecer nossa capacidade de aceitação e resiliência diante das mudanças e dos desafios inevitáveis que surgem. Ao nos prepararmos mentalmente para os imprevistos, enfrentamos as adversidades com mais equilíbrio, clareza e determinação.

Aceitar que a vida é uma mistura de altos e baixos nos permite desenvolver uma mentalidade mais sólida, capaz de extrair lições e crescimento de cada experiência. Em vez de nos deixarmos abater pelas dificuldades, podemos encará-las como treinamentos para nossa evolução pessoal. Permanecer vigilantes, sem perder o otimismo, e abertos ao que a vida nos reserva se transforma, assim, em uma das estratégias mais eficazes para navegar com dignidade pelas incertezas do mundo.

Dia 240

A sabedoria oculta

Explore as profundezas do seu ser, penetre em seus anseios e emoções mais íntimos. Ao fazer isso, você descobrirá um manancial de bondade e sabedoria que está sempre pronto para emergir. Essa fonte interior, muitas vezes escondida sob camadas de medo, orgulho ou distrações cotidianas, representa a essência mais genuína da sua humanidade.

Reconheça que a autenticidade não está em aparentar perfeição, mas em aceitar-se por inteiro: com suas luzes e sombras.

Lembre-se de que essa jornada exige paciência e persistência. Não é fácil olhar para dentro e encarar as próprias limitações e fraquezas, mas é justamente nesse processo de autoconhecimento que as maiores revelações acontecem. Quanto mais você investe nessa busca interior, mais desenvolve clareza de propósito e equilíbrio emocional.

Permita-se ser vulnerável. Fingir força o tempo todo é exaustivo. E pior: é mentira. O homem maduro não tem medo de olhar no espelho e ver as cicatrizes. Ele sabe que é justamente aí que mora a força de verdade — na coragem de se encarar sem filtro. A vulnerabilidade não é fraqueza. É base da construção interna. É ela que permite crescer com consistência, sem se esconder atrás de cascas ou armaduras baratas. O mundo não precisa de mais personagens. Precisa de homens reais, que falam o que pensam, sentem o que vivem e assumem seus tropeços sem vergonha. O estoico não é frio — ele é inteiro. E essa inteireza vem da aceitação radical da realidade.

Dia 241

Posse ou prisão?

Pratique o desapego para liberar aquilo que não te pertence. Muitas vezes, nos apegamos a coisas e pessoas, criando uma falsa sensação de posse que, na verdade, acaba nos aprisionando. Quando algo ou alguém que valorizamos entra em nossa vida, seja um objeto ou uma relação afetiva, é importante lembrar que nada é realmente nosso. Tudo é transitório e sujeito a mudanças que fogem ao nosso controle.

FAÇA DO DESAPEGO UMA PRÁTICA DIÁRIA.

Assim como um carro ou uma casa podem ser comprados e vendidos, nossos vínculos também precisam ser encarados sob a perspectiva da liberdade. Ninguém nos pertence de fato. Isso não significa amar menos, mas sim amar de forma mais consciente e generosa. Ao desapegar, damos espaço para que o outro seja livre e, paradoxalmente, aprofundamos a qualidade de nossas relações.

Faça do desapego uma prática diária. Ao viver um momento feliz ou ao conviver com alguém importante, repita para si mesmo: "Isso é temporário, mas é precioso agora." Essa consciência nos ensina a saborear o presente sem nos agarrarmos a ele de forma desesperada. Viver assim é viver com leveza, aceitando o fluxo natural da vida, com amor que não sufoca, mas liberta.

Dia 242

Complexos como um bom vinho

Assim como um bom vinho, a vida é feita de nuances e complexidades que, à primeira vista, podem parecer confusas ou até contraditórias. Cada gole, seja de um vinho encorpado ou de uma experiência emocional intensa, carrega consigo uma mistura de sabores, lembranças e significados que só se revelam com o tempo e a atenção.

No fim das contas, porém, não importa quantas garrafas você tenha consumido ou quantas histórias tenha acumulado. Todas essas vivências passam por você como um fluxo contínuo de sensações e emoções, deixando traços, mas sem alterar de forma definitiva a essência de quem você é. Somos processadores de experiências: recebemos, sentimos, refletimos e seguimos adiante.

O verdadeiro valor da vida não está na quantidade de momentos ou na intensidade passageira de cada um, mas na profundidade com que os vivemos. Cada sorriso, cada desafio, cada lágrima derramada compõe uma tapeçaria rica e complexa que forma quem somos. Assim como o vinho provoca o paladar e instiga a mente, a vida nos convida a refletir sobre nossa finitude e sobre a busca incessante por significado em meio ao fluxo imprevisível da existência.

Dia 243

Influência de impressões recorrentes

A tua mente molda a realidade que a circunda, dando forma às ideias, sentimentos e experiências que nela residem com maior frequência. O espírito humano é profundamente influenciado por essas impressões recorrentes, que atuam como uma paleta de cores, tingindo nossa percepção do mundo e das nossas interações com ele. Cada pensamento, cada emoção e cada experiência que absorvemos se inscreve em nosso ser, criando uma sinfonia única de influências que não apenas determinam nosso estado de ânimo, mas também a maneira como percebemos a vida.

Quando alimentamos a mente com ideias positivas e inspiradoras, adicionamos matizes vibrantes à nossa visão de mundo, promovendo otimismo, clareza e criatividade. Por outro lado, se nos deixamos envolver por padrões de pensamento negativos ou por ansiedades constantes, é como se pintássemos nossa consciência com tons sombrios, dificultando a apreciação das belezas e das oportunidades que a vida oferece.

Por isso, é essencial que sejamos guardiões atentos de nossas impressões mentais. O que repetimos com frequência em nossos pensamentos se transforma em nossa lente emocional, influenciando nossas reações, escolhas e até o nosso destino. Cultivar boas impressões é, antes de tudo, um exercício de cuidado interior. Uma mente bem alimentada com ideias construtivas é o primeiro passo para uma vida mais leve, equilibrada e plena.

Dia 244

Harmonia *vs.* dar murro em ponta de faca

Os sábios, por sua natureza contemplativa e reflexiva, não enfrentam problemas no sentido convencional, pois vivem em harmonia com o fluxo da vida e suas inevitáveis mudanças. Para eles, os acontecimentos se desenrolam conforme a realidade, sem que uma expectativa rígida ou idealizada interfira nessa vivência. Ao não se prenderem a preconceitos ou a desejos fixos, conseguem observar a realidade com clareza, aceitando as situações como elas são.

> NO FIM DAS CONTAS, NÃO SÃO OS EVENTOS EM SI QUE CAUSAM SOFRIMENTO, MAS A RESISTÊNCIA QUE OFERECEMOS A ELES E AS EXPECTATIVAS QUE CRIAMOS.

Em vez de se deixarem abalar por desilusões ou frustrações — que, muitas vezes, surgem da idealização de como as coisas "deveriam" ser — eles reconhecem a impermanência de tudo e a fragilidade da existência. Essa aceitação os capacita a enfrentar desafios com resiliência, transformando as adversidades em oportunidades de aprendizado. Percebem que a vida é um processo contínuo de adaptação, no qual cada experiência, seja ela positiva ou negativa, carrega lições valiosas.

No fim das contas, não são os eventos em si que causam sofrimento, mas a resistência que oferecemos a eles e as expectativas que criamos. Com esse entendimento, os sábios libertam-se de uma luta desnecessária contra a realidade, permitindo-se viver com serenidade, mesmo em meio às incertezas que a vida traz.

Dia 245

Inovar não é jogar o passado no lixo

Honre o seu passado, mas mantenha a mente e o coração abertos ao futuro. Afinal, você realmente deseja seguir estritamente os passos de seus antecessores? Eu, por minha vez, estou disposto a explorar rotas menos convencionais, mesmo que isso signifique desviar do caminho tradicional. Se, ao longo da jornada, eu encontrar uma via mais suave e promissora, não hesitarei em segui-la.

Aqueles que vieram antes de nós não são mestres a serem copiados sem questionamento, mas sim guias que nos inspiram a explorar, a refletir e a inovar. Eles nos mostram que, embora a história tenha enorme valor, a verdadeira essência do progresso está na capacidade de adaptação e na coragem de buscar novas respostas.

A verdade é um território vasto, acessível e sempre em expansão, esperando para ser redescoberto por quem se dispõe a olhar além do óbvio. Aproveite as lições do passado, mas não se prenda a elas como se fossem imutáveis. Mantenha o olhar atento às oportunidades e aos caminhos que surgem diante de você.

Ao fazer isso, você não apenas honrará as raízes que o sustentam, mas também permitirá que suas próprias ideias floresçam. Inovar é, antes de tudo, um ato de respeito: à tradição, à mudança e ao futuro que ainda está por vir.

Dia 246

A servidão mais traiçoeira

A vulnerabilidade inerente à dependência é um tema complexo e profundo. A ideia de Sêneca, ao afirmar que "nenhuma servidão é mais degradante do que a autoimposta", nos leva a refletir sobre os laços que nós mesmos criamos e aceitamos, muitas vezes de forma inconsciente.

Quando pensamos em dependência, o que geralmente vem à mente são relações de poder, em que uma parte se submete à outra. No entanto, a servidão mais traiçoeira é justamente aquela que nasce dentro de nós: a autoimposição de limitações, medos e crenças que nos aprisionam. Essa dependência se manifesta na hesitação em buscar novos desafios, na aceitação de situações insatisfatórias e na recusa em romper com padrões claramente autodestrutivos.

As raízes dessa autoimposição podem ser múltiplas: traumas passados, inseguranças, pressões sociais ou a simples falta de autoconhecimento. Ao internalizarmos essas barreiras, tornamo-nos prisioneiros de nossas próprias expectativas e ansiedades, renunciando ao nosso poder de escolha.

Reconhecer e enfrentar esses padrões é o primeiro passo rumo à liberdade. Exige coragem, mas também abre um caminho de autodescoberta e empoderamento. Ao assumir a responsabilidade por nossa própria vida, podemos romper as correntes invisíveis e criar novas possibilidades. A verdadeira liberdade começa quando paramos de ser os carcereiros de nós mesmos.

Dia 247

Quebre as correntes que você mesmo acorrentou

O que realmente liberta uma pessoa de suas limitações e a transforma em alguém determinado? É importante refletir que riqueza, prestígio, altos cargos ou fama não são a resposta. Esses elementos, por mais sedutores que pareçam, não garantem a superação dos bloqueios internos que carregamos. O que, de fato, capacita um indivíduo a vencer seus próprios obstáculos é o conhecimento profundo sobre como viver de forma virtuosa.

Essa compreensão vai muito além da simples acumulação de informações. Trata-se de uma sabedoria prática, baseada em autoconhecimento, empatia e aprendizado constante com as experiências vividas. Quando reconhecemos nossas forças e fragilidades, desenvolvemos a resiliência necessária para encarar adversidades com coragem e equilíbrio.

Além disso, saber viver inclui estabelecer metas que realmente façam sentido, cultivar relações saudáveis e valorizar os pequenos momentos do cotidiano. É a habilidade de adaptar-se às mudanças, de encontrar propósito nas dificuldades e de transformar cada situação em oportunidade de crescimento.

A verdadeira libertação não vem de fora, mas nasce de um processo interno de despertar e fortalecimento. Ao assumir a responsabilidade por nossa evolução pessoal, podemos romper as correntes invisíveis que nós mesmos forjamos e trilhar um caminho mais autêntico, leve e significativo.

Dia 248

Antes a doença física do que a esbórnia luxuriosa

Os estoicos sustentam uma visão poderosa sobre a natureza do sofrimento e a verdadeira liberdade. Para eles, suportar doenças que afetam apenas o corpo é uma prova de resiliência e virtude. Por mais doloroso que seja, esse tipo de sofrimento é preferível ao desvio moral causado pelo luxo excessivo e repentino.

Quando alguém se entrega às tentações do conforto e da ostentação, não compromete apenas a saúde física, mas também sua integridade moral. A esbórnia gera falta de controle sobre os próprios desejos e provoca a covardia da alma, tornando o indivíduo refém de suas paixões e da busca incessante por prazeres superficiais.

OS ESTOICOS NOS CONVIDAM A REFLETIR SOBRE NOSSAS PRIORIDADES E A VALORIZAR A FORÇA INTERIOR, A ÉTICA E A SOBRIEDADE COMO PILARES DE UMA VIDA REALMENTE SIGNIFICATIVA.

Além disso, essa ânsia por riqueza e conforto costuma gerar injustiças, alimentadas por uma ganância insaciável. Sob a lente estoica, o sofrimento é, muitas vezes, um caminho para o autoconhecimento e a construção da virtude. Já o comodismo do luxo costuma gerar um ciclo vicioso de insatisfação e desequilíbrio ético.

Por isso, os estoicos nos convidam a refletir sobre nossas prioridades e a valorizar a força interior, a ética e a sobriedade como pilares de uma vida realmente significativa. Escolher enfrentar as dificuldades com dignidade é, para eles, uma forma suprema de liberdade.

Dia 249

Alterne entre o turbo acionado e *pit stops*

A mente humana, assim como um campo fértil, precisa de períodos de descanso e recuperação para florescer em plenitude. Quando forçada a trabalhar incessantemente, ela perde a clareza, a criatividade e a capacidade de tomar boas decisões. Assim como o agricultor sábio sabe que a terra precisa de tempo para se regenerar, nós também devemos reconhecer a importância de dar à mente momentos de pausa.

O excesso de trabalho e a pressão constante corroem não apenas o raciocínio, mas também a essência da nossa alma racional. Ao nos sobrecarregarmos, esgotamos as energias mentais e emocionais, mergulhando em um estado de estresse que afeta a saúde e o bem-estar. Por isso, é essencial cultivar um equilíbrio saudável entre esforço e descanso.

Permitir que a mente respire é um ato de autocuidado que favorece a renovação cognitiva e emocional. Durante os períodos de descanso, novas ideias surgem, a criatividade se fortalece e a capacidade de solucionar problemas se aprimora. Respeitar os ciclos naturais entre trabalho intenso e momentos de recuperação não apenas preserva nossa saúde mental, mas também amplia nossa produtividade e nossa capacidade de impactar positivamente o mundo ao redor.

Dia 250

A pior estirpe: justos e omissos

Com frequência, a verdadeira essência da injustiça não está apenas nos atos falhos ou nas transgressões cometidas, mas também na omissão daqueles que têm a capacidade de agir. Quando homens e mulheres de bom caráter testemunham situações de injustiça e escolhem se manter em silêncio, essa inércia pode ser tão prejudicial quanto o ato em si. A indiferença diante da dor alheia e a falta de empatia perpetuam um ciclo vicioso de desigualdade e sofrimento.

Cada um de nós carrega a responsabilidade de contribuir para um mundo mais justo e equilibrado. O compromisso com a justiça exige atitude, posicionamento e disposição para estar ao lado dos oprimidos, buscando, por meio de nossas ações, fazer a diferença. Se nos omitimos por medo, desconforto ou pela crença de que os problemas são grandes demais para serem resolvidos, estamos, na prática, alimentando a injustiça que tanto criticamos.

CADA UM DE NÓS CARREGA A RESPONSABILIDADE DE CONTRIBUIR PARA UM MUNDO MAIS JUSTO E EQUILIBRADO.

A luta contra a injustiça não é apenas uma questão de condenar os erros alheios, mas também de romper com a nossa própria paralisia. Reconhecer uma injustiça é assumir o dever de agir. Só assim podemos nos tornar verdadeiros agentes de mudança, capazes de construir uma sociedade mais justa e compassiva.

Dia 251

Quanto mais leve, mais fácil emergir

Naufrágios, em suas diversas formas, podem ser experiências inesperadamente bem-vindas. Muitas vezes, encontramos forças até então não exploradas justamente quando nos vemos submersos em momentos de crise. Antes mesmo de embarcarmos em uma nova jornada rumo ao desconhecido, já nos confrontamos com o naufrágio interior. Essas cicatrizes, longe de serem apenas marcas de dor, podem ser entendidas como convites à reflexão, nos obrigando a reavaliar o que é realmente essencial.

A submersão em si revela uma verdade poderosa: quanto mais leve estivermos, mais fácil será emergir. Ao nos lançarmos na busca pelo novo, percebemos que boa parte do nosso fardo cotidiano é desnecessária. Os "caldos" que a vida nos dá não são apenas desastres, mas oportunidades de libertação. Deixar ir sonhos antigos, relacionamentos desgastados ou até o excesso de posses nos permite flutuar com mais facilidade. O desapego se torna um passo vital para a renovação.

Assim, ao naufragar, aprendemos que muitas das amarras que nos prendem podem ser abandonadas com muito menos sofrimento do que imaginávamos. A travessia do desconhecido se transforma não só em uma experiência de crescimento, mas também em um ato de coragem e autoliberdade. Encarar nossos naufrágios nos torna não apenas sobreviventes, mas navegantes mais sábios, prontos para explorar as águas não exploradas que nos aguardam adiante.

Dia 252

Fracasso é oportunidade mascarada

Conforme o tempo passa, o acúmulo de experiências pode facilmente se transformar em uma pilha de arrependimentos, ao invés de uma coleção de aprendizados. Muitas vezes, ao olhar para trás, enxergamos apenas os erros, os fracassos e as oportunidades perdidas. No entanto, é justamente nesses momentos que uma verdade fundamental se revela: a alegria genuína só floresce quando nos libertamos do medo paralisante e nos dedicamos a ajudar os outros a encontrar o próprio caminho para a felicidade.

O medo, quando não enfrentado, se assemelha a uma areia movediça emocional. Ele nos puxa para baixo, cria ciclos de insegurança e hesitação e nos impede de agir com coragem e propósito. Libertar-se dessas amarras internas é um passo essencial para assumir uma postura mais resoluta diante da vida. Ao fazer isso, você não apenas encontra força para superar suas próprias limitações, mas também se torna uma fonte de apoio verdadeiro para quem está ao seu redor.

O MEDO, QUANDO NÃO ENFRENTADO, SE ASSEMELHA A UMA AREIA MOVEDIÇA EMOCIONAL.

Lembre-se: todo dissabor carrega consigo uma fagulha de solução, uma oportunidade oculta para o crescimento e a transformação. O fracasso, quando bem compreendido, é apenas um disfarce temporário de um progresso que ainda está por vir.

Dia 253

Criação de necessidades: bom e ruim

Criar necessidades é excelente para a pessoa jurídica que vende, mas pode ser desastroso para a pessoa física que se vê desejando o que não precisa. Somos bombardeados diariamente com a ideia de que consumir mais vai nos fazer felizes, independentemente de quanto isso possa prejudicar nossas finanças, nossa saúde mental ou até nossa paz interior. A lógica é cruel: se funcionou para o fulano que você acompanha nas redes — aquele ser superficial com quem você insiste em se comparar — vai funcionar para você também. Será mesmo?

Esse ciclo de desejo e frustração é uma armadilha. Você se sente mal por desejar, depois se sente mal por não conseguir, e por fim se sente mal por estar se sentindo mal. Uma espiral de autossabotagem difícil de interromper. Repare como, muitas vezes, as coisas acontecem justamente quando você para de correr atrás delas: seja um objeto de consumo, uma pessoa desejada ou até aquela palavra que te faltou na ponta da língua no meio de uma conversa importante.

A cura para esse comportamento está em não superestimar suas vulnerabilidades e, ao mesmo tempo, não subestimar sua capacidade de suportar os desafios da vida sem cair na tentação do coitadismo. Resiliência, clareza e propósito: esse é o trio que pode te libertar dessa roda-viva.

Dia 254

Mais problemas, mais avanços

É no calor das dificuldades que encontramos a verdadeira essência da nossa resiliência e do nosso crescimento pessoal. Cada obstáculo é um convite para jogarmos no lixo o coitadismo e a negação, revelando-se como uma oportunidade disfarçada para aprender, evoluir e nos tornarmos versões menos piores de nós mesmos.

Os problemas fazem parte da condição humana. Eles não desaparecem magicamente: apenas mudam de forma e aumentam de tamanho conforme avançamos na vida, como convites constantes para o aprendizado. O que realmente muda—e onde reside o verdadeiro valor — é a forma como escolhemos reagir a essas situações.

Ao abraçarmos a ideia de que cada novo desafio é uma chance de fortalecer nossas habilidades, desenvolver empatia e ampliar nossa perspectiva, podemos transformar a maneira como percebemos a vida. Em vez de enxergar os problemas como barreiras intransponíveis, começamos a vê-los como degraus na nossa jornada em direção a uma vida mais plena e gratificante.

Em última análise, a felicidade floresce não na ausência de dificuldades, mas na habilidade de dançar com elas, de se adaptar e de cultivar uma mentalidade resiliente. Afinal, a satisfação mora na jornada de superação, e é essa trajetória que realmente adiciona valor à nossa existência.

Dia 255

Euforia e atraso

A busca incessante por sentimentos eufóricos pode, paradoxalmente, dificultar o caminho para uma evolução constante e sustentável. Quando estamos mergulhados em estados de euforia, tendemos a nos fixar nas recompensas tangíveis e nos resultados imediatos, deixando de valorizar o processo de aprendizado e o crescimento gradual. Essa obsessão por alcançar picos emocionais nos faz ignorar os passos fundamentais que constroem um desenvolvimento sólido e duradouro.

Em vez de cultivar paciência e resiliência, características essenciais para o aprimoramento contínuo, muitas vezes nos precipitamos em busca de gratificação instantânea. Essa mentalidade de “agora ou nunca” nos impede de reconhecer e celebrar as pequenas vitórias ao longo do percurso. Consequentemente, criamos barreiras para o autodescobrimento e dificultamos a formação de habilidades que só se desenvolvem de maneira lenta e metódica.

Por isso, ao invés de nos deixarmos arrastar por emoções intensas de forma desenfreada, é fundamental adotar uma perspectiva que valorize o processo como um todo. A transformação acontece quando aprendemos a usufruir de cada etapa da jornada, inclusive dos fracassos, entendendo que o crescimento nasce da consistência, da prática e da reflexão. Momentos de adrenalina podem ser empolgantes, mas é na estabilidade e no esforço diário que reside o progresso que realmente perdura.

Dia 256

Adquirindo virtude na raça

A verdadeira virtude de uma pessoa é proporcional às dificuldades que enfrenta ao longo da vida. Apenas aqueles que foram testados em suas convicções conseguem se conhecer com profundidade. O infortúnio, muitas vezes encarado como um fardo, é, na verdade, um professor valioso. Quem nunca experienciou um desafio pode ser considerado, sob certa perspectiva, realmente desafortunado, pois está privado da oportunidade de descobrir suas próprias forças e limitações.

Viver sem adversidades é como navegar em águas calmas, em que a destreza e a coragem permanecem adormecidas. É diante dos obstáculos que somos convocados a nos erguer com coragem, criatividade e determinação. Cada provação é uma chance de aprimorar nossa capacidade de agir com sabedoria e equilíbrio, mesmo quando as circunstâncias parecem conspirar contra nós.

Portanto, aqueles que buscam a verdade sobre si mesmos devem acolher as adversidades como oportunidades de desenvolvimento. É no calor da batalha que forjamos nosso caráter e revelamos o nosso verdadeiro potencial. Por meio das provações, descobrimos a profundidade da nossa resiliência, a vastidão da nossa capacidade de amar e a força interna que nos impulsiona a seguir em frente, mesmo quando tudo parece perdido. A vida, com todas as suas nuances, é um convite constante para explorar e expandir os limites do que antes julgávamos ser capazes de suportar.

Dia 257

Passado, presente e futuro

As pessoas que miram na felicidade têm uma maneira especial de se relacionar com o tempo. Elas costumam olhar para o passado com gratidão, reconhecendo as experiências que moldaram quem são hoje. Esse olhar positivo permite que aprendam não apenas com os momentos de alegria, mas também com os desafios superados, transformando cada dificuldade em uma lição valiosa.

No que diz respeito ao presente, essas pessoas se esforçam para viver plenamente cada instante, aproveitando as pequenas alegrias do dia a dia. Valorizam as interações com amigos e familiares, celebram as conquistas cotidianas e cultivam um estado mental que busca gratidão nas simplicidades da vida. Essa postura as ajuda a permanecer centradas e satisfeitas, mesmo diante das inevitáveis adversidades.

AS PESSOAS QUE MIRAM NA FELICIDADE TÊM UMA MANEIRA ESPECIAL DE SE RELACIONAR COM O TEMPO.

Quanto ao futuro, o encaram com confiança e esperança, sem se deixar dominar pelo medo ou pela insegurança. Acreditam em seu potencial e na capacidade de moldar seus destinos, sabendo que, independentemente dos desafios que possam surgir, estarão preparadas para enfrentá-los. A combinação desse olhar grato para o passado, desse engajamento ativo no presente e dessa visão otimista em relação ao futuro cria um ciclo de felicidade sustentável, que se autoalimenta e ilumina suas vidas e as das pessoas ao redor.

Dia 258

A única amizade que não desaponta

Você me pergunta sobre meu progresso pessoal, e a verdade é que a maior transformação que experimentei foi a construção de uma amizade genuína comigo mesmo. Esse processo não aconteceu da noite para o dia; foi um caminho repleto de autodescobertas, reflexões e, muitas vezes, desafios.

Aprendi a me ouvir com mais atenção, a respeitar minhas emoções e a aceitar minhas imperfeições. Essa nova relação me permitiu perceber que sou um companheiro valioso, alguém que merece carinho e compreensão, assim como ofereço aos outros. Ao cultivar essa amizade interna, encontrei um espaço de segurança em que posso ser autêntico, sem receio de julgamento.

Essa jornada também me ensinou a importância da autocompaixão. Em vez de me criticar severamente por meus erros e falhas, passei a encará-los como oportunidades de aprendizado. Quando me acolho nas minhas fraquezas, consigo transformar a dor da insegurança em crescimento pessoal.

Além disso, essa amizade comigo mesmo me impulsionou a estabelecer metas mais realistas e significativas. Fui capaz de me conhecer melhor e, assim, entender o que realmente desejo e preciso na vida, o que me trouxe uma clareza que antes eu não tinha. Agora, percebo que meu progresso não é apenas sobre alcançar objetivos externos, mas sobre a qualidade da relação que mantenho comigo. Ser amigo de mim mesmo é, sem dúvida, o pilar fundamental para meu desenvolvimento.

Dia 259

Os sentimentos são sua bússola

Os sentimentos podem ser compreendidos como acenos do seu subconsciente que desempenham um papel fundamental na sua adaptação e sobrevivência. Eles são a maneira que o nosso corpo e mente utilizam para nos alertar sobre o que está acontecendo ao nosso redor e dentro de nós. Em sua essência, os sentimentos positivos nos encorajam e reforçam a busca por experiências que promovam nosso bem-estar, enquanto os sentimentos negativos servem como uma poderosa chamada à ação.

Sentimentos como tristeza, frustração ou ansiedade podem ser vistos como importantes indicadores de que algo precisa ser avaliado e modificado em nossas vidas. Eles surgem muitas vezes como resposta a situações que estão em desacordo com nossos valores e objetivos. Em vez de serem apenas um fardo a ser suportado, esses sentimentos podem nos impulsionar a tomar medidas proativas. Eles nos incentivam a reexaminar nossos comportamentos, nossos relacionamentos e até mesmo nossas escolhas de vida, promovendo, assim, um processo de autoavaliação e crescimento pessoal.

Sendo assim, ao invés de rejeitá-los ou tentar suprimi-los, devemos olhar para esses sentimentos negativos como oportunidades de transformação. Eles nos desafiam a sair de nossa zona de conforto, a desenvolver resiliência e a buscar soluções que nos conduzam a um estado emocional mais equilibrado e gratificante.

Dia 260

Só a paz não satisfaz

A paz, por mais desejada e essencial que seja, pode, paradoxalmente, se tornar uma fonte de inquietação. Quando a mente é constantemente alimentada pela ansiedade e pelo medo cego, a suposta segurança das circunstâncias ao nosso redor não é suficiente para restaurar a confiança. Após um longo período em que a preocupação se transforma em um hábito, mesmo os ambientes mais estáveis podem parecer ameaçadores.

Essa condição não apenas mina nossa capacidade de experimentar e apreciar a verdadeira paz, mas também cria uma ilusão de segurança. A mente, acostumada a reagir ao medo, mantém-se em constante estado de alerta, procurando por perigos que, muitas vezes, não existem. Em vez de enfrentar as situações de forma consciente e racional, a tendência passa a ser fugir ou desviar-se, o que nos impede de reconhecer os desafios reais que merecem nossa atenção.

Ao voltarmos as costas para aquilo que nos causa temor, deixamos de lado a vigilância crítica necessária para lidar com os verdadeiros obstáculos da vida. É como se, ao ignorar o que poderia nos ameaçar, estivéssemos nos expondo a riscos ainda maiores. Por isso, mais importante do que apenas buscar a paz, é fundamental cultivar uma presença mental lúcida, capaz de confrontar e compreender nossos medos, transformando-os em oportunidades de aprendizado e crescimento.

Dia 261

Chute a tomada da negatividade

O prazer de se desligar do que é negativo é uma experiência profundamente revigorante. Poucas coisas trazem tanta leveza quanto dizer um sonoro "não" a tudo e todos que insistem em perturbar sua paz de espírito com críticas destrutivas, comentários maldosos ou aquela energia tóxica de quem parece viver apenas para destilar ódio e sugar a alegria alheia. Tomar essa decisão consciente de proteger sua saúde emocional é um ato de coragem e autopreservação.

REJEITAR A NEGATIVIDADE NÃO É FUGA: É ESCOLHA CONSCIENTE POR UMA VIDA MAIS LEVE, PLENA E COM PROPÓSITO.

Ao estabelecer limites claros, você bloqueia não apenas as impressões externas perturbadoras, mas também cria um espaço interior limpo e protegido, em que a serenidade pode florescer de forma genuína. Essa desconexão permite que você respire fundo, recupere o foco e redescubra a beleza das pequenas coisas do presente.

É nesse ambiente de clareza mental que você passa a cultivar relações mais saudáveis, fortalecer sua autenticidade e viver com um senso renovado de bem-estar. Rejeitar a negatividade não é fuga: é escolha consciente por uma vida mais leve, plena e com propósito.

Dia 262

O contágio do bom humor

O bom humor é uma das virtudes mais subestimadas e, ao mesmo tempo, uma das mais poderosas que podemos cultivar. Em meio aos tropeços inevitáveis da vida, carregar consigo essa leveza de espírito é quase como andar com um escudo invisível contra a amargura. Não se trata de ignorar os problemas, mas de escolher enfrentá-los com um sorriso no rosto e uma boa dose de ironia saudável.

Quem consegue rir de si mesmo e das situações mais absurdas automaticamente se torna um agente de transformação ao redor. O bom humor é, por natureza, contagiante: ele se espalha sem esforço, mudando o clima de uma sala, desarmando tensões e criando vínculos mais verdadeiros entre as pessoas. Uma piada na hora certa, uma risada inesperada ou um comentário espirituoso podem, em poucos segundos, transformar um ambiente pesado em algo muito mais leve e suportável.

QUEM CONSEGUE RIR DE SI MESMO E DAS SITUAÇÕES MAIS ABSURDAS AUTOMATICAMENTE SE TORNA UM AGENTE DE TRANSFORMAÇÃO AO REDOR.

Por isso, não subestime o poder de uma gargalhada. Ela pode não resolver todos os problemas, mas com certeza vai te dar fôlego para encará-los com mais coragem. O bom humor é uma escolha diária – e uma das mais inteligentes que podemos fazer.

Dia 263

A arte como fuga necessária

A arte é, muitas vezes, a válvula de escape que nos permite respirar quando a realidade pesa demais. Em meio às exigências, frustrações e dores do cotidiano, ela surge como um abrigo emocional, oferecendo um espaço em que podemos nos refugiar e processar o que sentimos. Não se trata de fugir covardemente da vida, mas de criar uma pausa necessária para reorganizar os pensamentos e fortalecer o espírito.

A ARTE SUAVIZA AS BORDAS DA VERDADE CRUA, TORNANDO-A MENOS ÁSPERA E MAIS COMPREENSÍVEL.

Seja por meio da música que embala momentos difíceis, de um livro que nos transporta para outro universo ou de uma pintura que traduz o que as palavras não alcançam, a arte nos convida a enxergar a existência sob novas perspectivas. Ela transforma a angústia em beleza, a dor em expressão e o caos em sentido.

Permitir-se esse encontro com o universo criativo é, portanto, um ato de autocuidado. A arte suaviza as bordas da verdade crua, tornando-a menos áspera e mais compreensível. Não é fuga por fraqueza, é estratégia de sobrevivência emocional. Uma pausa para recarregar a alma antes de voltar ao campo de batalha que é viver.

Dia 264

A morte não é um fim apavorante

A frase de Schopenhauer, "Quem não tem medo da vida também não tem medo da morte", resume uma verdade essencial: a forma como encaramos a existência define nossa relação com a finitude. Viver de maneira plena significa aceitar a imprevisibilidade, os altos e baixos, os fracassos e as conquistas. Quem abraça essa montanha-russa com coragem dificilmente será surpreendido pelo medo do fim.

Encarar a vida com disposição para sentir tudo o que ela oferece — alegria, dor, amor, perdas — cria uma musculatura emocional que também nos prepara para a ideia da morte. O indivíduo que vive com intensidade aprende que cada ciclo tem um começo, um meio e um encerramento natural.

O ESTOICO NÃO VIVE COMO SE FOSSE ETERNO — VIVE COMO SE CADA DIAIMPORTASSE.

A morte, por mais definitiva que pareça, deixa de ser uma figura apavorante e passa a ser vista como o último capítulo de uma história bem vivida. O estoico não vive como se fosse eterno — vive como se cada dia importasse. Porque importa. Quem entende que o fim é certo, para de adiar o essencial. Liga menos pro que não tem controle, escolhe melhor com quem anda, o que consome, o que constrói. A morte só assusta quem não viveu de verdade.

Dia 265

Voos mais altos

À medida que ascendemos a novos patamares de conquistas e realizações, nossa figura pode parecer diminuta para aqueles que permanecem enraizados em suas zonas de conforto. A analogia do voo simboliza o desejo humano de ultrapassar limitações e buscar horizontes mais amplos. Para quem não tem a coragem ou a oportunidade de alçar voo, aqueles que alcançam tais alturas podem parecer distantes, quase inatingíveis.

Essa perspectiva, no entanto, também nos leva a refletir sobre a importância de estender a mão aos que ainda permanecem no chão. Cada altura conquistada não deve ser vista como um afastamento, mas como um convite para que outros também sonhem e busquem suas próprias asas. Assim, em vez de um símbolo de separação, essa diferença de visão pode servir como um lembrete da responsabilidade que temos de inspirar e ajudar os outros a voar, dentro de suas possibilidades.

Afinal, a verdadeira grandeza não está apenas em alcançar o cume, mas em levar outros a se juntar a nós nessa jornada transformadora.

Dia 266

Mostre para o tempo quem manda

As pessoas ordinárias frequentemente encaram o tempo como um mero recurso a ser ocupado, buscando maneiras de se distrair e escapar da rotina. Perdem-se em atividades superficiais, como maratonar séries intermináveis, navegar sem rumo nas redes sociais ou se envolver em conversas triviais. Essa mentalidade leva ao desperdício da coisa mais valiosa que possuímos: o próprio tempo. Os dias apenas se arrastam, e o significado da vida parece evaporar entre horas vazias.

Por outro lado, uma pessoa inteligente e reflexiva aborda o tempo de forma estratégica. Para ela, cada momento é uma oportunidade de aprendizado e crescimento. Busca maneiras de usá-lo de forma produtiva, investindo no desenvolvimento pessoal e profissional, criando projetos que a apaixonam ou cultivando relacionamentos. Entende que o tempo é um recurso finito e valioso e, por isso, faz escolhas conscientes sobre como gastá-lo.

O VALOR DO TEMPO VAI MUITO ALÉM DAS HORAS QUE CONTAMOS.

Em suma, o valor do tempo vai muito além das horas que contamos; trata-se de como escolhemos viver cada um desses momentos. Aqueles que enxergam o tempo como uma tela em branco, pronta para ser preenchida com significado e propósito, são os que realmente sabem como aproveitar a vida.

Dia 267

A necessidade como propulsora da criatividade

Roubei este conceito de Platão, pois dificilmente poderia descrevê-lo de forma mais precisa: a necessidade é, de fato, a grande impulsionadora da evolução. Quando somos confrontados com desafios ou carências, essa pressão nos obriga a buscar soluções criativas e inovadoras. É justamente nesses momentos que a imaginação humana se revela, dando origem a descobertas e invenções que não apenas atendem às demandas imediatas, mas muitas vezes transformam a sociedade como um todo.

A história está repleta de exemplos em que a falta de recursos ou condições adversas serviram de gatilho para grandes avanços. A urgência por melhorar nossas condições, resolver problemas ou superar limitações é o que impulsiona o desenvolvimento de novas tecnologias, produtos e ideias.

A necessidade não apenas desencadeia a invenção, mas também molda o progresso humano. É no aperto que o homem se revela. É quando falta que a mente afia. Ao invés de temer os períodos de escassez, podemos encará-los como oportunidades de crescimento, criatividade e reinvenção. O estoico não foge do desafio — ele transforma o desafio em ferramenta. Reclamar do que falta é fácil. Difícil é usar a ausência como combustível. Quando a zona de conforto desaparece, ou você se adapta, ou fica pelo caminho. E o homem que se adapta não é o mais forte — é o mais lúcido. Reinvenção é virtude.

Dia 268

Seja marrento (e se afaste do seu desejo)

Shakespeare dizia que é mais fácil obter o que se deseja com um sorriso do que com a ponta de uma espada. E ele estava certo: o sorriso tem um poder sutil, mas profundamente transformador. Ele abre portas, estabelece conexões e cria um ambiente em que o diálogo flui com mais leveza. Ao escolher o sorriso em vez da imposição, você adota uma postura de confiança e equilíbrio, mostrando ao mundo que está no controle — mas sem a necessidade de forçar.

A BUSCA CEGA POR UM DESEJO PODE NOS TORNAR ANSIOSOS, OBSESSIVOS E ATÉ AGRESSIVOS.

A busca cega por um desejo pode nos tornar ansiosos, obsessivos e até agressivos. Quando deixamos transparecer desespero, afastamos as pessoas e criamos resistência. Por isso, além de sorrir, é inteligente saber se afastar um pouco do próprio desejo. Essa distância emocional permite que você aja com mais estratégia, lucidez e até com um certo ar de "marra": aquele charme de quem sabe o que quer, mas não está desesperado por isso.

O poder não está na pressão, mas na leveza de quem sabe que pode conquistar o que quer — e, se não conquistar, segue bem assim mesmo.

Dia 269

Pensando com a cabeça superior

Harmonizar as pulsões do instinto sexual com as normas sociais é um dos maiores desafios da condição humana. O desejo sexual é uma força natural, primitiva e inevitável, que nos empurra em direção à conexão, ao prazer e à reprodução. Porém, vivemos em sociedades que, ao longo da história, estabeleceram regras e expectativas claras sobre como, quando e com quem esse desejo pode ser manifestado.

Essa tensão entre impulso e civilização costuma gerar um campo minado emocional. Se ceder demais aos desejos, a pessoa pode se colocar em situações de arrependimento, conflito ou até de exclusão social. Se reprimir completamente, corre o risco de acumular frustrações que explodem de maneira destrutiva mais tarde. O dilema é antigo: como equilibrar o que o corpo pede com o que a razão, a ética e a convivência social exigem?

A chave está em reconhecer os próprios desejos, mas não ser escravizado por eles. A mente racional — a cabeça de cima — deve assumir o comando quando o assunto envolve decisões com impacto emocional, moral e social. Isso não significa reprimir tudo, mas sim escolher com consciência e responsabilidade os momentos e as formas de viver a própria sexualidade.

No fim das contas, inteligência emocional e autocontrole são o que diferenciam um ser humano em evolução de alguém guiado apenas por impulsos primitivos.

Dia 270

Puxa-sacos só te puxam para baixo

Existe uma frase frequentemente atribuída a Santo Agostinho, mas cuja origem é, na verdade, desconhecida: "Prefiro os que me criticam, porque me corrigem, aos que me elogiam, porque me corrompem." Apesar da incerteza quanto à autoria, a ideia central permanece valiosa: críticas construtivas são ferramentas poderosas de crescimento, enquanto elogios excessivos podem ser armadilhas perigosas para o ego.

Prefira aqueles que têm a coragem de te apontar falhas. São eles que funcionam como um espelho, refletindo com clareza aquilo que você, muitas vezes, não enxerga sozinho. As críticas, quando oferecidas com honestidade e intenção genuína de ajudar, têm o poder de provocar reflexão, autoconhecimento e aprimoramento.

Por outro lado, os elogios fáceis, embora confortáveis de ouvir, muitas vezes são vazios e, em alguns casos, desonestos. Eles alimentam uma zona de conforto enganosa, capaz de nos manter estagnados e adormecidos em relação ao nosso potencial de evolução.

Valorize quem te confronta com a verdade, mesmo que doa no começo. São essas pessoas que realmente contribuem para sua jornada de crescimento. Em um mundo em que o excesso de aprovação superficial é moeda corrente, escolher a verdade das críticas em vez da doçura ilusória dos elogios pode ser um dos maiores atos de maturidade que você fará por si mesmo.

Dia 271

O passo primordial: sair da inércia

Dê o primeiro passo com confiança, mesmo que o resto do caminho ainda esteja encoberto. A vontade de esperar por um plano perfeito ou por um cenário sem riscos é uma armadilha que paralisa. Nenhuma grande jornada começa com todas as respostas à disposição. O que separa quem avança de quem fica estagnado é justamente a coragem de dar esse salto inicial.

> CONCENTRE-SE NO AGORA. UM DEGRAU POR VEZ. CONFORME VOCÊ SE MOVIMENTA, O CAMINHO SE REVELA GRADUALMENTE.

O desconhecido pode assustar, é claro. Mas a maioria das conquistas nasce exatamente daquele primeiro movimento incerto. Quando você sai da inércia, ativa uma cadeia de eventos e aprendizados que só se tornam possíveis com a ação.

Concentre-se no agora. Um degrau por vez. Conforme você se movimenta, o caminho se revela gradualmente. E quanto mais você anda, mais percebe que a clareza só vem depois da ação, não antes.

Flua com o processo. Mantenha o olhar atento às oportunidades que surgem no meio da jornada e confie que o próprio movimento vai ajustar a sua rota. O passo mais difícil é o primeiro — mas é também o mais libertador.

Dia 272

Otimista com você, realista com os outros

Dedique-se com intensidade ao seu próprio crescimento. Busque a excelência naquilo que está 100% sob o seu controle: suas atitudes, seu esforço e sua evolução pessoal. Mas, ao mesmo tempo, seja realista em relação aos outros. Lembre-se de que cada pessoa carrega suas próprias limitações, histórias e contextos. Isso vai te poupar de frustrações desnecessárias e te proteger de decepções que nascem de expectativas irreais.

ACEITAR QUE FALHAS FAZEM PARTE DO PROCESSO HUMANO TE PERMITE OLHAR PARA OS TROPEÇOS DOS OUTROS COM MAIS EMPATIA.

Ao adotar essa postura de autoexigência combinada com moderação nas expectativas alheias, você não apenas preserva sua paz de espírito, mas também constrói relações mais saudáveis e harmoniosas. Quando você foca no próprio progresso, inspira os outros pelo exemplo, sem impor pressões desmedidas.

Aceitar que falhas fazem parte do processo humano te permite olhar para os tropeços dos outros com mais empatia. Assim, ao invés de alimentar cobranças e ressentimentos, você cria um ambiente de compreensão, em que todos têm espaço para aprender e melhorar no próprio ritmo.

O equilíbrio entre ser rigoroso consigo e generoso com os outros é o que diferencia pessoas resilientes de pessoas frustradas.

Dia 273

Lidando com o medo do desconhecido

O medo do desconhecido é um dos maiores vilões da nossa vida. Ele sabota oportunidades, freia decisões importantes e nos mantém presos em zonas de conforto que, muitas vezes, nem são tão confortáveis assim. Quando deixamos que o receio do fracasso ou do julgamento dite nossas ações, acabamos nos paralisando antes mesmo de tentar.

O problema raramente está nas circunstâncias externas. Na maioria das vezes, o verdadeiro inimigo é interno: são as barreiras mentais que erguemos, os cenários catastróficos que criamos na cabeça e as desculpas bem elaboradas que usamos para não sair do lugar.

Se, ao menos por um instante, tivermos coragem de avançar apesar da dúvida, perceberemos que muitas portas estavam escancaradas o tempo todo — fomos nós que recusamos atravessá-las.

Não se trata de eliminar o medo, mas de aprender a agir apesar dele. Toda incerteza carrega dois lados: o da possibilidade de falhar e o da chance de conquistar algo extraordinário.

O segredo é aceitar a vulnerabilidade como parte do processo e avançar com ela ao lado. É ali, justamente no espaço entre o medo e a ação, que moram as nossas maiores vitórias.

Dia 274

O que é a "sorte"?

Sêneca define a sorte como o encontro da preparação com a oportunidade. Não é um fenômeno místico nem um capricho do universo. Na verdade, ela surge quando alguém, após um período de esforço e dedicação, encontra uma situação propícia para aplicar tudo o que aprendeu.

A maioria das pessoas enxerga a sorte como um golpe inesperado de fortuna, mas, ao olhar mais de perto, quase sempre há um histórico de trabalho silencioso por trás de cada "coincidência feliz". Quem estuda, pratica e se mantém atento ao mundo ao redor amplia suas chances de perceber boas oportunidades quando elas aparecem.

A MAIORIA DAS PESSOAS ENXERGA A SORTE COMO UM GOLPE INESPERADO DE FORTUNA, MAS, AO OLHAR MAIS DE PERTO, QUASE SEMPRE HÁ UM HISTÓRICO DE TRABALHO SILENCIOSO POR TRÁS DE CADA "COINCIDÊNCIA FELIZ".

Por isso, a verdadeira questão não é se você terá sorte, mas se estará pronto para aproveitá-la quando ela bater à sua porta. A coragem para agir no momento certo, somada ao preparo acumulado ao longo do tempo, é o que transforma uma situação comum em um divisor de águas.

Portanto, da próxima vez que alguém te chamar de sortudo, apenas sorria e lembre-se: foi o seu esforço diário que construiu o terreno fértil em que essa oportunidade finalmente floresceu.

Dia 275

Dê uma podada nas suas aspirações

Nenhuma pessoa conseguirá conquistar tudo o que deseja. Isso é fato. Mas existe um poder enorme em como escolhemos lidar com nossas aspirações e limites. Podemos optar por focar no que já temos, valorizando ao máximo as oportunidades e os recursos disponíveis. Essa escolha nos convida a cultivar uma mentalidade de gratidão, reconhecendo que a verdadeira riqueza não está apenas nas posses, mas na maneira como encaramos a vida.

Em vez de nos deixarmos consumir pela ansiedade do que ainda falta, podemos aprender a extrair valor daquilo que já está ao nosso alcance. Usar melhor nossos talentos, desenvolver nossas habilidades e fortalecer nossos relacionamentos são formas de construir uma vida mais significativa, mesmo sem atingir tudo o que idealizamos.

Essa atitude nos dá resiliência para enfrentar os desafios e nos permite encontrar alegria nas pequenas vitórias. Cada momento bem vivido, cada conquista, por menor que pareça, é um passo concreto na construção de uma existência mais plena.

No final das contas, não é quanto você tem, mas o quanto consegue apreciar e fazer bom uso do que já está nas suas mãos. Ajustar suas expectativas pode ser o primeiro grande ato de liberdade emocional que você terá.

Dia 276

Desconfie da mente que está sempre no fervo

Existe beleza na solitude. Poucas coisas revelam tanto equilíbrio emocional quanto a capacidade de alguém parar, ancorar-se no presente e desfrutar da própria companhia. Conseguir fazer isso, mesmo que por alguns minutos, é um sinal claro de autoconhecimento e saúde mental.

Ao escolher momentos de solitude — que não devem ser confundidos com solidão — você cria espaço para a introspecção. Nesse silêncio voluntário, surge a oportunidade de organizar pensamentos, entender emoções e reavaliar valores, metas e prioridades. Essa pausa também favorece a clareza mental, permitindo que você enxergue o que realmente importa, longe do ruído constante das demandas externas.

Em um mundo de notificações infinitas, agendas lotadas e estímulos que não param, a habilidade de se reconectar consigo mesmo virou uma habilidade rara e valiosa. Uma mente saudável não precisa estar no fervo o tempo todo. Ela consegue encontrar equilíbrio, dialogar internamente, refletir sobre os próprios desafios e celebrar conquistas sem depender de distrações.

Se você sente a necessidade constante de estar ocupado ou entretido, talvez seja hora de se perguntar: do que estou fugindo? Porque, no fim das contas, quem nunca consegue parar, dificilmente está em paz de verdade.

Dia 277

Imperfeições e bom humor

Uma das frases mais geniais de Epíteto é: "Se alguém lhe disser que certa pessoa fala mal de você, não se justifique sobre o que foi dito. Apenas responda: 'Ele não sabia dos meus outros defeitos; caso soubesse, teria mencionado também esses.'"

Quando somos alvo de críticas, a reação mais comum é partir para a defesa, tentando explicar ou minimizar o que foi dito. Mas, nessa resposta bem-humorada, o Epíteto nos ensina o poder da autocrítica leve e da aceitação das próprias imperfeições. Ele não só reconhece suas falhas, como faz isso com uma pitada de humor, desarmando o interlocutor e reforçando sua própria segurança emocional.

Todos temos nossas falhas, e fugir delas só aumenta o peso que carregamos. Ao admitir com leveza que não somos perfeitos, demonstramos maturidade, autenticidade e uma liberdade interior rara. Essa postura também nos ajuda a lembrar que muitas críticas dizem mais sobre quem as faz do que sobre quem as recebe.

A vida é cheia de tropeços e aprendizados. Rir de si mesmo é um sinal de inteligência emocional e uma ótima forma de manter o equilíbrio. No fim das contas, quem se aceita como é carrega muito menos peso nas costas.

Dia 278

É mais difícil se você não agir

Muitos dos desafios que parecem intransponíveis só ganham essa dimensão porque ainda não começamos a enfrentá-los. O medo e a ansiedade crescem justamente na ausência de ação. Ficamos paralisados diante de um obstáculo que, na realidade, só parece tão grande porque é visto de longe, com os olhos da dúvida e da incerteza.

O desconhecido sempre gera desconforto, mas é o movimento – mesmo que tímido no início – que desmistifica o que antes parecia impossível. Quando nos permitimos agir, mesmo com receio, começamos a entender as nuances da situação. Pequenos avanços geram aprendizados. Aquilo que parecia uma muralha, muitas vezes, revela-se apenas uma sequência de degraus superáveis com consistência e coragem.

CADA TENTATIVA, CADA ERRO E CADA AJUSTE NOS APROXIMA DA SOLUÇÃO.

Cada tentativa, cada erro e cada ajuste nos aproxima da solução. A resistência inicial é natural, mas ela só se dissolve com atitude. Fugir ou adiar apenas aumenta o peso emocional e faz o problema crescer em nossa mente.

Por isso, em vez de esperar o momento perfeito ou a confiança plena, dê o primeiro passo agora. O movimento quebra a inércia e transforma o difícil em possível, o improvável em real.

Dia 279

Nada neste mundo é duradouro

Tudo ao nosso redor é feito de mudanças constantes, e isso inclui até as nossas dificuldades mais angustiantes. Assim como as marés que vêm e vão, os problemas que hoje parecem insuperáveis tendem, com o tempo, a se dissipar ou a se transformar.

A impermanência é uma das únicas certezas da vida. Cada dor, cada obstáculo e cada crise que enfrentamos é passageira. Essa consciência pode oferecer um alívio inesperado e a dose de esperança necessária para continuarmos avançando.

> TUDO AO NOSSO REDOR É FEITO DE MUDANÇAS CONSTANTES, E ISSO INCLUI ATÉ AS NOSSAS DIFICULDADES MAIS ANGUSTIANTES.

O que hoje parece esmagador é apenas uma etapa da jornada. Com o tempo e um pouco de reflexão, conseguimos extrair aprendizado e crescimento até das experiências mais adversas. Reconhecer que nada é eterno nos ajuda a aliviar o peso emocional que carregamos, abrindo espaço para novas soluções e caminhos.

Em vez de nos deixarmos consumir pela negatividade, que tal focarmos na nossa capacidade de adaptação e resiliência? Somos, afinal, seres em constante transformação. E, com cada mudança, nos tornamos mais fortes, mais sábios e mais preparados para os próximos desafios que a vida colocar no nosso caminho.

Dia 280

Amigos: nossos chatos prediletos

O poeta Mário Quintana dizia que existem dois tipos de chatos. O primeiro grupo é formado pelos chatos propriamente ditos: aquelas pessoas que, sem perceber, tornam qualquer interação social cansativa e desconfortável. São os que monopolizam conversas, insistem em temas irrelevantes ou simplesmente não sabem a hora de parar.

Mas existe um segundo tipo, bem mais especial: os amigos, nossos chatos prediletos. São aquelas pessoas com quem temos uma conexão tão profunda que suas manias, piadas repetidas ou desabafos intermináveis viram parte da nossa rotina afetiva. Mesmo quando nos tiram do sério, eles têm o poder de nos fazer rir nas horas mais improváveis, de nos acolher quando mais precisamos e de transformar qualquer momento em uma boa lembrança.

A verdade é que suportamos (e até gostamos) das chatices deles justamente porque, por trás de cada exagero, existe afeto, história e cumplicidade. São esses amigos que nos ensinam que amizade de verdade não é feita de perfeição, mas de aceitação mútua, humor e aquele tipo de paciência que só se tem com quem a gente ama.

AMIZADE DE VERDADE NÃO É FEITA DE PERFEIÇÃO, MAS DE ACEITAÇÃO MÚTUA, HUMOR E AQUELE TIPO DE PACIÊNCIA QUE SÓ SE TEM COM QUEM A GENTE AMA.

No fim, é com esses "chatos prediletos" que acumulamos as melhores histórias e as risadas mais sinceras da vida.

Dia 281

O sábio sabe significar

O sábio, em sua profunda sabedoria, compreende que a comunicação transcende a simples troca de palavras. Ele sabe que o que diz é apenas uma parte do que realmente pensa e sente. Por isso, opta por não externalizar todos os seus pensamentos; ele escolhe suas palavras com cautela e reflexão.

Na sua visão, bem articulada e ponderada, cada expressão verbal carrega um significado e um peso que podem influenciar o mundo ao seu redor. Ele reflete sobre as consequências de suas palavras e a forma como elas podem impactar os outros, reconhecendo que nem todo pensamento merece ser compartilhado, especialmente se pode causar mal ou desentendimento.

Além disso, o sábio busca sempre alinhar seus pensamentos e suas falas, assegurando que o que comunica está de acordo com seus valores e crenças. Em sua mente, o diálogo é uma ferramenta preciosa, e a escolha do que dizer se torna um ato de responsabilidade. Dessa maneira, ele promove um espaço de aprendizagem e reflexão, não apenas para si mesmo, mas também para aqueles que o escutam.

Assim, podemos concluir que a sabedoria não reside apenas no conhecimento adquirido, mas na habilidade de comunicar esse conhecimento de maneira ponderada e significativa, revelando que o silêncio também pode conter lições valiosas. É na ponderação entre o que se pensa e o que se diz que se encontra a verdadeira arte de saber viver e conviver.

Dia 282

Cada um com seu fardo

Pode parecer egoísta, mas o pensamento acima enfatiza a importância de encontrar um equilíbrio saudável entre o apoio e a autonomia nas relações interpessoais. Ao auxiliar nossos semelhantes, podemos oferecer-lhes um espaço seguro em que possam compartilhar suas dificuldades, encontrar consolo e inspiração, e serem lembrados de que não estão sozinhos em suas lutas. O encorajamento pode servir como uma fonte poderosa de motivação, lembrando-os de que são capazes de superar os desafios.

Contudo, o alerta de não carregar os fardos dos outros é crucial. Quando empreendemos essa tarefa, podemos inadvertidamente privá-los da oportunidade de exercitar sua força interna, de aprender com as experiências e de desenvolver a resiliência necessária para enfrentar as adversidades. É nesse processo de enfrentamento que os indivíduos se tornam mais profundos e mais conscientes de si mesmos, aptos a navegar não só os desafios atuais, mas também os que virão no futuro.

O ENCORAJAMENTO PODE SERVIR COMO UMA FONTE PODEROSA DE MOTIVAÇÃO.

Ademais, ao apoiarmos os outros sem retirar suas responsabilidades ou a chance de crescer, cultivamos um ambiente de empatia genuína. O verdadeiro ato de empatia não é simplesmente sentir a dor do outro, mas também reconhecer sua capacidade de superá-la. Isso multiplica a solidariedade, pois percebemos que todos somos parte de um tecido social em que cada um contribui com sua força e sua luta.

Dia 283

Imoralidade com fins morais?

É fundamental reconhecer que a utilização de meios imorais para atingir fins considerados morais não apenas compromete a integridade do objetivo em si, mas também corrompe os valores que sustentam esse objetivo. Quando nos valemos de estratégias que ferem princípios éticos, estamos, na verdade, criando um paradoxo que mina a legitimidade do resultado almejado.

A moralidade não se restringe apenas ao resultado final, mas também engloba o processo pelo qual chegamos a esse resultado. Portanto, ao optar por caminhos tortuosos que vão de encontro a esses princípios, corremos o risco de deslegitimar nossas boas intenções e os objetivos que acreditamos serem justos.

Essa abordagem não se aplica apenas ao nível individual, mas também a esferas coletivas, como organizações ou sociedades. Quando instituições utilizam práticas discutíveis em nome de um bem maior, elas criam precedentes perigosos e um ambiente em que a ética é constantemente questionada. Tal comportamento pode gerar desconfiança, descontentamento e, em última análise, a erosão de valores fundamentais que sustentam a convivência social.

Além disso, é importante considerar as consequências a longo prazo de tais ações. Em um mundo em que a transparência e a responsabilidade são cada vez mais evidentes, adotar meios questionáveis pode levar a uma perda irreparável de credibilidade e respeito.

Dia 284

Perguntas genuínas formam caráter

Devemos avaliar um homem mais pelas perguntas que suscita do que pelas respostas que oferece. As perguntas que alguém faz revelam sua genuína curiosidade, suas incertezas e a profundidade de seu pensamento. Elas refletem uma busca por compreensão e disposição para explorar o desconhecido. Um indivíduo que se preocupa em questionar o mundo ao seu redor demonstra um desejo genuíno de aprender e crescer, enquanto as respostas, por mais elaboradas que sejam, podem simplesmente ser reflexos de um conhecimento adquirido e copiado, sem necessariamente indicar um verdadeiro entendimento fruto de uma reflexão profunda.

Portanto, ao considerarmos a essência de uma pessoa, devemos valorizar as questões que ela coloca, pois essas são manifestações de sua mente em ação. As perguntas são o motor da sabedoria, uma vez que desafiam o status quo, rompem barreiras de preconceitos e expandem horizontes. Através delas, conseguimos perceber o que realmente motiva alguém, suas paixões e suas inquietações. Assim, é em meio a questionamentos que encontramos o berço da busca pelo conhecimento e pela verdade, que nos inspira a refletir sobre as complexidades da vida e a encontrar significados mais profundos.

Dia 285

Luta interna e tormenta

Meu tormento é uma sombra constante que me acompanha a cada passo, sempre tão entrelaçada à minha essência que, por vezes, me pergunto se há realmente uma distinção entre nós. Ele se manifestou em pensamentos, sentimentos e ações a tal ponto que acaba se tornando parte fundamental de quem sou. A cada dia, percebo que, sem esse peso que me segue, talvez eu perderia uma parte de mim mesmo.

SOU TANTO MEU COMPANHEIRO QUANTO MEU ADVERSÁRIO, NAVEGANDO ENTRE OS ALTOS E BAIXOS DE UMA REALIDADE QUE, EM VEZ DE ME LIBERTAR, MUITAS VEZES ME APRISIONA.

Essa união íntima me transforma também em meu maior perigo, pois, ao me permitir viver na companhia desse sofrimento, corro o risco de deixar de lado as possibilidades de luz e alívio que a vida pode oferecer. Assim, sou tanto meu companheiro quanto meu adversário, navegando entre os altos e baixos de uma realidade que, em vez de me libertar, muitas vezes me aprisiona. É aí que o estoicismo entra como um fio de aço no meio do caos.

Neste labirinto de emoções e autoconhecimento, a batalha interna se intensifica, e reconheço que enfrentar esse desafio é tão vital quanto compreender os caminhos que podem me levar à cura e à autonomia. A mente pode ser prisão ou aliada.

Dia 286

Ofensas e boas experiências em seus devidos lugares

Benjamin Franklin, o mano estampado na nota de 100 dólares, disse: "Escreve as ofensas na areia e os benefícios no mármore." Esse pensamento nos traz uma profunda reflexão sobre como devemos lidar com as experiências que vivemos ao longo da vida. Ao registrar as ofensas na areia, simbolizamos a transitoriedade e a leveza das mágoas e dos ressentimentos. Como as ondas do mar que constantemente agridem a costa, levando consigo o que não nos serve mais, aprendemos que as ofensas são passageiras e não devem definir quem somos. Elas podem ser dolorosas, mas se não as fixarmos em nossa memória, se não lhes dermos o peso que muitas vezes acreditamos que elas merecem, poderemos deixá-las ir e, assim, nos libertar de seu peso.

AO REGISTRAR AS OFENSAS NA AREIA, SIMBOLIZAMOS A TRANSITORIEDADE E A LEVEZA DAS MÁGOAS E DOS RESSENTIMENTOS.

Por outro lado, inscrever os benefícios no mármore é um convite à permanência, ao reconhecimento do que realmente importa em nossas vidas. As boas experiências, as memórias afetivas e os momentos de alegria e gratidão merecem ser registrados de forma que fiquem sempre à vista em nosso coração e em nossas mentes. Essa prática não é apenas sobre reter boas lembranças, mas sobre cultivar uma mentalidade positiva e resiliente, que nos permite olhar para trás e lembrar da generosidade do universo, mesmo diante das dificuldades.

Dia 287

A essência do sábio é um espelho intacto

O coração do sábio é como um espelho polido, que tem a capacidade de refletir tudo ao seu redor com clareza e precisão. Assim como um espelho não escolhe o que deve refletir, o sábio observa o mundo em sua totalidade, acolhendo experiências, emoções e lições que possam surgir. Porém, ao contrário do espelho, que pode ser manchado, quebrado ou embaçado, o coração do sábio preserva a pureza e a integridade de sua essência. Ele se permite acolher as variadas nuances da vida, mas mantém-se firme em seus valores e princípios, não se deixando contaminar pelas superficialidades do cotidiano.

Esse coração sábio entende que a reflexão das experiências alheias, sejam elas boas ou ruins, é uma oportunidade de aprendizado e crescimento pessoal. Cada reflexão é um convite à empatia e à compreensão, um meio de conectar-se com a humanidade. O estoico sabe que ninguém cresce isolado. Crescemos observando, comparando, absorvendo o que faz sentido e descartando o que não soma. O sábio observa sem pressa, sem sede de apontar o dedo, porque entende que cada pessoa carrega lutas invisíveis. E que julgar antes de entender é sinal de imaturidade.

O homem firme não se contamina com cinismo. Ele filtra o mundo sem permitir que a negatividade obscureça sua visão ou turve seus reflexos internos. Quem aprende com os outros cresce rápido. Quem aprende sem julgar, cresce direito.

Dia 288

Inação: o único arrependimento

Não há certeza maior em nossas vidas do que a inevitabilidade dos nossos próprios erros. Cometer equívocos é uma parte essencial do nosso crescimento e aprendizado. Ao nos aventurarmos em ações, mesmo que resultem em arrependimento, ganhamos experiências valiosas que moldam quem somos.

Fazer algo e refletir sobre as consequências, mesmo que dolorosas, nos proporciona a oportunidade de entender nossas escolhas, nossas motivações e, principalmente, nosso próprio caráter. Aprender com os erros nos capacita a tomar decisões menos burras no futuro.

Por outro lado, arregar e não agir por medo de errar pode trazer um tipo de arrependimento ainda mais profundo. O que poderia ter sido realizado, as possibilidades que não foram exploradas e os caminhos que nunca foram trilhados podem deixar um vazio que se transforma em uma reflexão sobre a vida não vivida. O receio de cometer um erro pode nos paralisar, limitando nosso potencial e nossas experiências.

FAZER ALGO E REFLETIR SOBRE AS CONSEQUÊNCIAS, MESMO QUE DOLOROSAS, NOS PROPORCIONA A OPORTUNIDADE DE ENTENDER NOSSAS ESCOLHAS, NOSSAS MOTIVAÇÕES E, PRINCIPALMENTE, NOSSO PRÓPRIO CARÁTER.

Assim, o único verdadeiro arrependimento reside na inação, enquanto a ousadia de se arriscar, mesmo que não resulte em sucesso imediato, pode nos conduzir a um futuro mais pleno e satisfatório.

Dia 289

Prazer e dor: duas faces da mesma moeda

Entrelaçando-se de maneira intrínseca em nossa experiência humana, esses sentimentos são frequentemente representados por gêmeos opostos, simbolizando não apenas a dualidade, mas também a interdependência de suas essências. De fato, é quase impossível experimentar um sem que o outro se faça presente em algum nível; o prazer muitas vezes surge em resposta a uma dor previamente vivida, assim como a dor pode acentuar a contração do prazer.

> O HOMEM QUE VIVE CORRENDO DO DESCONFORTO ACABA ESCRAVO DO CONFORTO.

Ao visualizar prazer e dor como duas entidades que se posicionam de costas uma para a outra, compreendemos que, embora se oponham em sua essência, coexistem num equilíbrio. O prazer nos impulsiona em direção ao que é agradável, enquanto a dor nos alerta e nos ensina sobre limites e vulnerabilidades. O estoico entende esse jogo e não se deixa seduzir pela promessa fácil do prazer constante, nem se paralisa diante da dor inevitável. Ele sabe que o prazer é bom quando não domina, e que a dor é útil quando ensina. O problema começa quando o prazer vira vício e a dor vira desculpa.

O homem que vive correndo do desconforto acaba escravo do conforto. Já o homem que encara a dor com firmeza, extrai dela lucidez e maturidade. Ele escolhe o que o fortalece, não o que o anestesia.

Dia 290
Suor ganha de talento

Não se sabe ao certo se a frase a seguir é de Einstein, mas o que importa é que ela é genial pela sua constatação prática: “O dicionário é o único local em que o sucesso vem antes do trabalho. Trabalho árduo é o preço a pagar para se ter sucesso. Você pode conseguir tudo, desde que esteja disposto a pagar o preço.”

QUANDO ENTENDEMOS QUE O SUCESSO EXIGE UM INVESTIMENTO DE TEMPO, ENERGIA E COMPROMISSO INABALÁVEIS, ABRIMOS A PORTA PARA OPORTUNIDADES QUE ANTES PARECIAM FORA DE ALCANCE.

Essa peculiaridade reflete uma verdade fundamental da vida: o sucesso nunca é alcançado sem esforço e determinação. O trabalho árduo é o preço que devemos pagar para transformar nossos sonhos em realidade. Cada conquista requer dedicação, perseverança e sacrifícios.

A jornada rumo ao sucesso pode ser repleta de desafios e obstáculos, mas é precisamente nesses momentos que se forja o caráter e a resiliência. Aqueles que estão dispostos a se empenhar, a se levantar após cada quebrada de cara e a aprender rapidamente com as cagadas são os que realmente conseguem alcançar seus objetivos.

Portanto, o sonho por si só de nada adianta: é a disposição de trabalhar incessantemente para alcançá-lo que faz toda a diferença. Quando entendemos que o sucesso exige um investimento de tempo, energia e compromisso inabaláveis, abrimos a porta para oportunidades que antes pareciam fora de alcance.

Dia 291

Superando difamações

Quer calar a matraca dos maledicentes? Leve tua vida plena, feliz e em silêncio; essa é a melhor maneira de lidar com a maledicência. Ao invés de me deixar levar pelas palavras negativas e pelas críticas maldosas, escolho focar na minha felicidade e no meu crescimento pessoal. Quando me dedico a viver bem, ignoro as vozes que buscam minar minha confiança ou manchar minha reputação.

A calúnia é como um veneno que se espalha entre aqueles que a propagam, mas eu prefiro ser a antítese que ilumina o caminho do bem. Ao cultivar pensamentos positivos e ações construtivas, deixo de dar poder àquelas opiniões destrutivas e transformo a energia negativa em motivação para ser ainda melhor.

Ao silenciar os maldizentes com a força do meu exemplo, mostro que a verdadeira grandeza está em viver com integridade, independentemente das palavras que possam tentar me derrubar. O homem maduro não gasta energia rebatendo ataque raso. Ele sabe que o tempo responde melhor do que qualquer argumento. Afinal, a melhor resposta é a felicidade e o sucesso que brotam de dentro de nós. O estoico não perde tempo discutindo com quem não tem intenção de entender. Grandeza se mostra no silêncio de quem não se deixa desestabilizar. Se você conhece sua essência, se vive com coerência entre o que pensa, sente e faz, nenhuma crítica mal-intencionada te tira do eixo.

A verdadeira vitória está em não se tornar aquilo que tentam projetar sobre você. É viver de forma tão sólida que até o inimigo, se for honesto, precisa te respeitar.

Dia 292

Celebre as vitórias, mas não tema as derrotas

Não é porque você venceu que você é um campeão, e não é porque você perdeu que você é um fracassado.

Esses conceitos, que normalmente se confundem, têm impactos profundos na forma como encaramos nossas jornadas pessoais e profissionais. Na trajetória de um verdadeiro campeão, é natural e até esperado enfrentar derrotas ao longo do caminho. Cada uma delas oferece uma oportunidade valiosa de aprendizado, reflexão e crescimento. Por outro lado, a vida de alguém que se considera um perdedor pode também incluir seus momentos de vitória, que muitas vezes são lapsos pontuais de sorte e podem o dissuadir.

NA TRAJETÓRIA DE UM VERDADEIRO CAMPEÃO, É NATURAL E ATÉ ESPERADO ENFRENTAR DERROTAS AO LONGO DO CAMINHO.

A chave para essa distinção reside na atitude que adotamos diante das circunstâncias. Enquanto quem triunfa no longo prazo se levanta após cada queda e analisa suas falhas, buscando formas de se aprimorar, os perdedores tendem a se acomodar em suas vitórias momentâneas, sentindo-se tão satisfeitos que muitas vezes esquecem de continuar se desafiando. Assim, a verdadeira medida do sucesso não é a ausência de derrotas, mas sim a capacidade de transformar cada uma delas em uma lição para se lascar menos na próxima batalha.

Dia 293

Cada dia é uma vida em miniatura

Apresse-se a viver de maneira plena e significativa, lembrando-se de que cada dia é uma nova oportunidade, uma vida inteira em miniatura. Cada amanhecer traz consigo a chance de despertar para novas experiências, aprendizados e relações. Ao encarar cada dia como uma nova vida, você se torna mais consciente das suas escolhas e ações, valorizando os momentos simples e especiais que compõem a jornada. Cada instante é precioso e irrepetível, e ao abraçar essa ideia, você se dedica a fazer de cada dia uma obra-prima.

A vida é um mosaico formado por pequenos fragmentos, e é a soma de cada um desses dias que constrói a sua história. Não existe grande obra sem atenção aos detalhes. E, no fim, é o que você faz no ordinário que define quem você é no extraordinário. Portanto, não deixe que os dias passem inobservados: VIVA COM INTENSIDADE. Isso não significa viver correndo, em busca de euforia a qualquer custo. Significa estar presente nas conversas, firme nas decisões... Cultive relações saudáveis com quem te puxa pra frente, não com quem alimenta drama.

O estoico sabe que não controla o tempo, mas controla o uso que faz dele. Por isso, ele vive cada dia como se fosse um tijolo que sustenta a construção de algo maior. Não joga fora as horas com distrações vazias.

Dia 294

Chegou a hora de recomeçar

Se você acaba de enfrentar um fracasso, enxergue isso como uma oportunidade de recomeçar; não permita que o desgosto ou o desânimo te dominem. O fracasso é uma parte natural do caminho para o sucesso e, muitas vezes, traz lições valiosas que podem nos fortalecer. Em vez de se deixar abater, use essa experiência como um impulso para aprimorar suas habilidades e corrigir suas abordagens.

Cada recomeço é uma nova chance de crescimento e descoberta. Não é retrocesso, é reinício com mais casca, mais vivência e mais discernimento. Avalie o que não funcionou, encare suas asneiras de frente, sem desculpas nem rodeios. O homem que erra e aprende é muito mais forte do que aquele que nunca se arrisca. E, acima de tudo, mantenha a fé em si mesmo. Mesmo quando ninguém acredita, mesmo quando tudo parece confuso. Porque é essa fé interna (não a opinião dos outros) que sustenta o processo. Acredite que cada passo, mesmo que pareça em falso, te leva mais perto do seu objetivo. O estoico entende que tropeços não são sinal de fraqueza, são parte do caminho. Ninguém constrói uma vida sólida sem enfrentar queda, rejeição, dúvida. Os grandes conquistadores da história, os que realmente deixaram legado, foram também os que mais caíram, apanharam e recomeçaram. A diferença? Não pararam.

Então levante-se. Reposicione seus objetivos com clareza, não com pressa. Reorganize a mente, fortaleça a disciplina, e siga em frente com coragem. Porque o futuro não é loteria — é consequência. Está aí, à sua espera. Pronto pra ser moldado não por sorte, mas pelas suas escolhas diárias, pelos seus atos conscientes, pelo seu esforço constante. Recomeçar não é fracassar. É provar pra si mesmo que ainda está no jogo.

Dia 295

A verdadeira *vendetta*

A maneira mais eficaz de se vingar de um inimigo não é adotar suas próprias práticas mesquinhas ou comportamentos negativos, mas seguir um caminho que reforce a sua própria integridade e valores. Em vez de se deixar consumir pelo desejo de retaliação, a verdadeira força reside em se distanciar das táticas e motivações de quem nos fez mal, colocando em prática o oposto do que nos foi infligido.

Ao agir com dignidade e respeito, você não apenas se eleva acima das ações de seu adversário e pensa com mais clareza, como também demonstra que é capaz de lidar com a adversidade de forma madura e equilibrada. Essa postura não apenas fortalece seu caráter, mas também enfraquece a posição do inimigo, que vai ficar esperando em vão uma resposta agressiva ou reativa.

Portanto, a verdadeira vingança está em olhar para dentro de si e em viver bem, em prosperar e em não permitir que a negatividade alheia defina quem você é. Cada passo que você dá em direção ao seu crescimento pessoal é uma resposta silenciosa, mas poderosa, àqueles que tentaram lhe prejudicar, mostrando que sua felicidade e sucesso são as melhores armas contra a adversidade.

Dia 296

O valor invisível das coisas

Não há nada neste mundo que seja totalmente desprovido de valor. Até mesmo um relógio parado, que à primeira vista pode parecer inútil, tem suas próprias qualidades: ele marca a hora certa duas vezes ao dia. Fazendo um paralelo bem tosco, isso nos lembra de que até as situações mais desoladoras podem conter um fio de aprendizado ou um momento de clareza.

> ATÉ AS SITUAÇÕES MAIS DESOLADORAS PODEM CONTER UM FIO DE APRENDIZADO OU UM MOMENTO DE CLAREZA.

Assim como o relógio que, apesar de sua falha contínua em indicar o tempo corretamente, ainda consegue ser preciso em certos momentos, na vida também encontramos nuances que revelam que nada é completamente negativo. Cada erro pode nos ensinar algo valioso, cada falha pode abrir portas para novas oportunidades e, mesmo nas dificuldades, há lições a serem aprendidas.

Esse princípio nos convida a olhar com atenção e reflexão para as situações desfavoráveis e a reconhecer que, mesmo nas incertezas, sempre há um motivo para esperançar e aprender. Portanto, devemos cultivar a capacidade de ver que, em meio ao caos, podem surgir pequenos raios de luz que iluminam nosso caminho.

Dia 297

A distorção da amargura

A infelicidade muitas vezes se manifesta através da ingratidão. Aqueles que se encontram em um estado constante de descontentamento e insatisfação tendem a não reconhecer as bênçãos e os recursos que possuem. Para eles, a amargura se torna um filtro que distorce a visão do mundo, proibindo-os de ver o que é positivo em suas vidas.

A AMARGURA SE TORNA UM FILTRO QUE DISTORCE A VISÃO DO MUNDO.

Quando alguém vive em um estado de infelicidade, é comum que se concentre nas adversidades e nas decepções, esquecendo-se das experiências positivas e das pessoas que os amparam. Essa falta de gratidão não apenas agrava seu sofrimento emocional, mas também prejudica suas relações com os outros. O ciclo da ingratidão pode isolá-los ainda mais, criando uma barreira entre eles e as fontes de apoio que poderiam ajudá-los a encontrar a felicidade.

A ingratidão e sua consequente amargura, portanto, não são apenas traços de caráter, mas uma consequência da própria infelicidade. Para superar esse estado, é essencial cultivar uma mentalidade de gratidão, que nos permite apreciar o que temos e, ao mesmo tempo, abre caminho para uma vida mais plena e satisfatória. Somente ao reconhecer e valorizar as pequenas coisas podemos começar a transformar nossa percepção e, assim, encontrar um significado maior em nossas experiências.

Dia 298

Encontros e desencontros significativos

Contabilize (aproximadamente) quantas pessoas já passaram por sua vida. Elas podem cruzar nosso caminho de maneira inesperada, como se fossem meros encontros fortuitos. Porém, a verdadeira mágica reside no fato de que aquelas que decidem permanecer em nossas vidas não o fazem por acaso. Elas se tornam parte de nossa jornada por razões mais profundas.

É ESSENCIAL REFLETIR SOBRE AS RELAÇÕES QUE CULTIVAMOS E VALORIZAR AQUELES QUE ESCOLHERAM FICAR AO NOSSO LADO.

Esses laços são fortalecidos por experiências compartilhadas, interesses comuns e a conexão emocional que se forma ao longo do tempo. Cada pessoa que opta por ficar traz consigo uma bagagem única de aprendizados, desafios e alegrias, contribuindo para a nossa evolução. Essas relações quentes e significativas são como pedras preciosas que adornam nosso caminho, iluminando os altos e baixos da vida.

É essencial refletir sobre as relações que cultivamos e valorizar aqueles que escolheram ficar ao nosso lado. Afinal, enquanto os encontros podem ser acidentais, a decisão de permanecer é uma escolha consciente que revela muito sobre intimidade, amizade e amor. No fundo, cada pessoa que permanece em nossa vida nos ensina algo valioso e, juntos, criamos um mosaico de histórias e memórias que moldam quem somos.

Dia 299

A esperança é o sonho do homem acordado

A frase acima é de Aristóteles, mas eu roubei para fins explicativos: a esperança pode ser compreendida como o sonho que se manifesta enquanto estamos plenamente conscientes. Ela é a centelha que mantém nossos passos firmes mesmo quando o terreno parece incerto. É a força silenciosa que nos empurra para frente quando todas as circunstâncias externas gritam para desistirmos.

Em momentos de dificuldade, é ela quem segura nossa mão invisivelmente e nos lembra que as coisas podem melhorar. A esperança nos permite visualizar um futuro mais luminoso, criando dentro de nós um espaço em que objetivos ainda não alcançados continuam vivos. Não é uma ilusão infantil ou uma distração tola: é uma escolha consciente de acreditar que há algo além da dor ou da crise atual.

Por outro lado, ter esperança não significa negar a realidade ou viver em negação dos fatos. Pelo contrário, o homem verdadeiramente esperançoso é aquele que olha de frente para a situação, reconhece os desafios, mas ainda assim escolhe não sucumbir ao desespero. Essa capacidade de sonhar acordado, de projetar possibilidades e de criar alternativas é o que transforma a esperança em uma ferramenta poderosa para a ação e a resiliência.

Portanto, mantenha sua chama acesa. Sonhe de olhos abertos e caminhe com fé, pois é essa mistura de desejo e coragem que molda os grandes recomeços.

Dia 300
Esperança e decepção

A infelicidade que assola a vida dos seres humanos, em sua essência, tem suas raízes fincadas na esperança. Esse sentimento, que por um lado pode servir como um farol, orientando e inspirando ações, também carrega em si o peso de expectativas que frequentemente não se concretizam. A esperança, ao engendrar a antecipação de um futuro melhor, pode levar ao desânimo e à decepção quando as promessas que ela enseja não se materializam.

Além disso, a esperança pode nos aprisionar em ciclos de anseios e desejos frequentemente inatingíveis, gerando um conflito interno que perpetua a insatisfação. Essa luta constante entre o que desejamos e a realidade que se apresenta acaba por criar um estado de angústia. Ironia do destino: ao buscarmos por uma vida repleta de significado e alegria, muitas vezes nos tornamos prisioneiros de uma expectativa inadequada ou irrealista.

A perspectiva de que a esperança é a raiz da infelicidade nos convida a realizar uma reflexão mais profunda sobre o valor de viver no presente. Em vez de nos deixarmos levar pelas promessas incertas do futuro, poderíamos encontrar um sentido maior no que já temos, cultivando a gratidão e a aceitação. Essa mudança de foco pode ser um caminho para a felicidade, um estado de serenidade que não depende de condições externas ou resultados esperados, mas sim da apreciação do que é real e do que já se possui no momento presente.

Dia 301

Tradição do atraso

A frase atribuída a Einstein: "A tradição é a personalidade dos imbecis" sugere que aqueles que se apegam rigidamente às tradições podem estar limitados em sua capacidade de pensamento crítico e inovação. No entanto, essa ideia pode ser expandida para examinar o papel da tradição na sociedade de maneira mais nuançada.

A tradição, muitas vezes vista como um conjunto de práticas, valores e crenças transmitidos ao longo do tempo, pode fornecer um senso de identidade e continuidade para grupos e comunidades. Até aqui, nada de errado. Contudo, quando essa adesão se torna cega — ou seja, quando as pessoas aceitam as tradições sem questionar sua relevância ou utilidade no mundo contemporâneo — isso pode resultar em uma resistência ao progresso e à mudança.

PARA CONSTRUIR UM FUTURO MAIS INCLUSIVO E DINÂMICO, É FUNDAMENTAL QUESTIONAR E REAVALIAR NOSSAS TRADIÇÕES À LUZ DAS NOVAS REALIDADES E DESAFIOS QUE ENFRENTAMOS.

É essencial reconhecer que as tradições podem ser valiosas, enriquecendo nosso patrimônio cultural e proporcionando um sentimento de pertencimento. Porém, ao enfatizar a importância da tradição de forma excessiva, corremos o risco de estagnar o pensamento e impedir a evolução das ideias. Para construir um futuro mais inclusivo e dinâmico, é fundamental questionar e reavaliar nossas tradições à luz das novas realidades e desafios que enfrentamos.

Dia 302

A persistência como único caminho

A persistência é, sem dúvida, a verdadeira estrada que nos leva ao sucesso. É por meio da determinação e da constância que conseguimos superar obstáculos e enfrentar desafios, transformando dificuldades em oportunidades de crescimento. Quando nos comprometemos a seguir em frente, mesmo diante dos infortúnios, cultivamos a resiliência necessária para alcançar nossos objetivos.

> Os momentos de fracasso não são sentenças definitivas, mas apenas etapas de um processo maior de aprendizado e evolução.

Os momentos de fracasso não são sentenças definitivas, mas apenas etapas de um processo maior de aprendizado e evolução. A cada tentativa frustrada, ampliamos nossa capacidade de adaptação, reforçamos nossa criatividade e fortalecemos nosso espírito. O importante é não permitir que os tropeços ao longo da caminhada se tornem motivos para desistência. A história está repleta de exemplos de pessoas que atingiram grandes feitos justamente porque se recusaram a parar no meio do caminho.

Portanto, é essencial lembrar que cada passo contínuo e firme nos aproxima um pouco mais da realização dos nossos sonhos. A persistência não é apenas um traço de caráter, mas a qualidade fundamental que nos guia rumo a nossas conquistas mais significativas. É ela que nos faz transformar cada tentativa em um degrau na escada do sucesso, mostrando que o único verdadeiro fracasso é desistir de tentar.

Dia 303

Em época de desinteligência emocional

Refletimos excessivamente e, em contrapartida, deixamos de lado nossos *feelings*. Em um mundo cada vez mais voltado para a racionalidade e a tecnologia, é urgente resgatar a essência da humildade, que nos conecta com os nossos semelhantes e nos lembra de nossa vulnerabilidade. Precisamos cultivar mais a bondade e a ternura em nossas interações do que simplesmente valorizar a inteligência e a eficiência.

Quando sucumbimos à frieza da lógica pura, corremos o risco de transformar nossa existência em algo mecânico, desprovido de calor humano. A falta de empatia e compaixão pode levar a um ambiente social cada vez mais hostil, em que a violência e a desunião prevalecem. Não basta sermos eficientes ou inteligentes se, ao mesmo tempo, nos tornamos emocionalmente incapazes de compreender e acolher o outro.

Se não aprendermos a equilibrar a nossa razão com a sensibilidade, poderemos nos desviar do verdadeiro sentido da vida e, assim, perder o que realmente importa: a conexão genuína entre as pessoas. A vida, desse modo, se torna não apenas uma jornada racional, mas uma experiência profundamente humana. Afinal, é nas pequenas demonstrações de cuidado e na capacidade de sentir com o outro que reside a inteligência emocional.

Dia 304

Seja menos animal, seu animal

A gradual renúncia aos instintos primordiais surge como um dos pilares essenciais para o desenvolvimento da civilização humana. À medida que a sociedade evolui, os indivíduos são chamados a transcender suas reações instintivas, que, embora vitais em contextos de sobrevivência, podem ser prejudiciais em interações sociais complexas.

Esse processo de contenção e refinamento dos instintos permite a formação de normas sociais, éticas e culturais que promovem a convivência harmoniosa entre os membros da sociedade. A capacidade de controlar impulsos, adiar gratificações e considerar o bem-estar do próximo é fundamental para a construção de sociedades coesas e produtivas.

Além disso, essa renúncia progressiva também está intimamente ligada ao desenvolvimento de habilidades cognitivas mais sofisticadas, como a empatia, a solidariedade e a cooperação. Tais habilidades nos possibilitam não apenas viver em grupo, mas formar comunidades que prosperam através do diálogo, da compreensão mútua e do respeito às diferenças.

Assim, a evolução da civilização não é meramente um progresso tecnológico ou material, mas, antes, um avanço na nossa capacidade de dominar nossos instintos e de construir relações cada vez mais complexas. Nesse sentido, a renúncia aos instintos é um chamado para cultivar virtudes que fortalecem os laços sociais e estabelecem um padrão de convivência que se afasta das brutais leis da natureza, abrindo caminho para uma vida coletiva mais harmoniosa e enriquecedora.

Dia 305

Saciando a sede em todas as esferas

Não adianta nos perdermos em devaneios sobre o ato de saciar a sede; quando a necessidade se torna urgente e a garganta clama por alívio – alcoólico ou não – é fundamental deixar de lado as ilusões e despertar para a realidade. Sonhar com o refresco da água não é suficiente para apagar a sensação ardente da sede. Encarar a situação com clareza é vital: a ação é o único caminho que nos levará ao alívio.

A VIDA NOS ENSINA QUE O DESPERTAR PARA A REALIDADE É O PRIMEIRO PASSO PARA A REALIZAÇÃO DOS NOSSOS DESEJOS E NECESSIDADES.

Esse princípio se aplica a todas as áreas da vida. Não adianta idealizar o emprego perfeito, o relacionamento dos sonhos ou a saúde invejável se você permanece estático, apenas desejando sem agir. Existe uma diferença brutal entre querer e fazer. A sede é apenas a metáfora mais básica para nos lembrar disso.

Portanto, não devemos nos permitir ser meros sonhadores diante das necessidades reais. Em vez disso, devemos agir prontamente, buscar soluções concretas e ir atrás do que nos trará conforto e satisfação. A vida nos ensina que o despertar para a realidade é o primeiro passo para a realização dos nossos desejos e necessidades – mesmo que isso inclua os mais simples, como um copo de água.

Dia 306

Leis comuns *vs.* leis religiosas

As leis, enquanto sistema de normas e regulamentos estabelecidos pela sociedade, atuam como um mecanismo de contenção para os delitos que se manifestam abertamente, buscando garantir a ordem e a justiça. Elas servem de barreira contra a criminalidade visível, punindo comportamentos que prejudicam a coletividade e promovendo um ambiente de segurança para todos. Assim, o aparato legal estabelece consequências claras para aqueles que transgridem as regras, desencorajando a prática de atos ilícitos em público.

Por outro lado, a religião desempenha um papel fundamental no controle dos comportamentos que ocorrem nas sombras, nas esferas mais íntimas e pessoais da vida humana. Ela propõe um sistema de valores e crenças que guia a moralidade individual, incentivando a reflexão sobre as ações e as intenções que podem não ser visíveis para a sociedade. A espiritualidade e os ensinamentos religiosos oferecem uma forma de autocontrole e responsabilidade que, mesmo quando não são visualmente fiscalizados pelas leis, podem impactar profundamente as escolhas pessoais e morais dos indivíduos.

Assim, a religião oferece um freio para os impulsos e desejos que, embora possam ser ocultos, têm igualmente o potencial de ferir a si mesmo e aos outros. Ambas as esferas, apesar de distintas, se complementam, formando uma rede de proteção que busca promover não apenas a ordem externa, mas também a harmonia interna, contribuindo para o bem-estar da sociedade como um todo.

Dia 307

Melhor cair atirando do que desertar

A frase "Maior que a tristeza de não haver vencido é a vergonha de não ter lutado", atribuída a Ruy Barbosa, captura uma profunda reflexão sobre a importância da ação e da luta pessoal, mesmo quando o resultado não é o que desejamos. Amplificando essa ideia, podemos perceber algumas camadas significativas.

A luta em si é valorizada como um ato de coragem e determinação. Lutar por um ideal, por um sonho ou por um objetivo revela não apenas a nossa vontade de alcançar algo, mas também o entendimento de que a vida é um campo de batalhas contínuas. Engajar-se na luta significa estar vivo, sentir, experimentar e crescer através dos desafios.

A frase também destaca a vergonha que pode surgir da inação. Muitas vezes, somos paralisados pelo medo do fracasso ou pela dúvida sobre nossas capacidades. No entanto, essa paralisia pode levar a sentimentos de impotência e arrependimento. É preferível falhar e aprender com a experiência do que se deixar levar pela inércia e pela oportunidade perdida.

Em suma, a frase ressalta que o verdadeiro fracasso não está em não vencer, mas sim em não ter a coragem de lutar. A vida é repleta de desafios e incertezas, mas a disposição para enfrentar esses desafios é um teste de caráter e um ingrediente essencial para uma vida plena. Portanto, devemos abraçar nossas lutas, independentemente do resultado, e permitir que elas nos moldem de maneiras que nos façam crescer e avançar em nossa jornada.

Dia 308

Prudência não é experiência

Sempre que julgamos alguém de idade mais avançada, nos parece que automaticamente essa pessoa é mais experiente. Nada a ver: o velhote só foi ficando mais avesso ao risco. A ideia dessa espécie de sabedoria inata dos mais velhos é um grande equívoco que nos leva a uma reflexão sobre a natureza do conhecimento e da experiência.

Com o passar dos anos, as pessoas acumulam vivências e aprendizados que muitas vezes as tornam mais prudentes em suas decisões e ações, mas isso não necessariamente implica que adquiram uma sabedoria verdadeira ou superior. Na realidade, a sabedoria envolve não apenas a capacidade de fazer julgamentos cautelosos, mas também a habilidade de questionar crenças arraigadas e expandir horizontes.

À medida que envelhecemos, podemos nos tornar mais cautelosos, evitando riscos e adotando uma visão mais conservadora sobre a vida, mas isso não garante uma compreensão mais profunda da complexidade do mundo. Prudência pode significar apenas medo de errar de novo — não um entendimento maior das coisas.

Portanto, é importante reconhecer que a experiência pode trazer prudência, mas a verdadeira sabedoria exige cultivo ativo, curiosidade constante e a disposição de continuar aprendendo, independentemente da idade. Saber envelhecer bem é não perder a capacidade de se reinventar e de olhar o mundo com olhos novos, sempre.

Dia 309

Mais descanso, mais trabalho

É difícil, mas eu tenho que reconhecer que, para alcançar meu pleno potencial no trabalho, é fundamental que eu priorize um descanso de qualidade. Compreendo que minha saúde é o meu bem mais precioso e, por isso, estou comprometido em gerenciá-la de maneira inteligente e eficaz.

O DESCANSO SAUDÁVEL NÃO SE RESUME APENAS A DORMIR MAIS HORAS, MAS SIM A CULTIVAR MOMENTOS DE RECUPERAÇÃO MENTAL E FÍSICA.

Decidir investir em um estilo de vida mais equilibrado, que inclua períodos adequados de descanso, não é apenas uma escolha pessoal; é uma estratégia essencial para garantir meu desempenho máximo em todas as minhas atividades. O descanso saudável não se resume apenas a dormir mais horas, mas sim a cultivar momentos de recuperação mental e física, que me permitirão ser mais produtivo e criativo.

Estou determinado a adotar hábitos que promovam essa recuperação, como praticar meditação, exercícios físicos regulares e uma alimentação adequada, além de criar um ambiente de trabalho que favoreça pausas efetivas. Ao cuidar da minha saúde com sabedoria, estarei não apenas protegendo o meu bem-estar, mas também garantindo que posso aportar o melhor de mim em cada projeto e desafio que enfrento.

Dia 310

Cale-se, cale-se, cale-se

Hemingway dizia que são necessários dois anos para aprendermos a falar e sessenta para aprendermos a calar. Demoramos cerca de dois anos para adquirir a habilidade de nos expressar verbalmente e, com o passar do tempo, nos tornarmos proficientes na comunicação falada. No entanto, é curioso perceber que levamos outras seis décadas para compreendermos a importância do silêncio e a arte de ouvir.

O SILÊNCIO OPORTUNO É UMA DAS MAIORES DEMONSTRAÇÕES DE AUTOCONTROLE E INTELIGÊNCIA EMOCIONAL.

Aprender a falar é um processo que envolve o desenvolvimento da linguagem, a interação com os outros e a formação de ideias. Em contraste, aprender a calar é uma jornada que abrange a reflexão, a sabedoria e o entendimento do momento certo para se manter em silêncio. Essa transição revela não apenas a maturidade, mas também a capacidade de valorizar o que é dito e, mais importante, o que não precisa ser dito.

O silêncio oportuno é uma das maiores demonstrações de autocontrole e inteligência emocional. Saber quando falar e, principalmente, quando calar, é uma habilidade que se constrói com o tempo, com erros cometidos e com a sensibilidade de perceber o impacto das nossas palavras sobre os outros. Mais do que uma ausência de som, o silêncio é uma escolha consciente que pode evitar conflitos desnecessários, preservar relações e criar espaços de escuta verdadeira. Quem aprende a calar descobre que nem toda resposta precisa ser dita em voz alta.

Dia 311

Nunca perca a si mesmo

A experiência mais dolorosa que alguém pode vivenciar é quando, no ardor do amor intenso por outra pessoa, acaba se perdendo de si mesmo. Nesse deslumbrante labirinto de sentimentos, é fácil esquecer que a própria essência também merece atenção e carinho. Amar de forma profunda é maravilhoso, mas é crucial lembrar que cada um de nós é igualmente especial e digno de amor.

Manter-se presente para si mesmo não é sinal de egoísmo, mas de maturidade emocional. Quando nos anulamos em nome de um sentimento, corremos o risco de criar uma dependência afetiva que, mais cedo ou mais tarde, trará sofrimento. O amor saudável exige equilíbrio: entrega, mas também limites; cuidado com o outro, mas também com a própria saúde emocional.

É um delicado exercício de reconhecer o valor do outro sem diminuir o próprio valor. Amar alguém não significa abrir mão dos próprios sonhos, valores e identidade. Pelo contrário, é na autenticidade que construímos as conexões mais verdadeiras e duradouras. Então, cultive a si mesmo com o mesmo zelo que dedica ao outro. Só assim, inteiro, você terá algo real e genuíno para oferecer.

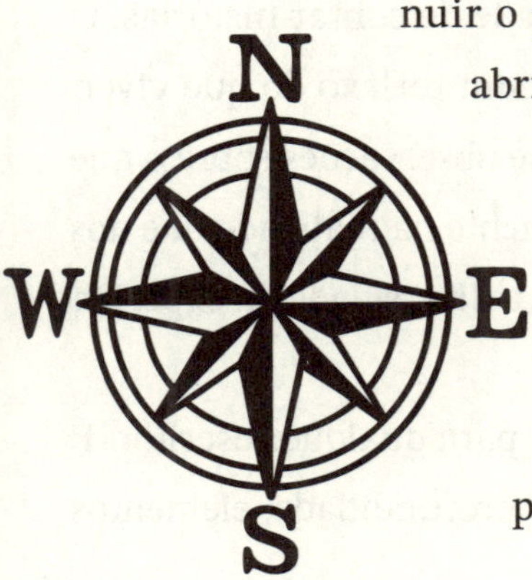

Dia 312

Viva e depois escreva

Para escrever sobre a vida, é essencial primeiramente vivê-la de maneira plena e intensa. As experiências que acumulamos, as emoções que sentimos e os desafios que enfrentamos se tornam a matéria-prima da nossa escrita. A vida é um mosaico de momentos, e cada um deles traz consigo lições, histórias e nuances que podem enriquecer nossa narrativa.

Viver significa se abrir para o mundo, absorvendo tudo que ele tem a oferecer. Significa experimentar o cotidiano em suas diversas facetas: as alegrias e tristezas, os triunfos e fracassos, as relações interpessoais e os períodos de solidão. Cada encontro e desencontro são oportunidades de aprendizado que, quando desnudadas na escrita, revelam a complexidade da condição humana.

Além disso, a vivência nos permite entender diferentes perspectivas, enriquecendo ainda mais nossa capacidade de contar histórias. O ato de escrever sobre a vida se torna, assim, um reflexo do que vivenciamos, uma tradução de nossos sentimentos e observações sobre o que nos rodeia. Somente ao mergulhar profundamente na realidade que nos cerca, podemos, de fato, expressar a riqueza e a diversidade da experiência humana em palavras.

Viver é o primeiro passo imprescindível para qualquer escritor. É na vivência que encontramos autenticidade e profundidade, elementos fundamentais para envolver e tocar os outros.

Dia 313

Tenacidade do recomeço

A vitalidade se revela não apenas por meio da insistência em enfrentar desafios, mas, sobretudo, pela extraordinária capacidade de recomeçar a cada nova oportunidade. Essa resiliência é uma prova do poder interior que cada um de nós possui. A essência da vida se manifesta quando adotamos a coragem de deixar para trás o que não nos serve mais e abraçar a chance de reescrever nossa própria história do zero.

> RECOMEÇAR É UM ATO DE CORAGEM QUE EXIGE AUTOCONHECIMENTO E DISPOSIÇÃO PARA APRENDER COM AS EXPERIÊNCIAS PASSADAS.

Recomeçar é um ato de coragem que exige autoconhecimento e disposição para aprender com as experiências passadas. É a habilidade de levantar-se após quedas, de renovar a fé em si mesmo e de olhar para o futuro com esperança e determinação. Cada novo começo traz consigo não apenas a possibilidade de transformação pessoal, mas também a chance de descobrir novas oportunidades, expandir horizontes e cultivar relações importantes.

Assim, a vitalidade se torna um ciclo contínuo de crescimento e renovação, em que a persistência se faz presente nas pequenas vitórias diárias e a habilidade de começar de novo se traduz em um espírito indomável. Nessa dinâmica, aprendemos que a vida é uma jornada repleta de possibilidades, e que cada reinício é, na verdade, uma celebração de nossa capacidade de adaptação, aprendizado e superação.

Dia 314

Respeite a história do outro

Sempre que a tentação de criticar alguém surgir em sua mente, reserve um momento para refletir sobre a diversidade de experiências que moldam cada indivíduo. Lembre-se de que nem todos tiveram as mesmas oportunidades e recursos que você. Todos enfrentam desafios únicos, e suas lutas muitas vezes permanecem invisíveis para nós.

AO INVÉS DE APONTAR FALHAS, QUE TAL CULTIVAR A COMPREENSÃO?

A crítica frequentemente nasce de uma posição de julgamento, mas ao adotarmos uma perspectiva mais empática, podemos perceber que cada pessoa carrega suas próprias batalhas. Enquanto você pode ter tido acesso a educação de qualidade, apoio familiar ou condições favoráveis em sua vida, outros podem estar lutando contra adversidades que você nunca enfrentou.

Ao invés de apontar falhas, que tal cultivar a compreensão? Procure entender as motivações e os contextos que levam as pessoas a agir de determinada forma. Isso não apenas promoverá uma convivência mais harmoniosa, como também enriquecerá sua própria visão de mundo. Em vez de criticar, você pode optar por oferecer apoio, ser uma fonte de inspiração ou, simplesmente, praticar a compaixão. Pequenas atitudes de empatia têm o poder de transformar relações e criar um ambiente mais humano ao nosso redor.

Dia 315

Abstenção de julgamento

Cultivar a prática de reservar julgamentos é uma abordagem que abre espaço para esperanças ilimitadas. Ao evitar conclusões precipitadas sobre as situações e as pessoas ao nosso redor, criamos um ambiente propício à compreensão e à empatia. Essa atitude nos permite explorar novas perspectivas e possibilita que, mesmo em meio a adversidades, vislumbremos soluções criativas e transformadoras.

Quando nos abstemos de julgar, também incentivamos um diálogo mais aberto e sincero, o que favorece a construção de relacionamentos saudáveis e a troca de ideias. As possibilidades de crescimento e aprendizado se ampliam, pois, cada interação se torna uma oportunidade para enxergar o mundo sob uma nova luz. Dessa maneira, ao nutrirmos a esperança em relação ao futuro e ao potencial humano, podemos não apenas mudar nossas próprias vidas, mas também impactar positivamente as vidas daqueles que nos cercam.

Além disso, essa postura de abertura é fundamental em tempos de incertezas. Ao reservarmos nossos julgamentos, nos tornamos mais resilientes e adaptáveis às mudanças, acessando um estado mental que nos encoraja a buscar soluções em vez de nos ater apenas aos problemas. Assim, a esperança se torna uma força motriz que nos impulsiona a agir de forma proativa, transformando desafios em oportunidades de crescimento e aprendizado contínuo.

Dia 316

O desafio da reflexão profunda e felicidade

Muitas vezes, a profundidade do entendimento e a capacidade crítica de pessoas dotadas de grande inteligência as levam a questionar e refletir sobre a realidade de maneira intensa. Essa busca incessante por um significado mais profundo e por justiça pode, em certas ocasiões, gerar frustrações e ansiedades, uma vez que a complexidade do mundo não se apresenta facilmente resolvível.

Ademais, a inteligência aguçada pode criar uma sensação de desconexão em relação ao cotidiano e às interações sociais, tornando mais difícil encontrar um lugar confortável em meio a pensamentos e preocupações que muitos ao seu redor podem não compreender. Esses indivíduos muitas vezes se veem lutando contra a superficialidade das conversas e das relações, ansiosos por conexões que estejam à altura de sua capacidade analítica e emocional.

Enquanto a felicidade é uma busca universal, entre as pessoas mais inteligentes, ela se torna um desafio particular. É como se, quanto mais se adentra no labirinto do conhecimento e da consciência, mais difícil se torna encontrar as saídas que levam ao contentamento genuíno. Nesse sentido, é fascinante observar que, em meio à excepcionalidade de seus talentos, muitos enfrentam uma realidade em que a felicidade parece ser uma conquista rara e, por vezes, inatingível.

Dia 317

A humildade como essência da sabedoria

A essência da verdadeira sabedoria, do potencial que podemos alcançar e do conhecimento que buscamos reside na humildade. Ser humilde não é apenas reconhecer nossas limitações, mas também manter a mente aberta para aprender com as experiências dos outros e com o mundo ao nosso redor. A humildade permite que abracemos a vulnerabilidade, acarretando um entendimento mais profundo de nós mesmos e dos outros, cultivando empatia e compaixão.

Quando adotamos uma postura humilde, somos capazes de ouvir e aprender em vez de nos fecharmos em nossas próprias certezas. Essa atitude nos conecta às diversas perspectivas que existem ao nosso redor, ampliando nossas visões e enriquecendo nosso repertório. Além disso, a humildade gera um ambiente de colaboração e respeito mútuo, em que as ideias podem florescer e a criatividade pode prosperar.

A verdadeira liderança, assim como a verdadeira erudição, não surge através da ostentação de poder ou do acúmulo de títulos, mas da capacidade de reconhecer que sempre há mais a aprender. Líderes humildes inspiram confiança e motivam seus seguidores, mostrando que a grandeza está em servir aos outros e não em se colocar acima deles.

Dia 318

Quando coragem e dignidade se encontram

A coragem pode ser entendida como a capacidade de manter a dignidade quando enfrentamos situações adversas e desafiadoras. É a firmeza de caráter que nos permite agir de acordo com nossos valores e princípios, mesmo sob a pressão das circunstâncias. Quando nos deparamos com medos, incertezas ou situações que testam nossa integridade, a coragem se manifesta como uma força interna que nos impulsiona a permanecer fiéis a nós mesmos.

Essa coragem não se reflete apenas em atos heroicos ou em momentos de grande bravura; ela se revela também nas pequenas decisões do cotidiano, em que optamos por fazer a coisa certa, mesmo quando isso pode nos custar algo valioso. A dignidade, por sua vez, é um componente essencial da nossa identidade, e mantê-la em momentos de pressão demonstra um profundo respeito por nós mesmos e pelos outros.

Portanto, a verdadeira essência da coragem reside na nossa capacidade de escolher agir de maneira justa e ética, mesmo quando nos sentimos vulneráveis. É isso que nos inspira a fazer o que é certo e a motivar os outros a fazer o mesmo. Em um mundo repleto de incertezas, cultivar essa coragem associada à dignidade torna-se um objetivo fundamental, não apenas para nossa própria realização pessoal, mas também para promover uma sociedade mais justa e equitativa.

Dia 319

Amar demais e perder a identidade

Uma das experiências mais dolorosas que podemos vivenciar é quando perdemos nossa autenticidade na intensidade de amar alguém de forma excessiva. Nesse processo, muitas vezes deixamos de lado nossas próprias necessidades, desejos e individualidade, e nos tornamos tão absorvidos pelo outro que esquecemos da importância de reconhecer a nossa própria singularidade.

Amar é, sem dúvida, uma das experiências mais profundas e enriquecedoras da vida, mas é fundamental lembrar que o amor saudável não implica a anulação do "eu". Ao dedicarmos tanto de nós mesmos a alguém, podemos inadvertidamente deixar de lado nossos próprios sonhos e nossa autoestima, o que gera um vazio íntimo e uma sensação de desconforto.

Neste processo de entrega, é imprescindível encontrar um equilíbrio. O amor deve ser uma via de mão dupla, em que o respeito pela individualidade de cada um é mantido. Reconhecer que somos seres únicos e valiosos é essencial, pois amar não deve significar sacrificar nossa essência. Cultivar a autoestima e a autocompaixão é fundamental para construirmos relações saudáveis, nas quais ambos os parceiros possam crescer e florescer sem perder a sua identidade. Assim, a verdadeira beleza do amor reside em sua capacidade de unir, mas também de celebrar a individualidade de cada um.

Dia 320

Inteligente e mal-educado: o estúpido

A inteligência pode ser vista como uma forma de ousadia educada, refletindo um equilíbrio sutil entre sagacidade e cortesia. Ela se manifesta na habilidade de questionar normas e convenções, desafiando ideias preconcebidas com um toque de refinamento. Ser inteligente não é apenas possuir conhecimento ou habilidades analíticas; envolve também a capacidade de expressar pensamentos provocativos de maneira respeitosa e eloquente.

Esse tipo de insolência é, na verdade, um convite ao diálogo e à reflexão. Indivíduos verdadeiramente inteligentes muitas vezes expõem verdades incômodas que podem desestabilizar o status quo, mas o fazem com uma destreza que evita a ofensa e promove a compreensão. Assim, a inteligência, quando aplicada na forma de uma insolência educada, não só provoca mudanças e inovações, mas também estimula um ambiente em que o debate construtivo pode florescer.

Além disso, essa combinação de ousadia e educação permite que as pessoas desafiem sistemas, estruturas e opiniões de uma maneira que é tanto persuasiva quanto inspiradora. Ao misturar criatividade e respeito, a verdadeira inteligência nos leva a novas perspectivas e nos motiva a buscar um aprendizado contínuo, cultivando um espaço em que todas as vozes são ouvidas e valorizadas. Em suma, a educação da insolência da inteligência abre portas para um mundo de ideias, transformando a provocação em progresso.

Dia 321

Velhice e burrice

Quantas vezes você já passou na frente de um bar antes do horário do almoço e viu um bando de velho contando mentiras? Ou na praça, perdendo tempo jogando dominó ou gamão? Essas são as piores coisas que você pode virar quando ficar idoso.

A cultura se revela como um dos maiores alicerces de conforto na velhice, proporcionando não apenas uma fonte de prazer, mas também uma maneira de manter a mente ativa e o espírito vibrante. Ao nos envolvermos com a arte, a música, a literatura e o aprendizado contínuo, encontramos um refúgio emocional e uma oportunidade de conexão com o mundo que nos cerca. Assim, a cultura não apenas enriquece nossas experiências, mas também nos ajuda a enfrentar os desafios da idade com uma perspectiva renovada, promovendo um envelhecimento mais saudável.

A IMERSÃO NA RIQUEZA CULTURAL É, SEM DÚVIDA, UM BÁLSAMO QUE SUAVIZA AS TENSÕES E SOLIDÕES QUE PODEM ACOMPANHAR A VELHICE.

Em suma, a imersão na riqueza cultural é, sem dúvida, um bálsamo que suaviza as tensões e solidões que podem acompanhar a velhice, transformando-a em uma etapa repleta de descobertas e alegrias. Aproveite que tem mais tempo livre, mas mais escasso, para se ocupar.

Dia 322

Você se suporta?

Bukowski, que nunca foi muito afável em sua escrita, sempre frisou que jamais experimentou a solidão de maneira profunda e melancólica. Na verdade, ele apreciava imensamente a companhia que encontrava em si mesmo. Dizia que ele próprio era um universo repleto de pensamentos, ideias e reflexões, e que isso lhe proporcionava um entretenimento único e valioso. Eu concordo e assino embaixo: ele apreciava a companhia interior.

ESTAR BEM CONSIGO MESMO É UM SINAL DE SAÚDE EMOCIONAL.

Eu, em minha própria companhia, consigo explorar novas perspectivas, mergulhar em livros fascinantes, ouvir músicas que aquecem minha alma e até mesmo criar histórias que dançam na imaginação. Cada momento que passo comigo me lembra do quanto é gratificante ser meu próprio amigo e descobridor. A solitude, para mim, é um convite à autodescoberta e ao prazer de estar plenamente presente na minha própria vida.

Além disso, estar bem consigo mesmo é um sinal de saúde emocional. Quem consegue se suportar e até gostar da própria presença tem mais chances de viver relações mais leves com os outros, pois não carrega expectativas irreais de que alguém venha preencher seus vazios. Saber curtir a própria companhia é, antes de tudo, um ato de maturidade e amor-próprio.

Dia 323

Cada dia como o último capítulo

Abrace cada momento da sua vida com a intensidade e a dedicação que ele merece, como se fosse o último capítulo da sua existência. Cada ação, cada escolha e cada interação com os outros devem ser tratadas com um profundo senso de importância. Imagine que cada dia que você vive é uma oportunidade única e irrepetível, e, portanto, procure mergulhar nas experiências que lhe são oferecidas.

VIVA COM AUTENTICIDADE, EXPRESSE AMOR E GRATIDÃO E NÃO PROCRASTINE NA BUSCA POR SEUS SONHOS.

Cada ato, por menor que pareça, carrega consigo o potencial de transformar não apenas a sua vida, mas também a vida das pessoas ao seu redor. Ao tratar as suas decisões do cotidiano com esse grau de seriedade e apreço, você pode revelar a beleza nas pequenas coisas, cultivar relacionamentos mais significativos e até mesmo inspirar outros a fazerem o mesmo.

Essa mentalidade nos convida a refletir sobre a fragilidade da vida e nos encoraja a viver com propósito. Ao extrairmos o máximo de cada experiência, nos tornamos mais conscientes de nossas emoções e valores e aprendemos a valorizar o presente. Portanto, viva com autenticidade, expresse amor e gratidão e não procrastine na busca por seus sonhos, como se cada momento fosse um precioso presente que não se repetirá.

Dia 324

Tonificando a cachola

As dificuldades que enfrentamos ao longo da vida desempenham um papel fundamental no fortalecimento da nossa mente, da mesma forma que o trabalho árduo constrói e revigora o corpo. Quando nos deparamos com desafios, somos forçados a sair da nossa zona de conforto, a desenvolver resiliência e a cultivar habilidades que antes desconhecíamos. Esses momentos de adversidade não apenas testam nossa capacidade de superação, mas também nos ensinam lições valiosas sobre perseverança, autoconfiança e adaptação.

Assim como um atleta que levanta pesos para fortalecer os músculos, cada obstáculo que superamos mentalmente é um exercício que tonifica nossa mente, tornando-a mais ágil e robusta. Enfrentar dificuldades pode ser doloroso e desconfortável, mas é nesse processo que nos tornamos mais preparados para as futuras batalhas. A mente se torna um "músculo" que, quanto mais é desafiado, mais forte se torna.

ENFRENTAR E SUPERAR DIFICULDADES NOS AJUDA A DESENVOLVER EMPATIA E COMPREENSÃO EM RELAÇÃO AOS OUTROS.

Além disso, enfrentar e superar dificuldades nos ajuda a desenvolver empatia e compreensão em relação aos outros, pois nos lembramos de que todos, em algum momento, se deparam com seus próprios desafios. Essa conexão humana não só enriquece nossas interações sociais, mas também nos proporciona um senso de comunidade e apoio mútuo.

Dia 325

Seu receio sabota sua oportunidade

Nossas incertezas agem como traidoras silenciosas, sabotando nossas oportunidades e nos levando a perder aquilo que, em muitas ocasiões, poderíamos conquistar. Muitas vezes, esse comportamento é impulsionado por um medo paralisante de arriscar, que nos impede de avançar e explorar novas possibilidades. Ao nos deixarmos dominar pelas dúvidas, não apenas alimentamos inseguranças, mas também nos afastamos de caminhos que poderiam enriquecer nossas vidas.

É fundamental reconhecermos que o verdadeiro crescimento e a realização estão, muitas vezes, além da zona de conforto, exigindo coragem para enfrentar o desconhecido e disposição para transformar medos em oportunidades. Encarar os próprios receios com uma postura mais racional e proativa pode ser o primeiro passo para mudar a direção da nossa história.

NOSSAS INCERTEZAS AGEM COMO TRAIDORAS SILENCIOSAS, SABOTANDO NOSSAS OPORTUNIDADES E NOS LEVANDO A PERDER AQUILO QUE, EM MUITAS OCASIÕES, PODERÍAMOS CONQUISTAR.

Cada decisão adiada por medo pode representar uma chance perdida de evoluir, aprender e construir um futuro mais satisfatório. Não se trata de agir sem pensar, mas de entender que a segurança absoluta é uma ilusão e que o progresso exige ação. Se quisermos conquistar novos espaços, precisaremos ser mais ousados na maneira como lidamos com nossas inseguranças.

Dia 326

Desmistificando ícones

Muitas vezes, ao longo de nossas vidas, moldamos nossos sonhos e aspirações baseando-nos nas qualidades e conquistas de pessoas que admiramos. São figuras que, à primeira vista, parecem imbatíveis, como ícones que representam o que almejamos. No entanto, com o passar do tempo, começamos a perceber que, enquanto os nossos sonhos são grandiosos e repletos de potencial, as pessoas que elegemos como referência podem não ter o mesmo grau para inspirar a ponto de tornar nossos anseios realidade.

AO RECONHECERMOS QUE NOSSOS SONHOS SÃO INDIVIDUAIS, PASSAMOS A ENTENDER QUE A FORÇA PARA OS REALIZAR RESIDE EM NÓS MESMOS.

Esse processo de desilusão pode ser doloroso, uma vez que as projeções que fizemos sobre essas pessoas, fundadas em suas aparências ou no respeito que sentimos por elas, nem sempre correspondem à realidade. Às vezes, nos deparamos com fraquezas, limitações ou até mesmo desinteresse por parte dessas influências que idealizamos. O que era um ser vibrante agora se revela como um campo em que a esperança se encontra com a frustração.

No entanto, essa percepção nos oferece uma oportunidade valiosa de reflexão. Ao reconhecermos que nossos sonhos são individuais, passamos a entender que a força para os realizar reside em nós mesmos. Essa jornada de autodescoberta nos força a olhar para dentro, a cultivar nossas próprias capacidades e a assumir a responsabilidade pela realização de nossas aspirações.

Dia 327

Experiências memoráveis: é sobre intensidade

O verdadeiro valor das experiências não reside necessariamente na duração delas, e sim na intensidade e profundidade com que se manifestam em nossas vidas. É essa intensidade que transforma momentos comuns em lembranças eternas, em prints indeléveis na nossa memória emocional. Assim, encontramos ocasiões que marcam profundamente a nossa trajetória, aquelas que, mesmo breves, deixam um legado em nosso ser.

Existem momentos que desafiam a lógica e as convenções, que fogem à explicação racional, mas que tocam nossas almas de maneira única. É nesse espaço de inexplicabilidade que reside a magia das nossas vivências, em que uma simples fração de tempo pode gerar sentimentos tão poderosos que perduram por toda a vida.

EXISTEM MOMENTOS QUE DESAFIAM A LÓGICA E AS CONVENÇÕES, QUE FOGEM À EXPLICAÇÃO RACIONAL, MAS QUE TOCAM NOSSAS ALMAS DE MANEIRA ÚNICA.

Da mesma forma, algumas pessoas se destacam em nossa jornada como verdadeiras jóias, com uma singularidade que as torna incomparáveis. Elas trazem à nossa existência um brilho especial, influenciando quem somos e como vemos o mundo. Essas conexões profundas e esses encontros memoráveis são os verdadeiros tesouros da vida.

Dia 328

A subjetividade do tempo

O mesmo período de tempo se apresenta de maneiras distintas para cada um de nós, refletindo nossas percepções momentâneas. Para aqueles que aguardam, ele se arrasta, como se cada segundo fosse uma eternidade, enquanto a expectativa se prolonga, tornando-se quase insuportável. Já para aqueles que vivem em constante temor, o tempo parece fugir, esgueirando-se como uma sombra, apressando cada momento e transformando a ansiedade em um ciclo interminável.

Para os que se entregam ao lamento, o tempo se estende infinitamente, cada dia pesa sobre os ombros como um fardo pesado, com a dor da perda ou da saudade em um eco doloroso. Em contraste, para aqueles que celebram a vida, o tempo se torna um mero instante, a alegria transforma cada momento em um piscar de olhos, e as horas se condensam em memórias rápidas e efêmeras de felicidade.

Para aqueles que celebram a vida, o tempo se torna um mero instante.

E para os que amam verdadeiramente, o tempo assume uma dimensão totalmente diferente. Para eles, cada instante é precioso e atemporal, como se o amor criasse uma bolha suspensa na qual os relógios perdem a relevância. Nesse espaço sagrado, não há pressa, nem ansiedade, apenas uma infinidade de momentos que se entrelaçam, formando um oceano de eternidade que transcende o simples passar do tempo.

Dia 329

Amizade em seus momentos

Para realmente conhecermos nossos amigos, é fundamental experimentar tanto os momentos de sucesso quanto os de adversidade. Nos períodos de triunfo, é fácil perceber quem se aproxima, atraído pelas vibrações positivas e pela celebração das conquistas. Nesses momentos, a quantidade de amigos à nossa volta tende a crescer, pois muitos se alegrarão com nossas vitórias e compartilharão dos nossos momentos de festividade.

Por outro lado, nas horas de desgraça e dificuldades, a verdadeira essência das relações se revela. É nesse contexto que a qualidade das amizades se torna evidente. Os verdadeiros amigos são aqueles que permanecem ao nosso lado, oferecendo apoio, compaixão e compreensão. Eles são os que se dispõem a escutar, a compartilhar o peso das nossas dores e a nos oferecer o ombro.

Portanto, ao longo da vida, devemos valorizar tanto os momentos de alegria quanto os de tristeza, pois ambos são cruciais para a formação de laços genuínos. A experiência do sucesso nos ajuda a identificar quem se alegra conosco, enquanto a vivência da desgraça nos permite distinguir quem realmente se importa, demonstrando que as amizades mais sólidas são aquelas que resistem às tempestades e prosperam não apenas nas luzes do sucesso, mas também nas sombras da adversidade.

Dia 330

A asneira tão infinita quanto o cosmos

Duas realidades parecem se estender infinitamente: o vasto e misterioso universo que nos envolve e a surpreendente capacidade da imbecilidade humana. Mesmo em meio a tantas descobertas e avanços científicos, a imensidão do cosmos permanece repleta de enigmas que ainda não conseguimos desvendar completamente. Contudo, quando se trata da habilidade de cometer erros, agir de forma irracional ou ignorar evidências claras, parece que a limitação humana não tem limites.

É fascinante refletir sobre como, apesar de todo o conhecimento acumulado ao longo dos séculos, a humanidade muitas vezes se vê presa a comportamentos e decisões que desafiam a lógica e o bom senso. O universo, com sua infinidade de estrelas, galáxias e mistérios, nos convida a questionar e explorar. E, enquanto olhamos para a vastidão do espaço, não podemos deixar de lado a perplexidade diante de como frequentemente abrimos mão da sabedoria em prol da teimosia e da ignorância.

MESMO EM MEIO A TANTAS DESCOBERTAS E AVANÇOS CIENTÍFICOS, A IMENSIDÃO DO COSMOS PERMANECE REPLETA DE ENIGMAS QUE AINDA NÃO CONSEGUIMOS DESVENDAR COMPLETAMENTE.

Essa combinação de infinitudes – a do cosmos e a da estupidez humana – serve como um lembrete cômico e trágico de que, enquanto expandimos nosso entendimento do universo, ainda há muito o que evoluir dentro de nós mesmos. O desafio é olhar para o céu com curiosidade, mas também olhar para dentro com um senso crítico que nos proteja de cair nos mesmos erros de sempre.

Dia 331

Conexões emocionais e inteligência cognitiva

Acredito que compreender-me vai além da mera inteligência; trata-se, essencialmente, de uma experiência emocional e de uma conexão profunda. Não se trata apenas de decifrar palavras ou raciocínios, mas de realmente sentir e ressoar com o que está sendo compartilhado. É um processo que demanda abertura e sensibilidade, em que as emoções e as vivências se entrelaçam.

Entrar em contato comigo requer uma disposição para se deixar tocar, para se permitir ser impactado pelas nuances do que digo e sinto. É um convite a mergulhar em um espaço em que a empatia e a autenticidade se tornam fundamentais. Não basta interpretar os sinais de forma lógica; é preciso senti-los com o coração aberto, percebendo as entrelinhas e os silêncios que também comunicam.

A verdadeira compreensão se dá em um nível mais profundo: ou esse toque acontece, ou simplesmente não acontece. Não é uma questão de QI, de conhecimento técnico ou de domínio de linguagem. É um movimento de alma, uma sintonia que vai além das capacidades analíticas. Essa conexão é o que nos aproxima, trazendo à tona a riqueza e a complexidade das relações humanas. É nesse território emocional que nasce a verdadeira compreensão: um espaço de escuta, de vulnerabilidade e de presença real.

Dia 332

O amor genuíno

Aprendi que não posso forçar o amor de ninguém, pois o afeto não pode ser imposto. Isso se revela em cada interação, em que tentativas de manipulação ou pressão apenas criam resistência e distanciamento. O amor, em sua essência mais pura, é um sentimento espontâneo, nascido da conexão genuína entre as pessoas.

O que posso fazer é oferecer razões puras para que as pessoas se sintam atraídas por mim e valorizem a nossa conexão. Isso envolve mais do que superficialidades; significa ser autêntico em todas as minhas interações, mostrando quem realmente sou, com todas as minhas virtudes e imperfeições. Ser genuíno cria um ambiente de confiança, no qual as pessoas se sentem à vontade para expressar seus próprios sentimentos e vulnerabilidades.

Ser compreensivo é outra peça-chave na construção de relacionamentos afetivos. Cada indivíduo tem seu próprio histórico, bagagens emocionais e a forma como se relaciona com os outros. Ao me esforçar para entender a perspectiva do outro, estou abrindo espaço para um diálogo mais profundo e significativo. Esse tipo de troca não apenas fortalece a conexão, mas também promove um ambiente saudável para o amor se desenvolver, livre de julgamentos e expectativas irreais. É nesse solo fértil que o verdadeiro amor pode germinar e crescer, tornando-se uma fonte de alegria e conexão duradoura.

Dia 333

Sua vida é seu maior empreendimento

É verdade que, como qualquer ser humano, eu posso ter falhas, enfrentar momentos de apreensão e, em algumas ocasiões, me deixar dominar pela irritação. No entanto, nunca perco de vista uma verdade fundamental: minha vida é meu maior empreendimento. A cada dia, eu tenho a responsabilidade e a capacidade de administrá-la da melhor forma possível, garantindo que seu potencial seja plenamente realizado.

Encontrar a felicidade é um ato consciente e constante de valorização da vida. É a capacidade de enxergar que, apesar dos obstáculos, das incompreensões e das crises que inevitavelmente surgem em nosso caminho, cada um desses momentos é uma oportunidade de aprendizado. Ser feliz é reconhecer que a vida, com todas as suas nuances, vale a pena ser vivida.

A felicidade também implica uma transformação pessoal: deixar de ser apenas uma vítima passiva dos problemas. Em vez disso, devemos nos colocar na posição de protagonistas da nossa própria história. Isso significa assumir o controle das nossas emoções, reações e escolhas, moldando nosso destino com coragem e determinação. Ao adotar essa mentalidade, não só nos tornamos mais resilientes, mas também mais capazes de encontrar alegria nas pequenas coisas e de nos reerguer após cada queda.

Dia 334

Faça uma faxina no seu coração

Pitágoras dizia: "Purifica o teu coração antes de permitir que o amor nele entre, pois até o mel mais doce pode azedar se for armazenado em um recipiente sujo." Assim como um recipiente impuro prejudica o sabor do mel, um coração contaminado por mágoas, rancores e inseguranças pode distorcer e envenenar as experiências de amor.

Guardar ressentimentos transforma o que poderia ser doce em algo amargo. Por isso, é essencial dedicar tempo e energia para limpar as feridas emocionais, perdoar antigas dores e abrir espaço para sentimentos mais leves e construtivos. Essa limpeza interna não significa ignorar o que nos machucou, mas aprender com cada experiência e soltar o peso desnecessário que carregamos.

GUARDAR RESSENTIMENTOS TRANSFORMA O QUE PODERIA SER DOCE EM ALGO AMARGO.

Quando escolhemos cultivar sentimentos positivos como a gratidão, a compaixão e o perdão, criamos um ambiente emocional mais receptivo e saudável. Esse processo de purificação permite que o amor floresça em sua forma mais pura, trazendo leveza, equilíbrio e alegria para os nossos relacionamentos.

Lembre-se: um coração saudável e limpo é sempre o terreno mais fértil para as mais belas e sinceras relações. Só quando cuidamos de dentro é que podemos amar de verdade por fora.

Dia 335

O homem e sua vastidão mental

Conhecer um homem e compreender o que se passa em sua mente são duas experiências distintas. Podemos conviver com alguém por anos, saber sua história, seus hábitos, suas reações, e ainda assim não acessar plenamente seus pensamentos mais profundos. A identidade que uma pessoa apresenta ao mundo — sua fala, suas ações, suas escolhas — é apenas uma parte visível de algo muito mais complexo.

NÃO BASTA OLHAR, OUVIR OU ESTAR PERTO PARA REALMENTE CONHECER ALGUÉM POR COMPLETO.

A mente humana é um território misterioso e silencioso. Nela habitam lembranças, desejos, conflitos, medos e sonhos que quase nunca são expostos com total clareza. Mesmo os mais transparentes guardam partes de si que não conseguem ou não desejam compartilhar. Por isso, não basta olhar, ouvir ou estar perto para realmente conhecer alguém por completo.

Há uma diferença entre saber quem a pessoa "parece" ser e quem ela "realmente" é em sua essência. A primeira impressão pode ser enganosa, e até mesmo a convivência pode não revelar o que se passa no íntimo. Compreender um ser humano exige mais do que observação — requer empatia, tolerância e sensibilidade. E mesmo assim, haverá sempre partes que permanecem inacessíveis, pois cada indivíduo é, em última instância, um mistério em constante transformação.

Dia 336

Cachacismo e coragem

Seja responsável por cumprir, em plena lucidez, tudo aquilo que você afirmou que faria enquanto estava sob o efeito do álcool. Esse exercício, por mais desconfortável que seja, funciona como um poderoso método de autoconhecimento e disciplina. Ao assumir as consequências das promessas feitas em momentos de euforia ou desinibição, você aprenderá, com o tempo, a medir melhor suas palavras — principalmente quando estiver em estados alterados de consciência.

A embriaguez costuma liberar impulsos, desejos ou bravatas que normalmente reprimimos quando estamos sóbrios. Pode parecer inofensivo dizer que vai escalar uma montanha, largar o emprego ou declarar amor a alguém em meio a risos e copos erguidos, mas essas palavras, mesmo ditas num estado emocional alterado, não deixam de ter impacto — nos outros e em você. Cumprir essas promessas em plena sobriedade força a encarar o peso das próprias declarações.

Esse tipo de comprometimento expõe a diferença entre coragem genuína e impulsividade inconsequente. E, mais do que isso, ensina a pensar antes de falar, a considerar as consequências do que se promete e a valorizar o silêncio como sinal de maturidade. Com o tempo, aprenderá que há força não apenas em cumprir o que se diz, mas também em saber quando é melhor não dizer nada.

Dia 337

Feliz sem motivo

Ser feliz sem motivo é, talvez, a mais pura e autêntica forma de felicidade que alguém pode experimentar. Trata-se de um estado de espírito que não depende de circunstâncias externas, conquistas ou validações. É uma felicidade que brota de dentro, espontânea, livre e verdadeira. Quando alguém é feliz apenas porque existe, porque respira, porque está presente no mundo — essa felicidade é genuína, pois não se apoia em condições passageiras ou metas inalcançáveis.

Na maioria das vezes, associamos a felicidade a fatores externos: sucesso profissional, relacionamentos amorosos, bens materiais, reconhecimento social. No entanto, esses elementos são instáveis e mutáveis. A verdadeira felicidade, aquela que permanece mesmo em meio às dificuldades, nasce da paz interior, da gratidão pelo simples fato de viver, do contentamento com o momento presente.

Ser feliz sem motivo é um sinal de maturidade emocional e de conexão profunda consigo mesmo. É encontrar beleza nas pequenas coisas, valor nas rotinas diárias, significado no silêncio. É sorrir sem razão aparente, é sentir-se leve sem que algo "grande" tenha acontecido.

Quando não há uma razão específica para a alegria, é justamente aí que ela revela sua essência mais sincera. Essa forma de felicidade não pode ser comprada nem ensinada — apenas vivida, sentida e cultivada com simplicidade e presença.

Dia 338

Quase que viveu, e morreu

Desconfie do destino e confie mais em si mesmo. Acreditar que tudo está previamente traçado pode ser uma forma sutil de se isentar da responsabilidade por suas escolhas e por sua própria felicidade. Não entregue seu futuro às mãos invisíveis do acaso. Em vez disso, abrace sua autonomia e coloque-se como protagonista da sua história.

Sonhar é necessário, mas não suficiente. Os sonhos precisam ser alimentados por ação, perseverança e disciplina. Gastar tempo demais apenas idealizando o que se quer, sem mover-se em direção a isso, é como construir castelos no ar. Planejar é importante, mas viver exige coragem para agir, para arriscar, para enfrentar os desafios que surgem no caminho. Esperar que as condições ideais apareçam pode significar perder oportunidades que jamais voltarão.

A vida é agora. Quem vive apenas pela metade, quem adia constantemente suas vontades e emoções, corre o risco de apenas existir, sem de fato experimentar a plenitude do viver. Enquanto alguém que quase morreu ainda tem a chance de recomeçar, quem quase viveu pode já ter perdido o melhor da vida sem perceber. Por isso, viva intensamente, com consciência, entrega e verdade. A cada passo, reafirme sua capacidade de construir o próprio caminho — com ação, paixão e propósito.

Dia 339

Pessimismo é tolice disfarçada

Costuma-se pensar que o oposto do pessimismo é o otimismo, mas isso raramente é verdade. O otimismo genuíno exige lucidez, coragem e uma certa maturidade emocional — qualidades que não são facilmente encontradas. Com mais frequência, o que se apresenta como antítese do pessimismo é, na verdade, uma forma de ingenuidade ou tolice disfarçada. Enquanto o pessimismo pode carregar uma dose de realismo duro, o "otimismo" que frequentemente o substitui tende a ser superficial, um refúgio confortável contra a complexidade do mundo.

O OTIMISMO GENUÍNO EXIGE LUCIDEZ, CORAGEM E UMA CERTA MATURIDADE EMOCIONAL

É verdade que há uma forma nobre de combater o pessimismo: aquela que, com boa intenção, busca fortalecer os frágeis, animar os desanimados e acender uma centelha de esperança onde ela parece extinta. Essa atitude, quando sincera, é bela e necessária. No entanto, fora desses casos, a recusa em reconhecer as dificuldades da realidade não é virtude, mas cegueira voluntária.

Assim, em vez de uma força transformadora, o que se opõe ao pessimismo costuma ser apenas a tolice: a recusa em ver, entender e agir de forma consciente diante dos desafios da vida.

Dia 340

A conspiração mora na sua cabeça

Às vezes, quando tudo parece desmoronar ao nosso redor, somos tomados pela sensação de que o universo conspira contra nós. Planos falham, oportunidades escapam e portas se fecham de forma inesperada. No entanto, é justamente nesses momentos de aparente fracasso que a vida revela sua surpreendente sabedoria. Coisas boas — que jamais teriam acontecido se tudo tivesse saído conforme o planejado — surgem de onde menos esperamos.

Uma decepção pode nos empurrar em direção a um caminho mais legítimo. Uma perda pode nos ensinar resiliência e abrir espaço para algo maior e mais significativo. Muitas vezes, é no caos que descobrimos forças que desconhecíamos possuir, e é na ausência de certezas que somos convidados a crescer.

As voltas que a vida dá, embora desconcertantes, frequentemente nos levam exatamente onde precisamos estar. Se tudo tivesse dado "certo" conforme o que desejávamos, talvez não tivéssemos encontrado as pessoas, os aprendizados ou as oportunidades que realmente transformam.

Ao nos depararmos com o inesperado ou o indesejado, é sábio lembrar: nem sempre o que parece um erro é de fato um erro. Às vezes, é apenas o caminho certo disfarçado de contradição.

Dia 341

Queda: o trampolim do sucesso

O pessimista caminha com os olhos baixos, vendo espinhos onde nascem flores. Diante de uma nova estrada, ele enxerga apenas as pedras, os buracos, as tempestades que talvez nem venham. Suas palavras carregam o peso da dúvida, e sua alma parece temer cada passo. Onde há luz, ele fala da sombra. Onde há possibilidade, ele pressente o fracasso.

O PESSIMISTA FECHA AS PORTAS DO POSSÍVEL; O OTIMISTA ABRE JANELAS NO IMPOSSÍVEL.

O otimista, porém, tem outro olhar. Mesmo sob o céu nublado, ele busca o sol escondido entre as nuvens. Ele transforma o tropeço em dança, o erro em lição, a queda em impulso para voar mais alto. Não é que ele ignore a dor — ele a acolhe, mas não se deixa afundar por ela. Onde o mundo vê fim, ele vê começo. Onde todos dizem "não dá", ele sussurra "e se der?"

Ambos caminham pelas mesmas trilhas, mas um escolhe se prender aos muros, enquanto o outro busca janelas. O que os diferencia não é o que encontram, mas o que decidem ver. O pessimista fecha as portas do possível; o otimista abre janelas no impossível.

E assim, entre o medo e a esperança, é o olhar que molda o destino.

Dia 342

O bom espinho

Na jornada da vida, muitos se deixam abater pelos desafios, focando nos espinhos que aparecem no caminho. Eles se lamentam ao perceber que as rosas, símbolo de beleza e conquista, vêm acompanhadas de obstáculos e dificuldades – os tais espinhos. Porém, há aqueles que escolhem evoluir diante desses mesmos espinhos, porque sabem que cada dificuldade traz uma oportunidade de crescimento e aprendizado equivalente.

Essa atitude faz toda a diferença. Enxergar o lado positivo, valorizar as pequenas vitórias mesmo quando há dor, é o que transforma uma experiência comum em algo extraordinário. Os espinhos não existem para impedir que prosperemos, mas para nos fortalecer, nos tornar mais resilientes e mais sábios.

Quando mudamos o foco do medo para a coragem, da tristeza para a esperança, descobrimos que podemos colher rosas mesmo em terrenos ásperos. A vida não é isenta de problemas, mas é cheia de possibilidades para quem tem a coragem de olhar além das dificuldades e encontrar a beleza que está escondida entre os espinhos.

Por isso, escolha sempre sorrir e aceitar os espinhos que existem nas flores, sejam eles desejáveis ou não. Assim, você se torna capaz de transformar qualquer desafio em uma oportunidade para progredir e alcançar o melhor que a vida tem a oferecer.

Dia 343

Mais realista, mais cheio da grana

No ambiente corporativo, assim como na vida, enfrentamos ventos inesperados: mudanças de mercado, crises econômicas, concorrência acirrada e metas desafiadoras. E a forma como lidamos com esses ventos define nosso desempenho e nosso futuro profissional.

O colaborador pessimista – que merece tomar um pé na bunda – gasta energia reclamando das dificuldades. Ele vê os problemas como barreiras intransponíveis, limita sua criatividade e contamina o ambiente com desânimo. O otimista, por outro lado, mantém a esperança de que o cenário melhore, mas muitas vezes espera passivamente que as mudanças venham de fora.

Já o profissional realista — aquele que gera resultados — adota uma postura diferente: ele ajusta as velas aos ventos que aparecem. Analisa o cenário, identifica oportunidades dentro dos desafios e age com estratégia e flexibilidade. Ele não controla o vento, mas controla sua resposta a ele. Inova, se adapta e transforma obstáculos em vantagem competitiva.

Empresas de sucesso são feitas por equipes que ajustam as velas com agilidade, foco e colaboração. Líderes inspiradores são aqueles que não apenas enxergam as mudanças, mas que sabem conduzir suas equipes com coragem, clareza e ação.

Em um mundo em constante transformação, não sobrevive quem espera o vento mudar, mas quem se adapta e avança, mesmo contra o vento contrário.

Dia 344

Quando a coragem se manifesta

A coragem não consiste na ausência de medo, mas sim na capacidade de seguir em frente mesmo quando o medo se faz presente. É um engano comum pensar que os corajosos não sentem receio, angústia ou insegurança diante dos desafios. Na verdade, o que diferencia uma pessoa corajosa é a sua atitude diante desses sentimentos. Coragem é a decisão consciente de agir apesar do temor, de enfrentar o desconhecido mesmo com o coração acelerado e a mente cheia de dúvidas.

> A VERDADEIRA CORAGEM É FEITA DE ESCOLHAS DIÁRIAS, DE PEQUENOS ATOS DE RESISTÊNCIA, DE PERSISTÊNCIA SILENCIOSA.

Todos nós, em algum momento da vida, nos deparamos com situações que despertam medo — seja no campo pessoal, profissional, emocional ou espiritual. Nesses momentos, é natural hesitar. No entanto, é precisamente aí que a coragem se manifesta: não como um impulso imprudente, mas como um esforço deliberado de superação. É levantar-se após as quedas, manter-se firme diante da dor e prosseguir mesmo quando tudo parece incerto.

Ser corajoso não é ser invulnerável. É reconhecer as próprias fragilidades e, ainda assim, não permitir que elas nos paralisem. A verdadeira coragem é feita de escolhas diárias, de pequenos atos de resistência, de persistência silenciosa. É, acima de tudo, a esperança de que vale a pena lutar, mesmo quando o medo insiste em dominar.

Dia 345

Escolha conscientemente seu destino

Nossa identidade é moldada, em sua essência, pelos pensamentos que deixamos nos domar. A mente é uma poderosa força criadora, capaz de transformar não apenas nossa percepção da realidade, mas também a própria realidade à nossa volta. O que pensamos repetidamente torna-se a base de nossas ações, atitudes e escolhas. Assim, nossas crenças, esperanças, medos e desejos emergem dos pensamentos que alimentamos no cotidiano.

Quando dizemos que "somos o que pensamos", estamos afirmando que o nosso interior molda o exterior. As ideias que nutrimos constroem a nossa visão de mundo, influenciam nossos relacionamentos e definem o modo como enfrentamos desafios. Se cultivamos pensamentos positivos, desenvolvemos resiliência, otimismo e compaixão. Por outro lado, se nos deixarmos dominar por pensamentos negativos, podemos atrair angústia, insegurança e sofrimento.

Dessa forma, ao escolher conscientemente aquilo em que pensamos, passamos a ter um papel ativo na construção do nosso destino. Não se trata de negar a realidade, mas de compreendê-la e transformá-la a partir da forma como a interpretamos. Nossos pensamentos são as sementes da nossa experiência: ao cuidar do que plantamos em nossa mente, cuidamos do mundo que construímos à nossa volta. Portanto, fomentar bons pensamentos é cultivar uma vida mais plena, consciente e significativa.

Dia 346

3 coisas que não têm como desfazer

Na trajetória da vida, há três elementos cuja natureza é irrevogável: a flecha lançada, a palavra dita e a oportunidade desperdiçada. Cada um deles carrega consigo o peso das decisões e das consequências que delas derivam. A flecha, uma vez disparada, segue seu curso sem retorno, simbolizando ações que, após iniciadas, não podem mais ser desfeitas. Da mesma forma, as palavras, quando pronunciadas, têm o poder de construir ou destruir, consolar ou ferir — e, uma vez proferidas, não podem ser recolhidas nem esquecidas com facilidade. Por fim, as oportunidades perdidas representam momentos que, se não forem aproveitados no tempo certo, talvez nunca mais se repitam.

Essas três imagens nos convidam à reflexão sobre a importância de agir com consciência, falar com responsabilidade e estar atento às chances que a vida nos oferece. Em um mundo repleto de impulsos e decisões rápidas, cultivar a prudência se torna essencial. Pensar antes de agir, medir as palavras antes de dizê-las e valorizar cada momento como uma possibilidade única são atitudes que nos ajudam a viver com mais sabedoria e menos arrependimentos. Embora não possamos mudar o passado, podemos aprender com ele e fazer escolhas mais conscientes no presente.

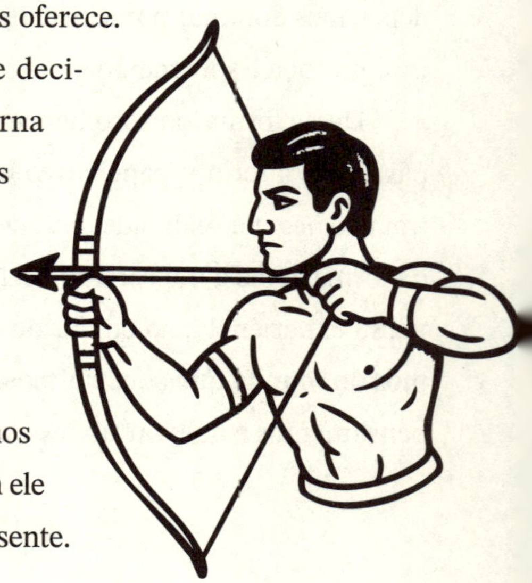

Dia 347

Misericórdia maior que vingança

A mensagem de Jesus "Ame seus inimigos, faça o bem para aqueles que te odeiam, abençoe aqueles que te amaldiçoam, reze por aqueles que te maltratam. Se alguém te bater no rosto, ofereça a outra face" é uma das expressões mais profundas do ensinamento do amor incondicional e da não retaliação. Ela propõe uma inversão radical da lógica comum da vingança e do orgulho ferido, desafiando-nos a responder ao mal com o bem, à violência com a paz, ao ódio com amor.

Amar os inimigos não significa concordar com seus atos ou permitir abusos, mas escolher não se deixar consumir pelo ressentimento. Ao retribuir ofensas com gestos de bondade e oração, cultivamos a paz interior e interrompemos o ciclo do ódio. A bênção e a oração tornam-se ferramentas de cura — tanto para quem pratica quanto para quem recebe.

Oferecer a outra face, por sua vez, não é sinônimo de fraqueza, mas de força moral. É um ato de coragem e domínio próprio, uma escolha consciente de não permitir que a maldade alheia dite nossas atitudes. Esse ensinamento convida à superação do ego, ao perdão sincero e à prática ativa da compaixão.

Viver dessa forma exige maturidade espiritual e um profundo compromisso com a transformação pessoal e social. É um chamado à construção de um mundo mais justo e amoroso, em que a misericórdia seja mais poderosa que a vingança e o amor, mais eficaz que qualquer forma de violência.

Dia 348

Quem não lê, não vê

Ler é, de certo modo, emprestar a própria mente a outra pessoa — é pensar com a cabeça de outrem, ver o mundo por seus olhos, sentir com suas emoções e raciocinar por suas ideias. Quando lemos, suspendemos temporariamente a centralidade de nossos próprios pensamentos e abrimos espaço para acolher perspectivas que não são originalmente nossas. Essa experiência é uma forma profunda de empatia intelectual: ao seguir a linha de raciocínio de um autor, permitimos que ele nos guie por caminhos novos, desconhecidos ou até desconcertantes.

No entanto, esse "pensar com outra cabeça" não implica submissão cega ou passividade. Pelo contrário, a leitura instiga o diálogo interno, provoca questionamentos e pode até transformar convicções. Trata-se de um exercício ativo, no qual refletimos sobre o que nos é apresentado, comparamos com nossa experiência e, muitas vezes, nos vemos obrigados a reconsiderar posições antes tidas como firmes.

Assim, ler é muito mais que decodificar palavras: é um ato de abertura, de disposição para o aprendizado e de humildade diante da vastidão do conhecimento humano. É uma forma de expansão da consciência, que nos liberta das fronteiras do eu e nos insere em uma rede mais ampla de ideias, culturas e modos de ver o mundo. Pensar com outras cabeças, nesse sentido, é um caminho essencial para pensar melhor com a nossa própria.

Dia 349

Triunfar sequencialmente nas pequenas coisas

Independentemente de quão difícil, dolorosa ou injusta a vida possa parecer, sempre existe algo que você pode fazer — uma escolha, uma atitude, um gesto — que pode representar um ponto de virada. Mesmo em meio à escuridão mais densa, há sempre uma centelha de luz esperando para ser descoberta. A existência, por si só, é uma oportunidade contínua de transformação. Cada dia em que abrimos os olhos representa uma nova chance de reescrever nossa história, de enfrentar os desafios com coragem e, acima de tudo, de persistir.

Triunfar não significa necessariamente vencer grandes batalhas ou alcançar feitos extraordinários. Às vezes, o verdadeiro triunfo está em continuar quando tudo em volta diz para parar, em levantar-se depois da queda, em manter a esperança viva mesmo quando ela parece desaparecer.

A esperança é uma força silenciosa, mas poderosa. Ela se manifesta nos pequenos passos, nas tentativas renovadas, nos sonhos que insistem em nascer mesmo sob o peso das dificuldades.

Enquanto houver vida, há possibilidade. E com possibilidade, vem a chance de recomeçar, de evoluir, de descobrir novos sentidos para seguir em frente. Nunca subestime a capacidade humana de resistir, reinventar-se e florescer — mesmo nos solos mais áridos.

Dia 350

Quando a mansidão custa caro

Nos tempos de paz, é sábio ao ser humano cultivar a serenidade, agir com humildade e nutrir a harmonia em suas relações. A tranquilidade é um terreno fértil para o crescimento interior, a escuta atenta e o aprendizado contínuo. A paz exige postura equilibrada, domínio de si mesmo e respeito pelo próximo — virtudes que constroem pontes e fortalecem comunidades. Ser pacífico não é sinal de fraqueza, mas de autocontrole e sabedoria.

No entanto, quando irrompe a guerra — seja no mundo exterior ou nos conflitos inevitáveis da vida —, é necessário despertar a fera interior, agir com coragem, firmeza e determinação. Nessas horas, a alma deve se vestir de força e o coração bater com a intensidade de um tigre pronto para defender aquilo que ama, acredita e precisa proteger.

A PAZ EXIGE POSTURA EQUILIBRADA, DOMÍNIO DE SI MESMO E RESPEITO PELO PRÓXIMO

Há momentos que pedem mansidão, mas também existem ocasiões em que a omissão custa caro, e a luta se faz essencial. A grandeza está em saber reconhecer cada tempo e responder a ele com a atitude apropriada. O verdadeiro guerreiro não é aquele que busca a batalha, mas aquele que, quando ela chega, não hesita em lutar com bravura e honra.

Dia 351

Economia verbal

Aqueles que falam pouco, mas com sabedoria, frequentemente se destacam como os mais notáveis entre os homens. Em um mundo em que muitos se apressam em opinar, os que escolhem o silêncio reflexivo demonstram um domínio valioso da linguagem e da escuta. São pessoas que compreendem que palavras têm peso e que o excesso, muitas vezes, enfraquece o conteúdo.

Os homens de poucas palavras tendem a observar mais, a escutar com atenção e a pensar antes de agir. Suas falas são pontuais, carregadas de significado, e geralmente marcam mais do que longos discursos vazios. Essa economia verbal costuma vir acompanhada de integridade, paciência e uma sabedoria cultivada pela experiência e pela introspecção.

> AQUELES QUE FALAM POUCO, MAS COM SABEDORIA, FREQUENTEMENTE SE DESTACAM COMO OS MAIS NOTÁVEIS ENTRE OS HOMENS.

Eles não precisam convencer com quantidade, pois a força de suas ações fala por si. Suas decisões são ponderadas, suas atitudes coerentes, e isso inspira respeito e confiança. Em tempos de ruído constante, sua postura serena e centrada é um exemplo de liderança discreta, porém poderosa.

Por isso, os homens de poucas palavras, que falam apenas o necessário com verdade e propósito, são frequentemente os melhores: líderes naturais, sábios silenciosos, faróis em meio à confusão do mundo.

Dia 352

Prazer, o siamês da dor

Prazer e dor não são inimigos, mas irmãos siameses nascidos de um mesmo ventre — o da experiência humana. Brotam do mesmo tronco antigo, cujas raízes mergulham fundo no solo do cansaço, da privação, do desejo. O prazer, em sua plenitude, não é senão a trégua da dor; é o silêncio após o ruído, a sombra depois do sol escaldante, o gole de água fresca no deserto da sede. Ele repousa sobre a exaustão, floresce sobre a falta.

Mas há prazeres que mentem. São doces que envenenam devagar. Porque o prazer que não conhece limite torna-se vício. A dor, então, ressurge... não mais como ausência de prazer, mas como seu fantasma. Um lembrete de que aquilo que parecia alívio virou prisão.

E assim caminham juntos, prazer e dor, como dia e noite. O homem que vive correndo atrás do prazer sem freio termina escravo de seus próprios desejos. O estoico sabe disso. E por isso não idolatra nem demoniza, ele observa. Entender essa dança silenciosa é começar a viver com mais leveza, sem fugir da dor, sem idolatrar o prazer, reconhecendo em ambos a arte sutil de ensinar os limites da existência. A pessoa que tem domínio sobre o que sente, sobre o que busca e sobre o que recusa... essa sim está no caminho da liberdade.

O HOMEM QUE VIVE CORRENDO ATRÁS DO PRAZER SEM FREIO TERMINA ESCRAVO DE SEUS PRÓPRIOS DESEJOS.

Dia 353

O deserto da alma

O homem que vive em solidão extrema, afastado do convívio e do olhar dos outros, acaba por trilhar dois caminhos opostos — ou se eleva além da condição humana, tornando-se quase divino em sua autossuficiência e sabedoria, ou afunda nos instintos mais primitivos, tornando-se fera indomada, desprovida de razão e medida. Isolado do espelho que é o outro, sem o freio das leis sociais nem o abrigo do afeto, o homem solitário revela-se por inteiro: ou transcende o mundo e mergulha em contemplações sublimes, como um eremita ou profeta, ou cede às trevas interiores que a multidão ajuda a disfarçar — a loucura, a selvageria, o ego desmedido.

> É NOS DESERTOS DA ALMA QUE SE DECIDE SE O HOMEM SUBIRÁ AO ALTO DOS CÉUS OU DESCERÁ ÀS CAVERNAS DA SUA PRÓPRIA SOMBRA.

A ausência do olhar alheio pode libertar, mas também corromper. Na solidão, ele não presta contas senão a si mesmo — e é aí que se define sua natureza. Se sua alma é vasta, pode tornar-se como um deus: criador, meditativo, em paz com o silêncio. Se, porém, é pequena ou atormentada, tornar-se-á fera: dominado pelo medo, pelo desejo, pela violência cega.

Ser só é, portanto, um risco e uma prova. É nos desertos da alma que se decide se o homem subirá ao alto dos céus ou descerá às cavernas da sua própria sombra.

Dia 354

Torna-te aquilo que és

A frase "Torna-te aquilo que és" é um convite profundo à autenticidade e à realização do próprio potencial. Com origens associadas ao filósofo grego Píndaro e mais tarde explorada por Friedrich Nietzsche, essa expressão sugere que o ser humano possui dentro de si uma essência ou vocação singular que precisa ser descoberta e concretizada ao longo da vida.

Não se trata de uma simples afirmação de identidade, mas de um processo contínuo de autoconhecimento e desenvolvimento. Implica escavar sob as camadas de expectativas sociais, medos, convenções e máscaras que muitas vezes obscurece quem realmente somos. "Tornar-se aquilo que se é" exige coragem para se libertar de caminhos impostos e construir uma existência que reflita a verdade interna de cada um.

Nietzsche, ao usar essa expressão, não pensava em uma essência imutável ou pré-determinada, mas sim em um ideal a ser conquistado — um projeto de vida autêntico e ativo, no qual a pessoa assume a responsabilidade de criar a si mesma. É uma chamada à individuação, ao florescimento das próprias potencialidades, mesmo que isso exija romper com padrões estabelecidos.

Em suma, a frase convoca cada indivíduo a embarcar em uma jornada de descoberta pessoal, em que o objetivo não é "ser" de forma passiva, mas "tornar-se" em movimento, construção e liberdade — um processo que dura a vida inteira.

Dia 355

Seu estoque de verdades

Uma das minhas frases preferidas é: "As pessoas que falam muito, mentem sempre, porque acabam esgotando seu estoque de verdades." Essa afirmação propõe uma reflexão crítica sobre a relação entre a fala excessiva e a veracidade do que é dito.

A ideia central está no pressuposto de que a verdade é limitada, ou seja, cada pessoa dispõe de um número finito de experiências, conhecimentos e fatos reais sobre os quais pode falar com propriedade. Quando alguém insiste em falar constantemente, acaba ultrapassando os limites do que realmente sabe ou viveu, recorrendo à invenção, ao exagero ou à distorção para manter seu lero-lero.

Nesse sentido, o ato de mentir não necessariamente parte de uma intenção maliciosa, mas pode ser fruto da necessidade de preencher o silêncio ou de manter a atenção do outro. A fala contínua exige conteúdo constante, e quando o conteúdo verdadeiro se esgota, a ficção tende a ocupar seu lugar. Isso também pode ser entendido como um mecanismo de vaidade ou insegurança: quem fala demais, muitas vezes sente a necessidade de se afirmar, de parecer interessante, sábio ou envolvente.

Portanto, o pensamento revela um alerta: há sabedoria no silêncio e valor na ponderação. Falar menos não significa saber menos, mas, muitas vezes, demonstra maior consciência, cuidado com a verdade e respeito pelo outro. A fala equilibrada preserva a autenticidade e evita que a mentira se torne um hábito disfarçado de eloquência.

Dia 356

Erro e progresso

Freud dizia que "De erro em erro, vai-se descobrindo toda a verdade", o que reflete uma profunda compreensão do processo de aprendizado humano, especialmente no campo da ciência, da filosofia e da vida cotidiana. O pensamento por trás dessa ideia é que o erro não é apenas inevitável, mas essencial para o progresso. Ao cometer erros, somos forçados a revisar nossas crenças, corrigir rotas e repensar estratégias. Cada falha nos empurra a olhar de forma mais crítica para nossas ações e pensamentos, abrindo espaço para novas descobertas e compreensões mais profundas.

Na ciência, por exemplo, muitos avanços ocorreram justamente após hipóteses incorretas serem testadas e refutadas. Esse processo de tentativa e erro é baseado na ideia de que a verdade se constrói gradualmente, à medida que os erros são identificados e corrigidos. O mesmo acontece no âmbito pessoal: aprendemos com experiências malsucedidas, ajustamos nossas atitudes e, com o tempo, nos aproximamos de escolhas mais acertadas.

Portanto, os erros não devem ser vistos como fracassos definitivos, mas como degraus inevitáveis na escalada do conhecimento e da compreensão. Descobrir a verdade — seja ela objetiva ou subjetiva — é um processo contínuo, e cada engano representa uma oportunidade de crescimento e esclarecimento. Assim, o erro, longe de ser um obstáculo, é parte essencial da jornada rumo à verdade.

Dia 357

Como aprender, de fato

Quando se vai a fundo no processo educacional e no intercâmbio de conhecimento, o mais claro é que, ao ensinar, o indivíduo não apenas transmite informações, mas também reorganiza, reflete e aprofunda sua própria compreensão do conteúdo. Explicar algo a outra pessoa exige clareza, domínio e empatia — habilidades que se desenvolvem durante o ato de ensinar.

Além disso, ao interagir com o aprendiz, o educador frequentemente é desafiado por novas perguntas, pontos de vista ou dificuldades que não havia considerado. Esses momentos impulsionam o raciocínio, estimulam a criatividade e promovem um aprendizado mais completo. Nesse sentido, o ensino deixa de ser uma via de mão única e se torna uma troca mútua, um diálogo em que ambas as partes crescem.

Essa reciprocidade também reforça a ideia de que o conhecimento é um bem coletivo, que se fortalece quando é compartilhado. O educador aprende a aprender continuamente, aprimorando suas práticas e desenvolvendo maior sensibilidade ao lidar com diferentes perfis e contextos. O aluno, por sua vez, contribui com suas experiências e dúvidas, enriquecendo o processo.

Portanto, ensinar é, em essência, uma forma poderosa de aprender. Essa dinâmica transforma a educação em uma jornada colaborativa, em que ensinar e aprender são faces de uma mesma moeda — ambas necessárias, complementares e igualmente valiosas.

Dia 358

Felicidade não é um jogo de soma zero

O aumento da sua felicidade jamais deveria acontecer às custas da infelicidade alheia. Essa afirmação carrega uma crítica moral e psicológica profunda. Ela nos leva a refletir sobre a natureza da verdadeira felicidade e o impacto de nossas intenções e atitudes nas relações humanas. Buscar a infelicidade do outro — seja por inveja, vingança, ressentimento ou prazer sádico — é um comportamento que revela um desequilíbrio interior. A felicidade genuína não pode coexistir com o desejo de ver o outro sofrer, pois essa atitude está enraizada em sentimentos negativos que contaminam o bem-estar emocional de quem os cultiva.

Quem se dedica a prejudicar os outros dificilmente alcança paz interior. Ainda que possa haver uma satisfação momentânea ao ver um desafeto fracassar, esse prazer é efêmero e vazio. A longo prazo, a busca pela infelicidade alheia aprisiona o indivíduo em um ciclo de negatividade, ressentimento e solidão. A verdadeira felicidade está ligada à empatia, ao amor, à construção de vínculos saudáveis e ao crescimento pessoal. Ela cresce exponencialmente quando desejamos o bem, inclusive para aqueles com quem temos conflitos, e quando nos libertamos da necessidade de competir destrutivamente.

Assim, este conceito nos convida a uma autorreflexão: em vez de alimentar sentimentos mesquinhos, devemos cultivar generosidade e compaixão, reconhecendo que o bem-estar próprio é inseparável do respeito e da consideração pelo bem-estar dos outros.

Dia 359

Constância e progresso

A constância diz muito sobre a importância da estabilidade emocional, da perseverança e do compromisso para o exercício de profissões e atitudes que exigem cuidado com o outro. Ser consolador, no sentido de oferecer apoio emocional a alguém em sofrimento, exige empatia contínua, paciência e presença firme. Uma pessoa inconstante — volúvel em sentimentos, atitudes ou intenções — dificilmente será capaz de oferecer o amparo consistente que alguém em dor precisa.

PARA CUIDAR DO OUTRO — SEJA NO CORPO, SEJA NA ALMA — É NECESSÁRIO ANTES CUIDAR DA PRÓPRIA ESTRUTURA INTERNA.

O mesmo se aplica à medicina, uma profissão que exige não apenas conhecimento técnico, mas também constância de propósito, ética e dedicação. Um médico inconstante pode comprometer diagnósticos, tratamentos e, principalmente, a relação de confiança com seus pacientes. A constância, nesse contexto, representa a capacidade de manter o foco, agir com responsabilidade e seguir um propósito mesmo diante das adversidades.

Portanto, lembre-se de que, para cuidar do outro — seja no corpo, seja na alma — é necessário antes cuidar da própria estrutura interna. Constância é sinônimo de maturidade emocional, de integridade e de compromisso. Sem ela, tanto o consolo quanto a cura tornam-se frágeis, incertos e, muitas vezes, ineficazes. Em um mundo em que o sofrimento humano é inevitável, a constância torna-se uma virtude essencial para qualquer um que deseje ser um verdadeiro apoio ao próximo.

Dia 360

O suicídio da autenticidade

Viver de acordo com as expectativas alheias é se emburacar. Esta é uma constatação poderosa sobre a perda de identidade e liberdade pessoal. Ao viver apenas para satisfazer o que os outros esperam de nós — seja família, sociedade, amigos ou instituições — deixamos de ser protagonistas da nossa própria história. Isso equivale a sufocar nossos desejos, talentos, opiniões e até mesmo nossos valores mais profundos. Em outras palavras, é matar lentamente quem realmente somos em nosso íntimo e autenticidade.

Esse tipo de "suicídio" não é físico, mas existencial. É a morte da autenticidade, da espontaneidade e da realização pessoal. Quando buscamos apenas agradar aos outros, passamos a viver sob máscaras, negando nossas emoções e vontades mais legítimas. O preço disso pode ser alto: frustração, angústia, sensação de vazio e até doenças emocionais como a depressão.

Além disso, as expectativas externas são frequentemente contraditórias e mutáveis. Tentar atender a todas é uma tarefa impossível e exaustiva. Por outro lado, viver de acordo com nossos próprios princípios exige coragem, mas leva à liberdade interior e à construção de uma vida mais significativa. Isso não significa ignorar os outros ou agir com egoísmo, mas sim equilibrar o respeito ao próximo com a fidelidade a si mesmo. Em última análise, viver com autenticidade é um ato de resistência e afirmação da vida.

Dia 361

Quem muda o mundo, desagrada

Pessoas com visões inovadoras, talentos extraordinários ou personalidades fora do comum frequentemente enfrentam resistência ou falta de compreensão por parte da sociedade. Ao longo da história, figuras como Galileu Galilei, Van Gogh e até mesmo Jesus Cristo foram rejeitadas ou mal interpretadas em seu tempo justamente por pensarem ou agirem de maneira que transcendia os limites estabelecidos por sua época.

Ser "grande" nesse contexto não se refere apenas à fama ou poder, mas a uma grandeza de espírito, de ideias, de propósito. A mente que rompe padrões, que propõe o novo ou o desconhecido, inevitavelmente provoca o imbecil. A maioria das pessoas tende a valorizar o que é familiar e previsível; o que foge disso pode gerar medo, dúvida ou rejeição. Assim, o incompreendido é, muitas vezes, alguém à frente de seu tempo, cuja contribuição só será reconhecida posteriormente.

Além disso, há um aspecto emocional e existencial nesse pensamento. A solidão costuma acompanhar aqueles que trilham caminhos originais. A incompreensão não se dá apenas em relação às ideias, mas também às motivações, aos sentimentos e às intenções profundas dessas pessoas.

Portanto, ser incompreendido pode ser um sinal de grandeza — não por vaidade, mas porque romper limites quase sempre exige coragem, autenticidade e uma visão que ainda não encontrou eco no mundo à sua volta.

Dia 362

A solidão construtiva

As pessoas tendem a minimizar o valor da solitude como ferramenta de autoconhecimento e crescimento nas relações humanas. A solidão (a boa, que eu me refiro como solitude), muitas vezes vista como algo negativo, pode ser uma oportunidade concedida pela vida para que nos voltemos para dentro, compreendamos a nós mesmos e, assim, nos preparemos para viver melhor com os outros.

Estar só permite o silêncio necessário para ouvir nossos próprios pensamentos, emoções e necessidades. Nesse estado de introspecção, desenvolvemos empatia, paciência e respeito, virtudes essenciais para a convivência. Ao entender nossas próprias limitações e dores, tornamo-nos mais capazes de acolher e compreender as dos outros. A solidão construtiva nos ensina a valorizar a presença do outro não como preenchimento de um vazio, mas como um complemento consciente e maduro.

Além disso, viver momentos de solidão pode revelar o quanto dependemos de conexões humanas para florescer. Ao experimentar o isolamento, despertamos para a importância dos vínculos afetivos e da partilha. Dessa forma, a convivência deixa de ser algo automático ou superficial e se transforma em um ato mais intencional, cuidadoso e significativo.

Portanto, a solidão não é castigo, mas preparação. Se você for sábio, pode usar esse tempo como um treinamento para que, ao voltar ao convívio com os outros, o faça de forma mais verdadeira, compassiva e transformadora.

Dia 363

Gênio criativo e aceitação popular

Todos temos um pouco de artista, pensador ou líder e, portanto, temos que lidar com o feedback alheio, independentemente do número de pessoas. Mas, enquanto suas características individuais são quase imutáveis, o gosto das multidões é instável e irracional, em que muitas vezes, por impulso, podem se voltar contra quem antes aplaudiam. Quando se trata da opinião alheia, enjaular a aceitação do público implica em tentativa de controlá-lo, domesticá-lo ou limitar sua influência, talvez por meio da manipulação, da censura ou da criação de estruturas sociais que contenham seus impulsos. Já a alternativa de fugir do feedback aponta para o isolamento voluntário, o afastamento do reconhecimento ou da fama em nome da integridade e da liberdade criativa.

TEMOS QUE LIDAR COM O FEEDBACK ALHEIO, INDEPENDENTEMENTE DO NÚMERO DE PESSOAS.

Esse pensamento reflete um conflito recorrente na história entre o gênio criativo e a recepção popular. Muitos artistas, filósofos e cientistas enfrentaram rejeição, incompreensão ou mesmo perseguição por desafiar normas coletivas. A "besta feroz" pode então simbolizar o medo coletivo do novo, do diferente e do que confronta crenças estabelecidas.

No entanto, essa visão também pode ser criticada por sua condescendência. Embora o público possa agir de forma reativa, ele também é capaz de aprendizado, empatia e transformação. Enjaulá-lo ou fugir pode ser tão perigoso quanto enfrentá-lo despreparado. A relação entre criador e audiência, portanto, exige equilíbrio, escuta e coragem.

Dia 364

Invenção: fruto da necessidade

Muitas das maiores inovações e descobertas surgiram em resposta a desafios e carências. Quando as pessoas se deparam com dificuldades, sejam elas físicas, sociais, econômicas ou tecnológicas, são impelidas a buscar soluções criativas para superá-las. A escassez ou a adversidade, nesse contexto, funciona como um catalisador para a engenhosidade.

Historicamente, esse princípio pode ser observado em inúmeros momentos. A invenção da roda, por exemplo, surgiu da necessidade de facilitar o transporte de cargas pesadas. A Revolução Industrial foi movida, em grande parte, pela urgência de produzir mais em menos tempo. Já em tempos de guerra ou crise, como a Segunda Guerra Mundial, surgiram avanços importantes em áreas como medicina, tecnologia e comunicação, todos impulsionados pela pressão de sobreviver e vencer obstáculos extremos.

Além disso, no cotidiano das pessoas, a criatividade frequentemente emana diante de limitações. Alguém que não tem acesso a certos recursos pode desenvolver alternativas inovadoras, mais baratas ou eficientes. Isso mostra que a inovação não depende apenas de recursos abundantes, mas sim da motivação para resolver problemas reais.

A necessidade, longe de ser apenas um incômodo, é uma força motriz para o desenvolvimento humano. É diante dela que o ser humano revela seu potencial inventivo, transformando desafios em oportunidades de avanço.

Dia 365

Altruísmo construtivo *vs.* egoísmo generoso

Martin Luther King dizia: "Cada um de nós deve decidir se quer caminhar na luz do altruísmo construtivo ou nas trevas do egoísmo", o que nos convida a uma reflexão profunda sobre as escolhas morais que orientam nossa vida. A frase sugere que há dois caminhos fundamentais diante de nós: um baseado na generosidade e na preocupação com o bem-estar coletivo, e outro centrado apenas nos próprios interesses, sem considerar os impactos sobre os outros.

O "altruísmo construtivo" representa atitudes pautadas na empatia, na solidariedade e no desejo genuíno de contribuir positivamente para a sociedade — lembrando que, no final das contas, o maior beneficiado é você mesmo. Caminhar nessa "luz" significa agir com consciência social, ajudando quem precisa, promovendo justiça e valorizando o bem comum. Trata-se de uma escolha ativa por construir um mundo mais justo e humano.

Por outro lado, o "egoísmo" é descrito como uma "treva", pois, ao priorizar apenas nossos desejos e vantagens, contribuímos para a perpetuação de desigualdades, conflitos e indiferença. Embora esse caminho possa parecer mais fácil ou vantajoso no curto prazo, ele frequentemente conduz ao isolamento emocional e à desumanização.

Essa dicotomia reforça que nossas decisões diárias, por menores que sejam, constroem o tipo de sociedade em que vivemos. Assim, a frase de King é um chamado ético: ela nos lembra que o mundo melhora quando escolhemos a generosidade como guia — uma decisão pessoal que tem consequências coletivas. Optar pela luz do altruísmo é, portanto, um ato de resistência e esperança.

Esta obra foi composta por Maquinaria Editorial nas famílias
tipográficas STIX Two Text e Bradley DJR. Impresso pela
gráfica Viena em julho de 2025.